汲取先贤智慧

铺就成功阶梯

道德经

万卷楼国学经典 珍藏版

［春秋］老子 著

何占涛 编译

北方联合出版传媒（集团）股份有限公司

万卷出版公司

2020年·沈阳

ⓒ 老子　何占涛　2020

图书在版编目（CIP）数据

道德经 /（春秋）老子著；何占涛编译. —沈阳：万卷出版
公司，2020.11

（万卷楼国学经典：珍藏版）

ISBN 978-7-5470-5461-1

Ⅰ.①道… Ⅱ.①老…②何… Ⅲ.①道家②《道德经》—
译文 Ⅳ.① B223.1

中国版本图书馆 CIP 数据核字（2020）第 180405 号

出 品 人：王维良
出版发行：北方联合出版传媒（集团）股份有限公司
　　　　　万卷出版公司
　　　　　（地址：沈阳市和平区十一纬路 25 号　邮编：110003）
印 刷 者：辽宁新华印务有限公司
经 销 者：全国新华书店
幅面尺寸：170mm×240mm
字　　数：395 千字
印　　张：21
出版时间：2020 年 11 月第 1 版
印刷时间：2020 年 11 月第 1 次印刷
责任编辑：高　爽
装帧设计：徐春迎
责任校对：高　辉
ISBN 978-7-5470-5461-1
定　　价：48.00 元

联系电话：024-23284090
邮购热线：024-23284050

出版说明

"读万卷书，行万里路"这是中国古人"修身"的两条基本途径。晋代著名史学家陈寿给自己的书斋命名为"万卷楼"，此后，历代以"万卷楼"命名的书斋，由宋至清有数十家：宋代有方略、石待旦等；元代有陈杰、汪惟正等；明代有项笃寿、杨仪、范钦等；清代有孙承泽、黄彭年等。可见，"读万卷书"的理想在中国传统知识分子中是何等的根深蒂固。

读"万卷书"不仅是古人的理想，当我们懂得了读书的意义，都会自然而然地产生强烈的"博览群书"的愿望。然而，人类历史悠久，书籍浩如汪洋大海，时代发展到今天，科技与经济的发展更使得人类的精神领域空前丰富，获取信息与知识的途径不断增加。"万卷书"早已不再是一个象征性的概念，如何从这"万卷"之中，找到最值得细细品读的作品，已经成为人们必须解决的问题。

爱因斯坦曾说过："在阅读的书中找出可以把自己引到深处的东西，把其他一切统统抛掉。"这正是在阐述读书时选择的重要性。而他所说的把我们"引到深处的东西"无疑就是我们所需要深度阅读的作品，也就是我们常说的经典作品。

卡尔维诺对经典作出的定义之一是：经典就是我们正在重读的。的确，在对经典作品反反复复的品味中，人们思想得到了升华，从浅薄走向思考，最后走到通达。我们都曾有这样的感触，面对海量的书籍和信息，一方面，人们在向着功利性浅阅读大张其道，另一方面，我们的精神深处又在不断地呼唤能够滋养自己内心的深度阅读。因此，经典的价值不仅没有因为浅阅读时代的到来而有所损失，反而更显示出其珍贵来。

在惜字如金的中国传统典籍当中，从来不乏这种需要反复品味的经典。从先秦诸子到历代的经史子集，这些经典为一代代的中国人提供了取之不尽的精神滋养，为中华文化的传承和发展建立了基础。我们把这种包蕴中国文化的学问称为国学。国学的范围非常广泛，它包含了文学、历史、哲学、艺术、语言、音韵等在内的一系列内容。

包罗万象的国学经典为我们提供了广泛的教育。阅读国学经典，也就是在与我们的"先圣先贤"对话和交流，一步步地揳进我们的历史和传统。这个过程可以让我们领会先贤的旨趣，把握他们的神髓，形成恢宏的历史意识，可以让我们通晓文义、熟习经史、通彻学问，让我们成为博学之士。另一方面，国学经典所代表的传统学问，更是具有极为厚重的伦理色彩。阅读国学经典的过程，不仅是增进知识的过程，而且是一个熏陶气质、改善性情、提高涵养的过程，这个过程在潜移默化中培养着行谊谨厚、品行端方、敦品厉行的谦谦君子。

当然，随着时代的发展，国学早已不再是人们追求事功的唯一法典，我们也不赞成对国学的功能无限夸大。但毫无疑问，阅读国学经典，必能促进我们对真、善、美的崇敬之心，唤起我们对伟大、深邃、美好事物的敏感和惊奇，同时也让我们了解到先贤们在探寻知识过程中思考的重大课题和运用的基本原则。这些作品体现着我们民族精神的精髓，如《周易》所阐述的"自强不息"的君子人格，《论语》所强调的"和而不同"的包容精神，《诗经》所培养的温柔敦厚的情感，《道德经》所闪耀的思辨智慧，等等，它们共同构筑了中华民族传统的精神范式。品读先贤留下的经典，恰如与他们进行一次次心灵的直接触碰，进而去审视我们自己的内心，见贤思齐，激浊扬清。

正是基于对国学经典的这种认识，我们精选了这套《万卷楼国学经典》系列丛书，以期引导步履匆匆的现代人走近国学经典、了解国学经典。在选编过程中，我们希望能够体现这样一些特点。

首先，我们希望这套丛书能够最具代表性。在选目中，我们注重于最经典、最根源的作品，在有限的时间内，把那些最具影响力，最应该知道的作品提交给读者。四书五经、先秦诸子、唐诗宋词等这些具有符号意义的作品无疑是最应该为我们所熟知的，因此，我们首先推出的30种作品都是这些经典中的经典。

其次，我们希望能够做出好读的经典。在面对国学作品时，佶屈的文言和生僻的字词常让普通读者望而却步。所以，我们试图用简洁易懂的形式呈现经典，使普通读者可随时随地以自己的时间、自己的速度来进入阅读。因此，我们为原著精心添加了大量的注音、注释和译文，使读者能够真正地"无障碍阅读"。需要说明的是，我们对部分作品做了一些删减，将那些专业研究者更关注的内容略去，让普通读者能够更快地了解经典概况。作为一名普通读者，也许你会常常感慨，以前没有花更多的时间去读更多的经典，如今没有机会或能力来细读，但实际上，读经典什么时间开始都不算晚，"万卷楼"就是一个极好的途径。重读或是初读这些经典，一样可以塑造我们未来的生活。

第三，我们希望呈现一套富有美感的读物。对于经典而言，内容的意义永远排在第一位，但同时，我们也希望有精彩的形式与内容相匹配，因而，我们在编辑过程中选取了大量的古代优秀版画作为本书的插图，对图片的说明也做了精心设计，此外，图书的编排、版式等细节设计都凝聚了我们大量的思索。我们希望这套经典不只是精神的食粮，拥有文本意义上的价值，更能带来无限美感，成为诗意的渊薮。

"经典作品是这样一些书，我们越是道听途说，以为我们懂了，当我们实际读它们，我们就越是觉得它们独特、意想不到和新颖。"卡尔维诺经典的评论让人击节叹赏，我们也希望这套丛书能够彰显经典的价值，使读者在细细品读中真正融化经典，真正做到"开茅塞、除鄙见、得新知、增学问、广识见"。同时，经典又是可以被享受的。当我们走进经典之时，不能只作为被动的接受者，也可用个人自我的方式进入经典，做精神的逍遥之游，对经典作品进行贴近个体生命的诠释和阅读，在现实社会之中营造自由的人生意境和精神家园，获取一种诗意盎然的人生。

怎样阅读本书

经典故事：将老子的思想与现实生活相结合，发人深省。

插图：精选历代精品古版画，美妙传神，增强美感。

题解：篇首提纲挈领对全篇内容做以总结和点评。

原文：根据权威版本，精心核校，确保准确性，对生僻字反复注音，使读者无障碍阅读。

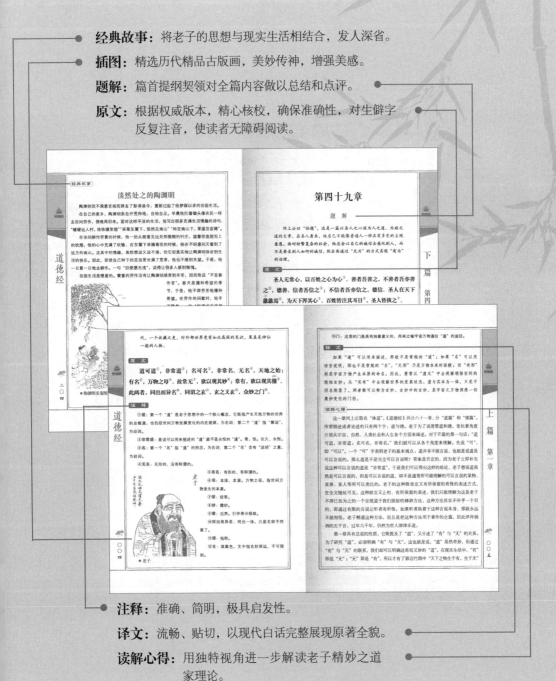

注释：准确、简明，极具启发性。

译文：流畅、贴切，以现代白话完整展现原著全貌。

读解心得：用独特视角进一步解读老子精妙之道家理论。

内容概要

　　《道德经》分为上下两篇，上篇言宇宙之本根，蕴含天地变化、阴阳变幻之机妙，称"道经"；下篇言处世之方略，蕴含进退之术、长生之道，称"德经"。其精练的八十一章，仅以简洁优美的五千文字，构造出了一个朴素、自然、豁达、飘逸的宇宙观、人生观的宏大框架。对我国两千多年来思想文化的发展，产生了深远的影响。本书希望将老子的思想原原本本地呈献给读者，使它可以跨越时空的距离，继续与我们作心灵的对话，给我们以睿智的启示与警醒。

　　本书为了使读者更深刻地了解老子思想的精髓，全文设置题解、原文、注释、译文、读解心得以及经典故事，并辅以精美的古版画插图和生僻字注音，使全书更便于阅读和具有时代感。

目录

上　篇

下 篇

上 篇

第一章

题　解

　　孔孟之道，老庄之学，影响了中国知识分子几千年。入世学孔孟，出世学老庄。无论你是得意还是失意，总有一碗鸡汤适合你。

　　这一章是老子《道德经》的开篇。此章可以说是概括了全篇的主旨。"道"如果能够用言辞表达出来，就不是"道"了。称谓如果可以命名，也就不是"名"了。关于有名无名，前贤多从"有"和"无"上做文章。其实，细读下面的内容就会发现，所谓的"无名"就是"道"，而"有名"就是"气"。"道"无形状而"气"有征兆，所以出现了"有名"和"无名"的区别。无名天地之始，是说"道"在天地之先，所以最初无法命名，就是所谓道常无名。又因为道无所不在，它既在万物之先，又在万物之后，所以"道"是无为的，但不仅仅停留于"无"，它又是有为的，但又不仅仅局限于"有"。如果只用"无"来给它命名，那么"道"就专属于"无"。等到"无"化为"有"的时候，又不能只用"无"来命名。因为"有"和"无"是相互依靠、不断变化的，所以名字也随之变化。仅有一个常名是不行的。何况只用"有"和"无"来论"道"是远远不够的。如果只强调"无"的方面，难免会偏于一隅。现在强调"无"，只是因为它的寂寥无形无状，无名可指。然而在无形无名之中，天地万物所要遵循的规律，莫不在此。所以直接说"无"恐怕是不适合的。"道"应该是由作为天地之始、万物之本的"无"与作为万事万物规律的"有"共同构建而成。

　　老子在中国历史上，历来被说成是一个神话般的人物，现在看来，果不其然。在没有宇宙、天体、大气层、星球等概念的上古时代，一个收藏之吏，对外部世界竟有如此高深的见识，果真是神仙一般的人物。

道可道①，非常道②；名可名③，非常名。无名④，天地之始；有名⑤，万物之母⑥。故常无⑦，欲以观其妙⑧；常有，欲以观其徼⑨（jiào）。此两者，同出而异名⑩。同谓之玄⑪，玄之又玄，众妙之门⑫。

①道：第一个"道"是老子思想中的一个核心概念，它既指产生天地万物的世界的总根源，也包括世间万物发展变化的内在规律，为名词；第二个"道"指"解说"，为动词。

②非常道：是说可以用来描述的"道"就不是永恒的"道"。常，恒。长久、永恒。

③名：第一个"名"指"道"的形态，为名词；第二个"名"含有"说明"之意，为动词。

④无名：无形的、没有称谓的。

⑤有名：有形的、有称谓的。

⑥万物之母：指世间万物发生的本原。母，本体、本原。

⑦常：经常。

⑧妙：微妙。

⑨徼：边界。引申表示极致。

⑩同出而异名：同出一体，只是名称不同罢了。

⑪谓：指称。玄：深黑色，文中指玄妙深远、不可预知。

⑫门：这里的门是具有抽象意义的，用

● 老子

道德经

来比喻宇宙万物通往"道"的途径。

如果"道"可以用来描述，那就不是常规的"道"；如果"名"可以用语言说明，那也不是常规的"名"。"无形"乃是万物本来的面貌；而"有形"则是宇宙万物产生本原的命名。因此，要常从"虚无"中去观察领悟世间的隐秘玄妙；从"实有"中去观察世界的发展状态。虚与实本为一体，只是不同名称罢了。两者都可以称为玄妙，玄妙中的玄妙，是宇宙之万物洞悉一切奥妙变化的门径。

这一章河上公取名"体道"。《道德经》共计八十一章，分"道篇"和"德篇"。所要描述或者论述的只有两个字：道与德。老子为了说清楚道和德，变换着角度分别从宇宙、自然、人类社会和人生各个方面来阐述。对于开篇的第一句话"道可道，非常道；名可名，非常名"，我们就可以从各个角度来理解。先说"可"，即"可以"。一个"可"字表明老子的基本观点：道并非不能言说，也就是说道是可以言说的。那么道是不是完全可以言说呢？答案是否定的，因为老子立即补充说这种可以言说的道是"非常道"。于是我们可以得出这样的结论，老子想说道虽然是可以言说的，但是可以言说的道，却不是通常所可能理解的可以言说的某物、某事、某人等可以类比的。老子的这种既肯定又有所保留的奇怪的表述方式，在全文随处可见。这种欲言又止的、有所保留的表述，我们只能理解为这是老子不得已而为之的一个呈现道于我们面前的修辞方法，这种方法其实不外乎一个目的，即通过有限的言说让听者有所悟。如果听者执着于这种言说本身，那就永远不能彻悟。老子精通这种方法，而且是把这种方法用于著作的全篇，因此洋洋洒洒的五千言，几千年来，仍然为世人津津乐道。

第一章具有总说的性质，它既提及了"道"，又分述了"有"与"无"的关系。为了研究"道"，必须明确"有"与"无"。这也就是说，"道"虽然奇妙，但通过"有"与"无"的联系，我们却可以明确这奇而又妙的"道"。在现实生活中，"有"即是"无"，"无"即是"有"，所以才有了郭店竹简中"天下之物生于有，生于无"

这样的语句。文中强调"天下之物"生于"有"，也生于"无"，那么其意在强调"道"的神妙之处。在现实生活中，"有"与"无"都是一个真实的存在，但"有"与"无"却代表着不同的事物发展阶段。正如老子所言，"无"是代表世界诞生之初，而"有"则是代表"万事万物"的诞生之始。因此，"无中生有"则代表着一种规律性。而且这种规律性又不能通过语言来表述，所以老子认为用语言能够表述的"道"是一般的"道"，是一种"常道"。

因为"道"不可以用语言来表述，因此，它是玄妙的。但"道"的玄妙却是可以通过"有"与"无"的交替变化来感悟。"有无相生"在现实中体现为两种具体的形式：一是从"无"到"有"的变化过程，二是作为客观结果而存在的"有"的出现。因此，只要我们真实地了解这两种具体的变化，那么我们不仅可以体会到"道"的奇妙，而且还可以领略到"道"的深远。

经典故事

紫气东来

老子的《道德经》含义深刻，意味深长，那这部书是怎么来的？老子是在什么情况下写了这部书？为什么又只有八十一章短短五千字呢？

据传老子曾任周朝的守藏吏，官不大，主要负责典籍的管理，类似于今天的图书馆馆长。周景王的时候，他的儿子庶子朝叛变，带着大量的典籍逃到楚国。老子是负责管理这些典籍的，当然责任重大。于是老子就决定弃官过隐居的生活。他一路西行，走到函谷关，想出关远渡。当时守关的将领叫尹喜子，据说尹喜子会望气。这天早上，他习惯性地登楼望气，忽然看到东边有一道紫气飘来，就断定要有圣人通过函谷关。果然，不久之后，须发皆白的老子倒骑着一头青牛，来到关口，要求出关。尹喜子也是好学之人，一看是圣人就在眼前，正好可以借机向圣人请教。出关是要有通关文牒的，可老子没有。尹喜子就说没有通关文牒，那就给点好处费吧。可老子穷啊，没有钱，尹喜子说没有好处没有钱，那就写本书吧。老子被逼无奈，就写了这部《道德经》赠送给了尹喜子。于是才有了短短五千字的《道德经》。仅仅五千余字的《道德经》博大精深、文简意深，这是千百年来公认的。中国历史上关于老子的传说更是近乎神话，这一切无非是想说明老子是一个不平凡的人，老子的《道德经》自然也就是一部天下奇书。

道义无形，有无相生

妸荷甘与神农一同在老龙吉那里学习。神农大白天靠着桌子、关着门睡觉。中午的时候，妸荷甘推门而入说："老龙吉死了！"神农听到了一下子站起来，抱着的拐杖也丢在了地下，说："老龙吉知道我见识浅薄，不够专心，所以弃我而去。完了，我的先生！没有用大道名言来启发教导我就死去了！"

弇堈吊听到后，说："悟道之人，天下有道德修养的人都会前来依附于他。老龙吉对于道，尚未得道之万分之一，尚且懂得藏狂言而默默死去，更何况真正懂得大道的人呢？大道看上去没有形状，听起来没有声音，而人们所谈论的道，都是晦涩难懂的，可见能够用来加以谈论的道，实际上并不是真正的道。"

于是泰清向无穷请教："你知道'道'吗？"无穷说："我不知道。"又问无为。无为说："我知道'道'。"泰清又问："你知道'道'，'道'也有规律吗？"无为说："有。"泰清又问："那么'道'的规律是什么样的呢？"无为说："我知道'道'可以处于尊贵，也可以处于卑贱，可以积聚，也可以离散，这就是我所知道的'道'的规律。"

泰清于是就拿这些话去请教无始，说："如此的话，那无穷的不知'道'和无为的知'道'，哪个对哪个错呢？"无始说："不知'道'是深远玄妙，知'道'是浮躁浅薄，不知'道'是处于大'道'之中，知'道'则刚好相反。"于是泰清似有觉悟地感叹道："不知'道'就是真正的知'道'啊！知'道'恰恰是真正的不知'道'啊！有谁懂得其中的奥妙呢？"

无始说："'大道'是听不见的，能听到的就不是真正的'大道'；'大道'是看不见的，能看到的也不是真正的'大道'；'大道'是不可言传的，言传的也不是真正的'大道'。要懂得有形之物之所以具有形体，正是因为它出自无形的'道'！因此'大道'

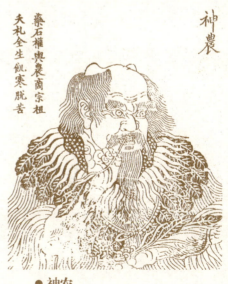

藥石權與農商宗祖
夫礼全生飢寒脫苦

神農

● 神农

是不可以称述的。"

　　无始说："听到有人讨教'大道'，便随口回答的，那其实是不知道'道'。而讨教'大道'的人，也是不了解'大道'。'道'是无法讨教的，问了也无从回答。无可讨教却一定要问，这是在询问空洞无形的东西；无法回答却勉强回答，这是对'大道'并不了解。内心无道，却希望回答空虚无形的问题，像这样的人，对外不能观察宇宙，对内无法了解自身的根本，所以也就不能越过那高远的昆仑，无法遨游于太虚之境。"

道德经

第二章

题 解

老子在第一章中提出"道"，认为世界的本原——天地之始是"无"，万物之母是"有"。那么"有"和"无"是什么关系呢？这一章老子随即指出"有无相生"，也就是说"有"和"无"是相互依存相辅相成的。不仅"有""无"如此，难易、长短、高下、音声、前后都是相因而有，如循连环的。因此圣人就要"处无为之事，行不言之教"。无为即无不为，大而化之即万事万物，只要依从它们的自然本性就好了。圣人之所以能成为圣人，就是因为他们能遵从自然万物之道。至于俗人所追求的功名，也就无所谓去留了。

原 文

天下皆知美之为美①，斯恶已②。皆知善之为善③，斯不善已。故有无相生④，难易相成，长短相形⑤，高下相倾，音声相和⑥，前后相随。是以圣人处无为之事⑦，行不言之教，万物作焉而不辞⑧，生而不有，为而不恃，功成而弗居。夫唯弗居，是以不去⑨。

注 释

①美：美好的。

②恶：丑陋。已：通"矣"。

③善：善良。

④相：互相。

⑤形：显现、显露。

⑥音声：汉代郑玄为《礼记·乐记》作注曰：合奏乐音为"音"，单一发出乐音为

"声"。朱骏声《说文通训定声》释"单出曰声，杂比曰音"。

⑦**无为**：不同于不为，是指不有意而为，是尊重自然，顺应天性。

⑧**辞**：通"司"，掌握。

⑨**去**：离开。这里有失去之意。

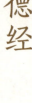

译文

天下的人都知道美好的是美好的，于是丑陋就会出现；都知道善良的是善良的，于是邪恶就会出现。因此，有、无互相转化，难、易互相形成，长、短互相显现，高、低互相充实，单音、和声互相谐和，前、后互相跟随。所以圣人用无为的态度对待世事，用无言的方式来引导教化。养育万物，却不自控；虽有功成，却不自以为有功。正因为不居功自恃，功劳反而不离开自己。

读解心得

这一章河上公取名"养身"，注曰"此章进学者于名迹两忘之地也"。名迹两忘，是因为美丑、善恶、有无、难易、长短、高下、音声、前后都是相对的，他们在存在的过程中，总是不断地向对方转化，在转化中达到统一。所以无为就是无不为。无为而治，通过无为无不为，达到一个"治"的状态。无为无不为，是人的行为，而治是自然万物的结果。老子在这里提出了一个严肃的问题，就是如何看待人和自然的关系。

在自然发展的历史长河中，人类作为最高级的灵长类动物，很长一段时间都能与自然和谐融洽地相处。孟子曾说："不违农时，谷不可胜食也。数罟不入洿池，鱼鳖不可胜食也。斧斤以时入山林，材木不可胜用也。谷与鱼鳖不可胜食，材木不可胜用，是使民养生丧死无憾也。养生丧死无憾，王道之始也。"统治者在为政的过程中，如果能够尊重自然规律，自然和百姓就可以互养，老百姓安居乐业，养生丧死无憾，王道也就开始了。所以无为源于道，要顺应天道自然的法则。"无为"不是不为，是强调"不私为""不枉为"，是顺应自然规律的"有为"。

近代以来，随着人口的增多，大工业的发展，人类为了自身的生存，在与自然相处的过程中，常常以自然的主宰者身份自居。古代愚公移山的故事，是宣传一种坚持不懈、不怕困难的精神。可现代人把它拿来作为改造自然的例子，于是

有了"高峡出平湖"，有了黄河地上河的奇观。所谓填海造陆，陆地面积看似大了，可海潮的奇观不见了，工业排放的污水污染了大片的海面。鱼虾死了，海鸟没了，人们再也无法享受夏季海滨的惬意。整个地球温度升高，冬季不再寒冷，夏季处处炎热。成语"严寒酷暑"，只剩"酷暑"，不见"严寒"。雾霾天气，极罕见的风暴，这就是自然回馈给人类的"礼物"。

所以人与自然的和谐，是所有人类的共识。西方人钓鱼的时候，很多国家是有法律规定的，一是限制渔猎的季节，二是限制渔猎的数量规格。当钓上来的鱼没有达到规定的长度时，是要重新放归的。这些都是与自然和谐共生的好方法。如果在禁捕期偷偷捕捞，不管鱼的成熟大小，只为蝇头小利，弃生态环境、自然平衡于不顾，子孙后代就更是抛之脑后了。这就是典型的"涸泽而渔""杀鸡取卵"。

天地与我并生，万物与我合一。天人合一的思想把人与人所存在的自然和谐地统一在一起，人与自然是一体的，谁也离不开谁。这个主张近年来越来越受到人们的重视。国家也把建设和谐社会作为长期的治国方略。和谐社会不仅是人与人之间的和谐，更重要的是人与自然的和谐。著名的国学大师钱穆先生，在他九十多岁时发表的一篇文章中指出，中国的精神和文化的最高境界是天人合一。北京大学的大师级学者季羡林先生也同样得出这个结论，他反复强调，中国文化能够贡献给这个世界的最重要的学说和精神之一就是天人合一。不要一味地讲征服自然，一味地开发掠夺，如果这样做的话，自然必将报复人类。

经典故事

庄周梦蝶

庄子《齐物论》中有庄周梦蝶的故事。

话说有一次庄子梦见自己变成了一只蝴蝶，这个蝴蝶在花丛中自由自在地飞翔，上下翻飞，翩翩起舞，那情形真是快意。它不知道自己原来是庄子变成的。忽然间，这蝴蝶一下子惊醒了，惶恐之间，它才知道自己原来就是庄子。不知道是庄子在梦中变成了蝴蝶，还是蝴蝶做梦梦见自己变成了庄子。庄子和蝴蝶，一定是有分别的，但这种分别，只是形式上的分别，庄子可以变成蝴蝶，蝴蝶也可以变成庄子。物我最终是可以互相交合，互相变化，最后合二为一的。这个故事告诉我们：

人要顺应自然的变化，不要唯我独尊，妄自尊大。梦中我是蝴蝶，我就享受做蝴蝶的自由自在的快乐；醒后我是庄子，我就实实在在过我庄子的生活。至于什么生死、梦醒、谁是蝴蝶谁是庄子，又何必斤斤计较呢？

● 庄周梦蝶

庄子的《齐物论》，一个是齐物，一个是齐论。庄子认为世间万物，包括人的品质和性情，看起来是千差万别的，但归根到底却又是一齐的，这就是"齐物"。人们的观念想法，看起来也是五花八门，但既然世间万事万物都是一齐的，人们的言论最终也应该是一齐的。

没有所谓的是非曲直，这就是"齐论"。也就是说世间万事万物存在这样或者那样的差别，它们是有对立性的，但这一切，又都是统一的，浑然一体的，都在向自己的对立面不断地转化，所以是相辅相成，又是相克相生的。因此也就是没有区别的。这跟老子世界的本原"道"是不谋而合的。

道德经

第三章

题　解

"尚贤"是追求名，"贵货"则是追求利。如果没有让人们趋之若鹜的东西，那么人内心的欲望也就不会像野马一样肆意奔腾。所谓的不展示奇珍异宝，并不是要人人都闭上眼睛不去看，而是说面对花花世界，人们仍然能保持一颗纯净的心。所以统治者在管理人民的过程中，要消除那些能够引起人们欲望的东西，使得老百姓内心平静，不受外界灯红酒绿生活的诱惑。就像"铢视轩冕，尘视金玉"，会有什么欲望呢？人们分析这一章，历来侧重老子"愚民"的主张。其实我们完全可以换一个角度去看这个问题。

原　文

不尚贤①，使民不争；不贵难得之货②，使民不为盗③；不见_{xiàn}可欲④，使民心不乱。是以圣人之治，虚其心⑤，实其腹，弱其志⑥，强其骨⑦，常使民无知、无欲，使夫智者不敢为也⑧。为无为，则无不治⑨。

注　释

①**尚贤**：推崇有才干的贤德之士，对他们加以任用，来治理国事。这是春秋战国时期具有普遍性的风气，诸子百家大多提倡。尤以墨、法两家最甚。老子对此持反对态度。尚，崇尚，尊崇。贤，指有德行的人。

②**不贵难得之货**：不重视十分难得的财物。贵，以……为贵，形容词的意动用法，可以理解为重视。货，十分难得的财物。

③**使**：导致、促使。**盗**：盗贼。古时的"盗"相当于今天的"贼"，指有偷窃行为的人。

④**不见可欲**：不炫耀能够引起别人贪心的事物。见，通"现"，显露，文中有炫耀的意思。欲，引起贪心的事物。

⑤**虚**：使……空虚，形容词的使动用法。使百姓的头脑简单。**心**：思想，心志。

⑥**弱**：使……削弱，形容词的使动用法。**志**：意志。

⑦**强**：使……强大，形容词的使动用法。

⑧**为**：有进取之意。

⑨**治**：治理，此处是治理得天下太平之意。

译　文

不推崇才德，就不会促使百姓互相争夺；不珍爱十分难得的财物，就不会促使百姓去偷窃；不显耀引起别人贪心的事物，就不会促使民心被迷乱。所以，圣人的治理原则是：使百姓心计排空，使百姓的肚子填满，使百姓的竞争意图削弱，使百姓的筋骨体魄强大，使百姓没有心智，没有欲望。让那些有才智的人也不敢做新奇的事情。圣人只要施行无为而治，天下就会太平了。

读解心得

这一章河上公取名"安民"，意为让老百姓安定下来。如何才能让百姓安定下来呢？那就要"忘贵尚，泯思虑"，通过无为的方式治理国家。

很多学者谈论这一章的时候，都认为这一章反映了老子否定尚贤，对百姓施行愚民政策，使百姓长期处于一种蒙昧的状态，达到一种国家的长治。这里我们看到老子的这种倒退的、落后的历史观，其实这只是看到了问题的一个方面。

老子的《道德经》除了论德、论道之外，也论社会和人生。在如何治理社会和国家这部分，老子就提出统治者本身应该起到表率作用。"不尚贤，使民不争；不贵难得之货，使民不为盗；不现可欲，使民心不乱。"统治者人人追求锦衣玉食、珠光宝气，然后高高在上，重用一些有才能的人，来治理他们眼中的愚昧的百姓，让他们不要爱财，清心寡欲，头脑简单，大家试想，这样能成吗？能达到老子心中的"道"吗？所以说"己所不欲，勿施于人"，统治者要想达到治顺天下，那就得先从自身做起。

　　君王在治理天下的时候，要能做到物我两忘。让百姓吃得饱穿得暖，百姓才能够坚守自己内心的境界，从而达到物我融合、物我两忘的境界。百姓守住自己内心的境界，就会弱智强身，无欲无望。圣人之道，对内能够加强自身修养，对外又能影响别人，然后达到庄子所说的"游心于淡，合心于漠"的境地。这是怎样的一种境地呢？那就是"顺物自然而无容私焉，而天下治矣"。这个时候，人顺着天地生物自然之理活着，没有私心，无自我，无私心无自我自然就是大公！这虽是庄子所言，但也代表了老子的思想，那就是只要人修养到无私，天下自然就太平了。

经典故事

"小气"的皇帝

　　历史上有没有特别节俭的君王呢？还真有！那就是汉文帝刘恒。

　　刘恒是刘邦的第四个儿子，为侧室所生，卑微的地位使吕后对他们母子不屑一顾才得以保全性命。他也是《二十四孝》中亲尝汤药的原型。由于他早年生活贫困，因此，他当了皇帝之后，生活也极其节俭。他为政时期，社会经济已经相当繁荣，但他还是穿着草鞋上朝办公，龙袍也是补了又补。他自己节俭不说，后宫佳丽也是衣着朴素。为了节省布料，即使是自己最宠爱的妃子，也不许穿当时特别流行的拖地长裙。寝宫里的帷帐也没有刺绣花边。他当时住的宫殿没有露台，他本来也想建造一个，但一算花销，差不多要十个中产家庭的财产，他觉得太多了，又马上放弃了。所以《史记》中记载文帝"即位二十三年宫室苑囿狗马服役无所增益"。试想，哪个皇帝登基，不是大兴土木、骄奢淫逸呢？可是这个汉文帝为政二十三年，竟连服役的人都没有增加。

　　在临终前，他痛斥厚葬的恶俗，留遗诏要求为自己从简办丧，对自己的陵寝也明确指出："皆以瓦器，不得以金银铜锡为饰，不治坟，欲为省，毋烦民。""霸陵山川因其故，勿有所改。"还要求死后要把夫人以下的宫女都遣送回家，让她们另寻夫家。

正是由于他一生为民、俭朴勤政才成就了历史上著名的"文景之治"。

据史料记载，当时的汉朝经济已经相当繁荣，钱多得数都数不清。连穿钱的绳子都烂了。仓库里的粮食新的压着陈的，一年一年往上堆，都堆到粮仓外面了。可一国之君却是如此的节俭。司马迁评价汉文帝说："德至盛焉。""岂不仁哉！"这样的君王，百姓会不爱戴吗？社会能不安定吗？如果当政者都能像汉文帝那样，又怎么会"涂有饿殍"？

●汉文帝仁厚俭恕

两辆水车

在一座高高的山上，住着一位非常有钱的财主。他每天的生活用水都是由两辆被雇佣的水车从山脚下拉上来的。然而，日久天长，其中的一辆水车的水桶破了一个洞。拉水到家的时候，车里的水只能剩下一半儿，其他的水都洒在了山路上。而另外一辆车上的水桶则完好无损，每次都能把一桶水完整地送到主人的家里。

日复一日，年复一年。每一次拉水回家的时候，那位水桶完好的车夫都非常自豪，而水桶破了的车夫却非常沮丧。因为，他每一次都是半车水，一年里，他只能完成别人一半的工作量。于是，他每次拉完水都要请求主人帮他修好自己车上的水桶，可是每一次主人都不答应他的要求，只是要求他走另一条比较难走，但路途较近的山路。车夫虽然不解其意，但没有主人的允许，他也不能独自去修车上的水桶。当他与另一位车夫相遇的时候，心里都是非常的不自在，仿佛自己做了对不起别人的事情。终于有一天，这位只能拉半桶水的车夫向那位拉整桶水的车夫谈及了自己的感受。但这位车夫也不理解主人的意思。于是，他建议两人一起去问主人，想一探事情的原委。

面对两位不解的车夫，主人微笑着什么也不说，领着两位车夫分别走了他们拉

道德经

水的山路。只见那位水桶完好的车夫所走的路上，几年来都没有什么变化，路还是那样的光秃秃的。除路上的车辙，几乎没有其他的印迹。当他们来到那位水桶破的车经常走的那条路上时，他们的心不禁为之一颤。因为，路的两旁不仅有郁郁葱葱的乔木，而且乔木丛中还点缀着几朵盛开的花朵，简直美极了。

望着眼前的美景，主人笑呵呵地说："知道我为什么不让你修补水桶了吗？"两位车夫似有所悟地点了点头。主人接着说："既然咱们家的水够用了，那为什么不让剩余的水来实现它另外的作用呢？"

这个故事很好地体现了老子"无为"的思想。"无为"并不是"不作为"，而是有选择地"作为"。在这个故事中，这位财主通过自己的"选择"取得了两位车夫意想不到的客观效果。

第四章

题　解

　　这一章老子继续谈论"道"。"道"体空虚广漠无际，但它却无处不在。虽然天地广大，动植物纷繁复杂，但是没有哪一个能够充满整个"道"。正所谓形有限而理无穷。所以说这道实在太大了，没有什么东西能够充满它。但是它又那么细小，以至于一事一物，没有哪个没有自己的形状。所以对于"道"，一定要近距离观察，不能一心认为它是空虚奇妙的，以此追求所谓的大而不盈。"道"还是极深的，好像是万物的主宰。既然深不可测，那自然也就无法命名。所以我们看世间的万事万物，一定有一个可以作为它主宰的东西，但不一定有具体的形态。这就是"道"的作用。

原　文

　　道冲而用之①，或不盈②。渊兮似万物之宗③。挫其锐④，解其纷⑤，和其光⑥，同其尘⑦。湛兮似或存⑧。吾不知谁之子，象帝之先⑨。

注　释

①冲：通"盅"，器物虚空，比喻十分空虚。

②或不盈：时常处于不完满的状态。或，时常。盈，满。

③渊：深远的样子。宗：主宰、根本。

④挫其锐：消磨掉它的锐气。挫，使……遭受挫折，引申为消磨。锐，锐利、锋利。

⑤解：解除。

⑥**和其光**：调和隐蔽它的光芒。和，调和。光，光芒。

⑦**同**：把……混同。**尘**：尘世凡俗。

⑧**湛**：沉没，引申为隐约。段玉裁《说文解字注》："古书中浮沉之'沉'多作'湛'。""湛""沉"古代音同。文中用来形容"道"隐没于冥暗之中，不见形迹。**似或存**：似乎存在。连同上文"湛兮"，形容"道"若无若存。参见第十四章"无状之状，无物之象，是谓惚恍"等句，理解其意。

⑨**象**：好像。**先**：在……之前。

译　文

　　大道是一个抽象无形的虚体，然而它的作用又是无穷无尽。渊是如此的深远啊！它就像万物的祖先一样。把它的锋锐消磨掉，把它的纷扰消除掉，含蓄光耀，使之混同于尘垢。它时而深沉，时而无象无形，但又好像实际存在。不知道它是什么时候产生的，好像在天帝出现之前就有了。

读解心得

　　这一章河上公取名"无源"。说的是"道本冲虚而其用不测"。老子心中的"道"，实在是太奇妙了：它空虚广阔，无形无色无味，但却弥散于天地间，无所不在。它是世间万事万物的源头主宰。看似没有，却又实实在在地存在。人们常说，世间最大的是海洋，比海洋大的是天空，比天空还要大的是人们的胸怀。这胸怀跟无边无际的"道"比起来，似乎又显得渺小了。因为不同的人，心中所想不同，胸怀自然就有宽广和狭小之分。圣人要教导人们的，就是要加强自身的修养，最终达到与"道"的统一。

　　大家都知道庖丁解牛的故事。当遇到筋骨交错难切分的地方，庖丁就会倍加小心，目光好像停下来了，动作也随之缓慢下来，刀子动起来特别轻，当看客们屏神静气定睛观瞧时，只听哗啦一声，这个牛的骨架子完全散了，就像泥土一样，堆了一地。庖丁解牛的技艺为何如此高超呢？因为他解牛时，"手之所触，肩之所倚，足之所履，膝之所踦，砉然向然，奏刀騞然，莫不中音。合于《桑林》之舞，乃中《经首》之会。"合于《桑林》之舞，不就是合于自然的声音吗？不就是合于"道"吗？而且庖丁"之所好者，道也；进乎技矣。始臣之解牛之时，所见无非牛者；三年之后，未尝见全牛也。方今之时，臣以神遇而不以目视，官知止而神欲行。依乎天理，批大郤，导大窾，因其固然，技经肯綮之未尝，而况大軱乎！"一个古代的厨子，对"道"的理解如此出神入化，并且依乎天理而行，那么当无良的菜农往青涩的瓜果上喷洒催熟剂的时候，当含有三聚氰胺的奶粉投放市场的时候，人们怎能不自食其果呢？

轮扁斫轮

"轮扁斫轮"是一个源自《庄子·天道》的成语。在"轮扁斫轮"中，"轮扁"是一位造车工匠的名字；而在"斫轮"中，"斫"是用斧子砍的意思；"轮"是指车轮。从语言的层面上讲，"轮扁斫轮"就是一个名叫轮扁的工匠在用斧子砍制车轮。在《庄子·天道》中，原句是这样的：桓公读书于堂上，轮扁斫轮于堂下。下面我们来还原这个故事：

话说有一天，齐桓公在屋子里读书，轮扁在院子里精心地砍制车轮。一个读得津津有味，一个做得得心应手，各自都沉浸在自己的欢乐之中。随着时间的推移，不觉半天的时间过去了。满头大汗的轮扁望着手中那已初具形体的车轮，放下了手中的斧子、凿子等工具，仔细端详起来，脸上露出了满意的笑容。但他不经意间的一瞥，发现在屋里读书的齐桓公正读得不亦乐乎。因为轮扁深知制造车轮的真谛，于是想要和齐桓公去辩论一番。

只见轮扁不慌不忙地走到屋里，小心翼翼地问齐桓公：您读

● 齐桓公

的是什么书啊？这么投入、这么认真！齐桓公看了看轮扁，然后意味深长地说：这是本记载圣人之言的宝书，说了你也不懂。听到齐桓公这略带轻视的回答，轮扁深思了一会儿，又接着问道：那说这些话的圣人还在吗？齐桓公略带不满地说：圣人都已逝去了。为了表达自己对轮扁问话的不满，齐桓公把目光从轮扁身上又移向了手中的书。然而，轮扁却不生气。继续说道：既然圣人都去世了，那么大王您读的书就只是圣人留下的糟粕了。一听这话，齐桓公就怒了。于是大声地说道：我读的书怎能容你胡乱评论，如果不说出一个子丑寅卯，我一定要治你的罪！

轮扁听后，不仅没有害怕，反而自然地说道：关于这一点，可以结合我制造车轮的事例来说明。制作一个车轮子，如果车轮的轮孔过于宽松，那么轮子就容易脱落；如果把车轮的轮孔做得过于狭窄，那么又会使轮辐难于安装。因此，只有把其做得恰到好处，才能制作出颇为实用的车轮。如果要取得这样的效果，那么就需要制作的工匠掌握里边的规律。可对于这样的规律而言，它只能由工匠们潜心地体会却不能通过语言来传授。我虽然想把制作的技巧告诉我的孩子，但我的孩子却不能从我的言谈中获取制作车轮的技巧。所以，现在我都七十岁了，还不得不亲自制作车轮。从我的经验来看，既然圣人都已经死去了，那么他们的思想也不可能通过语言传承下来，所以我说您看的书及其所记载的内容都已是糟粕了。它们已不再是这些圣人思想的精华了。

对于这个故事，虽然不同的人有不同的理解，但它却在例证本章的一句话：道冲而用之，或不盈。大道是无形的，因此，只从形状、色彩、声音就可以知晓大道内涵的思想是十分错误的。语言虽然可以用来描述大道，但那些通过语言记录的大道却还需要我们在实践中去感悟、去把握。

第五章

题　解

　　诸子文章中多次提到"仁"。孔子认为"仁者爱人""己欲立而立人，己欲达而达人""己所不欲，勿施于人""能行五者（恭、宽、信、敏、惠）于天下为仁矣""克己复礼为仁"。由此可见，仁是一种最高的道德准则和品质。老子在这一章指出"天地不仁""圣人不仁"，并不是说天地不仁德，圣人不仁德，而是说天地和圣人，无所谓仁德不仁德，他们只是按照自认本性去行事。天地之间，本来就像一个大风箱，人不断地鼓起风箱，产生大风。风如果太大，人自然就会卷于其中，最后不能自持。所以还是保持清静，顺应天意，顺其自然吧！

原　文

　　天地不仁^①，以万物为刍狗^②（chú）；圣人不仁^③，以百姓为刍狗。天地之间，其犹橐籥乎^④（tuó yuè）？虚而不屈^⑤，动而愈出^⑥。多言数穷^⑦（shuò），不如守中^⑧。

注　释

　　①天地不仁：天地没有仁爱之心。此句并不是对天地的诋毁，而是客观陈述。也可以理解为天地无所偏爱。

　　②刍狗：古代祭祀时用草扎成的狗。用于祭祀活动，祭祀完毕，就被扔掉，不再去关心它。比喻轻贱无用的东西。

　　③圣人不仁：圣人无所谓仁慈。他情感冷漠，跟天地一样无所偏爱。

　　④橐籥：古代助燃的一种风箱，即袋囊和送风管。通常用于冶炼鼓风。

⑤**虚而不屈**：空虚但没有竭尽。虚，空虚。

⑥**动而愈出**：越是拉动风箱，它产生的风就越大。意为人为的因素越多，结果越是会适得其反。

⑦**数**：数，通"速"，是频繁加快的意思。**穷**：穷困潦倒，无路可行。

⑧**守中**：即守住虚静。守住自然的法则，无为自化。中，通"冲"，指内心的虚静。

● 风箱

译　文

天地是没有仁爱的，它对世间万物就像轻贱无用的刍狗一样，任凭万物自生自灭。圣人同样也是没有仁爱的，也像刍狗那样对待百姓，任凭人们自作自息。天地之间，大概就像个风箱一样吧。虽然空虚但没有穷尽，越鼓动风就越多，生生不息。政令繁多反而会更行不通，还不如守住虚静。

读解心得

本章河上公取名"虚用"。这一章先从天地圣人这些离人们很远的事物入手，来表现无欲无为的思想。

天地之间像个大风箱矗立在那儿，那么它自然有作用。它的作用并不是来自它自身，而在于使用它的人。当人们拼命去鼓动的时候，那风也就会越来越巨大。只有人静下来了，风箱才会静下来。所以教导人们，要默然守中，守中就是守道，守道就是遵守自然法则，不偏不倚，并且运用到世间万物。这样才能走进"德"的大门。

但是，现代社会人们有太多的欲望和要求，因此也就衍生出来太多的罪恶。很多人都看过《血钻》这部片子。片中有这样的情节，女记者说男主人公丹尼阿彻冷血，用人的生命去换取利益，男主人公则认为："那些充满梦想的美国女孩子，总希望有个浪漫的婚礼和一颗闪闪发光的钻石！"言下之意，这战乱，就是因为那些美国女孩子的梦想，总希望有个浪漫的婚礼和一颗闪闪发光的钻石！人们对钻石的渴望，才导致了可恶的战争。为了那一颗耀眼的钻石，很多人不惜牺牲生命。本来钻石就是一块发亮的石头，最初作为装饰品只有欧洲的王室贵族佩戴。但后来这些贵族王孙把钻石作为爱情的礼物送给爱慕的女人，但是当人人都想得到并以此为荣耀的时候，这石头一下子就变得不平凡。于是巨大的钻石市场出现了。由此也产生掠夺、屠杀、丧心病狂，那耀眼的钻石也就成了沾满无数人鲜血的血钻。

钻石本无心，天然而为之。但人们的贪欲使这些石头成了一切罪恶的根源。无声无息的石头错了吗？是人们的贪欲啊，最终毁掉了人类自身！

经典故事

蝜蝂传

柳宗元有一篇《蝜蝂传》，讲的是一种叫蝜蝂的小虫子，这种小虫子善于背东西。走路时，只要遇到什么东西，就会马上拾起来，然后放在背上背着走。背上的东西越来越重，即使举步维艰，它也不停止。它的后背不光滑，即使放了东西在上面，也不会滑落下来。东西越堆越多，终于把自己压得不能动弹。人们很可怜它，就替它把背上的东西拿掉一些，这样它就又能走了。但是它本性不改，又会不断往背上放东西。没多久又压得不能动弹了。这个小虫子，它还喜欢爬高，用尽全力也不停止，最后只能是从高处坠地而亡。

世上也有这样一种贪心的人，只要看到什么东西，就想拿回家据为己有，家里的财货越多越好。岂不知这些东西早已成了自己的负担，可他们自己却还是嫌东西不够多。等到他们一旦疏忽而铸成大错，或者罢官或者贬谪，也真是吃尽了苦头。如果一旦东山再起，他们又会好了伤疤忘了疼，狮子大开口，天天想着如何往上爬，得到高官厚禄，变本加厉地搜刮钱财，不久又再一次濒临死地，完全不知道接受之前的教训。他们的形体看起来，比那喜欢背负的小虫子不知大多少倍，他们是人，不是虫子，可他们的见识，跟那小虫子是一样的啊！真是可悲啊！

狼

在古代的传说故事中，狼不仅是狡猾的，而且还是贪婪的。但最终又都因为自己的狡猾与贪婪而被人们消灭了。在蒲松龄的《聊斋志异》里就曾经有一则这样的故事：

有一天，一个屠夫终于在太阳落山前卖尽了最后一块肉。于是他赶忙把肉摊上没有人买的几块骨头收拾好，装进担子里，准备回家。他一边走着，一边想着回家坐在炕上喝点小酒的美事，心里乐滋滋的。突然他不经意间的一个转身却让他毛骨悚然，因为，他看到两只狼不远不近跟在他身后。为了不激怒身后的两只狼，屠夫只好装作什么也没有发现一样，仍旧像先前一样，不紧不慢地走着，时而用眼睛的余光瞥一下身后的两只狼，看看它们还在不在。又走了很远，两只狼仍然很悠闲地跟在他的身后。由于天色渐晚，路途还远，这不由得更让屠夫感到害怕。屠夫灵机一动，忽然想到了担子里的骨头。于是，就顺手拿出一些扔在地上，以为两只狼抢骨头的时候，自己可以脱身。然而，屠夫想错了。看见地上的骨头，一只狼停了下来，可是另一只狼却仍然紧跟着他。于是，无奈之下，屠夫只好再扔一些骨头。可是这时一个更可怕的事情又发生了：前边啃骨头的那只狼又跟了上来。如此这般，直到屠夫的骨头都没有了，但是还没有甩开两只狼。

望着那空着的担子，屠夫心中顿生恐惧感。因为，狼吃了他扔下的骨头，体力得到了恢复，屠夫担心此时两只狼分开攻击他。情急之下，他发现路边有一个打麦子的场地。场地上有一堆高高耸起的麦秸堆，像小山一样。于是他快速地跑过去，靠在麦秸堆上，拿起砍肉的刀子。两只狼见状也不敢贸然上前，但它们却也瞪圆了双眼，望着屠夫。似乎人狼大战，一触即发。

然而，意想不到的事情发生了。不一会儿，一只狼却径自走开了。而另一只狼虽然没有离开的意思，但它却也像一只狗一样，蹲坐在屠夫的面前。随着时间的流逝，这只蹲坐在前面的狼慢慢地闭上了眼睛，神情悠闲得很。屠夫见到这种情况，立即用手中的砍肉刀猛地砍向这只狼的头部并杀死了它。看见这只被自己消灭的狼，屠夫的心才稍稍平静。于是他重新整理好事前扔在地上的担子，缓了一口气儿，准备离开。他忽然又想到了那只离开自己的狼，似乎事情有些不对。于是他绕到麦秸堆的后边一看，才终于明白了事情的原委：原来这只早已离去了的狼正在自己身后的麦秸堆上打洞，准备与蹲坐在前边的那只狼合作，一起吃掉屠夫。现在整个身子已经有一半都钻到了麦秸堆里。屠夫见状，又拿起刀子杀死了这只打洞的狼。直到此时，人们才明白，那只蹲在前边假装睡觉的狼原来是想要诱骗屠夫的。

这个故事里的两只狼是多么贪心啊。如果它们吃尽了屠夫扔的骨头就离开，也不至于出现都被杀死的情况。

《东郭先生的故事》与上边这则故事非常相似，它也讲述了一只贪心的狼：

话说东郭先生有一天骑着毛驴走在大路上，突然有一只被猎人追赶得走投无路的狼跑到了他跟前。这只狼看见了面慈心善的东郭先生，仿佛抓到了一根救命的稻草，一味地恳求东郭先生救救自己。听着这只狼恳切而又近似于哀求的语言，望着这只狼可怜的神情，东郭先生顿生怜悯之情。东郭先生只好把驮在驴身上的一个大口袋卸下来，然后把里边装的书丢在路边的草丛里，让这只可怜的狼钻了进去。然后又把这个口袋费力地放在驴的身上，继续前行。

没有走几步，猎人就骑着马追到了。他们问东郭先生看没看见一只狼，东郭先生说没有。于是，这些猎人只好走了。见猎人已远远地离开了自己，东郭先生又吃力地把装狼的口袋卸了起来，小心地放在地上，轻轻地解开口袋上的绳子，把这只备受惊吓的狼放了出来并告诉它猎人已经走远了。这只本应逃生的狼听见东郭先生这样讲，不仅没有快速地离开反而面露凶色，恶狠狠地张开大嘴扑向东郭先生。因为，这只被猎人追了很久的狼好长时间没有吃东西了。于是，它见东郭先生人单势孤，就想乘机吃掉他以填充自己那早已饿瘪了的肚子。

东郭先生大惊，只好绕着驴子躲闪，一边跑，一边骂狼没有良心，不应该获救了还要吃自己。但这只恶狼哪容东郭先生咒骂自己，不仅加快了追赶东郭先生的脚步，而且还用狼那独有的声音恐吓早已吓破了胆的东郭先生。正在这危急时刻，一个在附近干农活的老农听到了狼的叫声跑了过来。

这是一个聪明的老农。看着向自己诉说事情原委的东郭先生和这只恶狼，老农表示不相信他们各自诉说的事情。于是，老农要求东郭先生和狼把刚才的事情重新演绎一番。无奈之下，狼又钻进了东郭先生的口袋。老农见状连忙帮助东郭先生系好了装狼的口袋，并用手中的锄头杀死了这只恶狼。

随后，这位老农对东郭先生说：你太糊涂啊！对狼是不能讲仁慈的，否则你就会被自己的仁慈所害。

在这个故事里，如果这只狼不是那么贪心，那么它也就不会想要吃掉东郭先生了。

第六章

题 解

　　"道"是永恒不变的。所谓"道之体用，气之阴阳，形之动静"，人们能够体会到这一切，就是因为道是自然万物的根源，它生生不息，并且变化莫测。"道"永生，天地万物也长存。"道"的妙用，存在于阴阳之中，又不完全依赖阴阳，主宰气形并且贯通于气形之中。有注释者言：天谷元神，守之自真。上玄下牝，子母相亲。鼻为玄，吸气而上通于天；口为牝，纳津而下通于地。我们认为，这种说法只局限于人身而言，道理是对的，但过于狭窄。这一章实从万物的源头说起，"道"主宰阴阳，孕育天地，它的作用是无休无止的。人体只是小周天，宇宙才是大周天。

原 文

　　谷神不死[1]，是谓玄牝^{pìn}[2]。玄牝之门[3]，是谓天地根。绵绵若存[4]，用之不勤[5]。

注 释

　　[1]**谷神**："谷"与"穀"常通用。《尔雅·释言》："穀，生也。"《广雅·释诂》："穀，养也。"谷神者，生养之神。有人把谷神当成一个偏正结构，指"道"的别名。另外有人认为谷神是一个联合结构。谷，形容"道"虚空博大，像山谷的样子；神，形容"道"变化无穷，很神奇的样子。**死**：停止，停息。

　　[2]**玄牝**：指孕育和生养出天地万物的母体。象征万物生长的总根源。牝，本义是雌性的生殖器官，比喻具有无限造物能力的"道"。

　　[3]**门**：通往天地万物的根源。

④**绵绵**：连绵不绝之貌。

⑤**用之不勤**：指"道"发挥的能量用之不竭。勤，竭、尽。

世间万物的道是永恒存在的，这就是孕育和生养出天地万物的母体。创造生命的门，就是天地的根本。它连绵不绝、无穷无尽。它永恒地存在着，作用永不衰竭。

读解心得

这一章河上公取名"成象"。先前的注释家，对这一段有很多的解释。上文题解中提到的"天谷元神，守之自真。上玄下牝，子母相亲。鼻为玄，吸气而上通于天，口为牝，纳津而下通于地"，这种说法，虽然是有些局限，但似乎更好理解。我们经常说人体就是一个小宇宙。呼吸是气，骨骼是山，血液是河流，经过各个器官在全身循环流动。身体的各个器官，看似各司其职，其实密切相关。所以成语有"通则不痛，痛则不通"。整个人的生命周期，通过阴阳的交合，细胞萌芽长大，胎儿呱呱坠地，婴儿牙牙学语，然后少年、青年、壮年、老年，最后衰老死亡。这就像一颗种子，落地、发芽、长大、开花、结果，最后凋零枯萎。人体的自身是和宇宙同一的，人的生长过程，也跟世界的万事万物一样。所以生老病死，是最自然不过的事情，人们完全没有必要回避惧怕。中国人是很避讳谈论死亡的。当孔子的学生向他请教关于生死的问题时，孔子回答说："不知生，焉知死？"生的事情还没有弄清楚，说什么死呢？庄子则不是这样。庄子通过寓言故事，告诉人们，死亡是比生更快乐的一件事情。当他的妻子死了以后，他不但不悲伤，反而鼓盆而歌，他认为妻子到了另外一个快乐的王国，她的肉体虽然消失了，但她的精神是不灭的，灵魂常在。她会重新开始一个新的生命轮回。"道"不就是永生的吗？人最终融于大道，这是自然的永恒。很多帝王追求长生不老，他们只想到让肉体长生，从而享受人间的快乐，岂不知只有"道"才可以永存。留下来的永远只是名，永垂不朽的永远是精神。

庄子之楚

有一次庄子去楚国，走到半路的时候，看到路边有个大骷髅。白森森的枯骨，咧嘴龇牙，好不吓人。换了别人早就扭头跑掉了，可是庄子不但不跑，还用马鞭敲着骷髅头说："你如今这副样子，是不是生前荒唐纵欲做了无理的事情啊？还是你的国家灭亡了，你遭受了大刑才到了如此地步？还是你做了什么无德的事情，给父母家族丢了脸，才被扔在这里？还是你遭受饥荒，挨饿受冻至此呢？还是你年事已高寿终正寝呢？"说完，拿过骷髅头，枕在头下睡起来了。

● 庄子

半夜，庄子做梦，竟然梦见骷髅头对他说："一看你就是一个善变的人。不过呢，你的境界好像不行。你看你所说的，都是活人遭受的苦难，你不要操心我是怎么死的，只要死了，人就没有这些烦恼了。你想听一听死亡的快乐吗？"庄子说："好吧！你说来听听。"这个骷髅头说："死亡的王国里，没有高高在上的君王，也没有低三下四的臣子。没有严寒酷暑，没有春夏秋冬，自由自在无拘无束，即使当了君王，这份快乐也没法比啊！"庄子怎么会相信这番话呢？于是他就对骷髅头说："我们两个认识也是缘分。我让管理人命的神仙，恢复你的人形，让你长出骨肉肌肤，回到父母和妻子儿女身边，去享受天伦之乐，怎么样呢？"这骷髅头马上变了颜色说："我怎么能放弃这里的快乐而去重新饱受人间的疾苦呢？"说完，一溜烟跑掉了。

庾道愍万里寻母

据说在南朝的时候，有一个叫庾道愍的人。在他还不会讲话的时候，他的父亲就因病去世了。家里只有他与母亲两个相依为命。然而，屋漏偏逢连夜雨，在他两岁的时候，他的家乡发生了洪灾，无情的洪水即刻就吞没了他的母亲。

当众邻居发现再也无法找寻到他母亲之后，就纷纷把庾道愍接到自己的家里，把最好的东西让给他吃。今天东边的邻居给他一点好吃的，明天西边的邻居又给他一件棉衣，终于把庾道愍养大成人了。随着年龄渐渐地增加，他看见别人的孩子都能依偎在母亲的怀里撒娇，他心生羡慕之感，于是就萌生了寻找父母的愿望。可是，当他听说自己的身世后，心里久久不能平静。因为，父亲去世了，阴阳两隔。他唯一的希望就落在寻找母亲这件事情上。但当他从邻居口中得知那场洪水的灾情描述后，心里非常难过。但难过的心情却没有使其丧失寻找母亲的希望。因为，谁也不知道母亲的死活。因此，庾道愍坚信母亲还在世上，仍然活着。

庾道愍越想越激动，他失眠了。从第二天开始，他逢人就问母亲的下落。一次次地打听，一次次地失望，但他却不灰心。没有事情的时候，他就坐在村口的路边，眼睛望着远方的大路，希望有一天母亲能够迎面走来。时间一天天地过去了，虽然母亲没有走到自己的面前，但不厌其烦地询问路人的举动却得到乡亲们的理解和支持。从此，再也没有人笑话他了。

又过了一年，终于有一天一位经商的邻居回来告诉庾道愍，说他曾经在遥远的交州集市上见到过一个人，颇像他的母亲。但因为赶集的人太多，还没有来得及细问，这位与庾道愍母亲长得非常像的女人就消失在人群之中了。虽然这只是一个道听途说式的经历，但它却给庾道愍增添了寻母的希望。于是，他暗下决心，决定自己长大之后，一定要去交州的集市去寻找自己的母亲。

为了获取寻找母亲的资本，庾道愍开始努力学习。终于在二十五岁的时候，他被众人举荐为官。在征求他为官意愿时，庾道愍表示要去遥远的交州附近做事。交州被称为蛮荒之地，很少有人主动要求去那里，除了那些被流放或贬谪的官员之外，庾道愍是第一个主动要求前往的人。于是，他如愿以偿，被派往广州的绥宁府任职。在去任职之前，他请人精心绘制了母亲的肖像，以便寻找自己的母亲。

庾道愍为官的目的有二：一是为官府做事，二是寻找自己的母亲。然而到了广州的绥宁府之后，他才发现自己错了。因为，这儿离交州还有很远的路。面对当官就不能寻找母亲，寻找母亲就不能当官的尴尬，思来想去，庾道愍做出了一个惊人的决定：辞官。带上自己的积蓄，拿上母亲的画像，经过一番坎坷之后，终于来到母亲曾经出现过的地方——交州。问过一个个赶集的人，没有人知道他母亲的下落；打听了一次又一次，还是没有发现母亲在哪里。为此，他心急如焚；为此，他唉声叹气。尽管如此，庾道愍仍然坚信能够找到自己的母亲。

正当庾道愍无从寻找母亲之时，忽然有一个赶集的老人告诉庾道愍，说自己曾经在离交州不远处的一座山上的山洞处看见与画像一样的人。于是，庾道愍按着这位老人的指引，前去那座山上寻找自己的母亲。当爬到半山腰，庾道愍终于看见了老人所说的那个山洞，但山洞里却没有人。正当他再次失望之时，忽然看见一个老妇人背着一捆干柴，吃力地向山洞走来。看看画像，再看看眼前的这位老人；看看眼前的这位老人，再看看手中的画像。庾道愍终于找到了自己的母亲。原来，那天被洪水冲走后，母亲被洪水冲到了这座山上。从此就一个人在此生活。

　　找到了母亲，庾道愍非常高兴；母亲见到久别的儿子，心里也是非常高兴。于是，经过一番商量，两人决定回到自己的家乡去生活。回到家乡后，母亲在庾道愍的照顾之下，活到了一百岁。成了全村里唯一一位真正的百岁老人。

　　这个故事发生在老子撰写《道德经》之后，但是它却诠释了老子把"道"比作"玄牝之门"的要义。人类社会如此，动物世界亦然。"乌鸦反哺"就是一个这样的故事。当年老的乌鸦不能自己生活的时候，那些它曾经养育过的小乌鸦就回来赡养这些年迈的乌鸦，从而使乌鸦的世界得以延续和发展。乌鸦尚且如此，我们人类则更应该讲究孝道。"羊羔跪乳"也是同样的例证。一只小羊虽然不能为自己母亲做些什么，但它却可以通过"跪乳"的方式来表达自己的那一份感恩的心。可见尽孝不分大小，不分时间。一句"子欲养而亲不待"使多少未能及时尽孝的人有了自己终生的遗憾；因此，为了人类社会的和谐发展，我们都要"常回家看看"。

第七章

题　解

　　不求长生不老，恰恰是能够长生不老的根本。所以说生生不息，就是这个道理。凡是能够用数目计数的，那一定是有限量的。现在所说的天长地久，只不过是人之所见罢了。所以圣人和普通人是不同的。圣人能够委屈自己，达到一种忘我的境界，本来就不计较个人的利益，以此作为最大的利益。圣人是不与人相争的，这也是圣人超越普通人的地方。圣人以谦恭退让的方式，无私自律的手段来达到最终有成的目的。对于人人看重的生死也是一样。人要想长生不老，也要效仿天地的不自生。把自己融进芸芸众生之间，人类自然也就生生不息了。

原　文

　　天长地久。天地所以能长且久者①，以其不自生②，故能长生。是以圣人后其身而身先③，外其身而身存④。非以其无私邪⑤？故能成其私⑥。

注　释

　　①**所以……者**：……的原因。古汉语中表示因果关系的固定句式。

　　②**以其不自生**：因为它不为自己生存。以，因为。其，特指天地。生，生存。

　　③**是以**：因此。**圣人后其身而身先**：是说圣人把自己的个人利益放在后面却身先士卒。圣人，道德高尚的人。身，自己。后，方位名词，意动用法，以……为后。先，方位名词，意动用法，以……为前。

　　④**外其身而身存**：是指将自己的生死置之度外却能保全自身。外，使动用法，

使……置之度外。

⑤**邪**：通"耶"，是一个语气疑问词。

⑥**成**：成就。**私**：个人，文中指圣人自身。

译 文

天和地都是长久的。天地之所以能够长久存在，是因为它们不为了自己的生命而生存，于是能够长久地生存。因此，圣人把自己的个人利益放在后面却身先士卒；（他们）将自己置之度外却能保全自身。这难道不是因为他们无私吗？正是如此才能成就他们无私的自己。

读解心得

自古及今，人人都想长生不老，普通百姓尚且如此，更不要说帝王将相。嬴政统一天下，建立了大秦帝国，他希望他的子孙世世代代继承他的江山，为自己取名始皇帝，他的子孙就是二世三世以至万世。他为了长生不老，派出术士率领数千名童男童女，到东海求长生不老的仙丹妙药。但他真的长生不老了吗？他只活到了四十九岁就命归黄泉，可谓是中年殒命。他不但没有长生，反而很短命。由此可见，能否长生跟权力没有关系。我们倒经常看到荒野山村，时不时有健壮的老人在快乐地生活，他们年近耄耋，但却鹤发童颜，那一份恬淡安逸，真是胜似神仙。他们没有权力，没有享不尽的荣华富贵，有的只是天伦之乐，父慈子孝。他们粗茶淡饭，却甘之如饴；他们粗布短衫，却享尽人间的快乐。他们日出而作日落而息，与日月为伴，与自然为伍，你能说他们不快乐吗？当死亡来临的时候，他们也是安然离去，不留一丝的遗憾。这种境界，岂是每天走在权力的刀尖上的帝王贵族们所能比的？不求长生，他们却能活得很长久。他们把自己融于天地万物之间，生亦快乐，死亦快乐。

《道德经》除了讲道，讲清静无为，其实也讲到了关于人生的修养。在茫茫宇宙当中，人实在是太渺小了，人的生命是很短的，要想永生，就要把个体放到整个宇宙世界的发展中去。认清生老病死是谁也无法逃脱的，就像花开了一定就会有落的那一天，这才是最明智的。在对待和处理人生过程中的一切事情的时候，都能依据这个道理，顺其自然，那终身也就不会遇到任何凶险了。

秦始皇遣使求仙

秦始皇是一个比任何一个皇帝都想长生不老的人。在他当政期间，他令自己的部下四处张贴告示，广招天下贤士，寻求长生不老之方。北方一个叫卢生的人士看到这样的告示后就自荐自己，主动来到皇宫里拜见秦始皇。他向秦始皇保证自己一定能够寻找到长生不老之药并带回来给秦始皇。秦始皇开始并不信任他，于是卢生就讲了一个这样的故事：据说先前有两位术士，一个叫羡门，一个叫高誓。他们经过多年的修炼现已成仙。成仙后，他们住在一个遥远的仙山上。因为自己与他们是好友，现在要是知道自己正在为皇帝求药，他们俩一定会帮助自己。秦始皇见卢生讲的真真切切就相信了。于是催着他早点动身去求药，好实现自己长生不老的目的。见到秦始皇相信了自己，卢生反而不着急了。趁此机会，他提出自己的求药条件：一要沐浴斋戒，二是置办一些贵重的珍宝玉器，三要选择一块具有风水的地方作为出海地。

这些事在秦始皇看来都是小事。于是，秦始皇就一一照办了。秦始皇派一位风水先生去选出海的地点；然后又派一些亲兵去准备作为见面礼的珍宝，一切妥当之后，风水先生回来说选定了出海地点——距碣石山不远处的海里有一个小岛，方圆几十里，虽然面积不大，但它四面环水，风景秀丽。岛上有悬泉飞瀑，泉边

●秦始皇遣使求仙

有苍松翠柏，树下野花遍地，绚丽夺目。在小岛的四周，堆积着柔软的细沙，走在上面，软绵绵的，就像毛毯一样。一番话过后，秦始皇马上带兵前来察看。事实也的确如此。见到这从未见过的美景，秦始皇满心欢喜地住在了小岛上。他迫不及待地催促卢生等人出发，于是第二天早上，在行完求仙礼之后，卢生一行人就出发了。

天有不测风云。尽管他们带足了粮食，但在海上漂泊多日之后，卢生等人既没

有找到前边提到的那两位仙人，也没有讨到长生不老的药。无奈之下，他们就心生一计，在随身携带的绸缎上胡乱地画一个符咒，上边写上了"亡秦者胡也"这样的语句，命弟子带回给秦始皇，谎称这是仙人让他们捎给秦始皇的。面对这样的仙书，秦始皇的心开始忐忑不安了，再也没有心思想长生不老的事了。于是，立刻命人带兵去抓壮丁，开始修筑长城。

后人为了纪念这段故事，就在卢生等人的入海处，立碑刻字：秦皇求仙入海处。再后来，这座美丽的小岛就叫秦皇岛了。这则故事为这座小岛得了名，秦始皇修缮的万里长城也一直屹立在世界的东方，而秦始皇仅仅活到了四十九岁，这也从另一个层面上例证了一个这样的道理：不失去道的根基的，就能顺利长久；没有了生命却（因为留下了"道"）被人们记住的人，才是真正的长寿。

上篇 第七章

第八章

题 解

　　人生在世，守住一份柔弱，甘愿居于别人之下，这是世俗人都很厌恶的事情，但这样做恰恰是最接近老子提倡的道了。水虽无色无味无形，但它毕竟是看得见摸得着的，所以说水几乎接近于道，但还不是道。人应该时刻谦卑，就像水往低处流一样。内心沉静空虚透明，那么就会表现出谦卑的德行，他也就会拥有各种优秀的品质。用这种谦虚的品德广泛地影响周围的人，并且不求回报，这就是一种大公无私。真正的诚信是不用言说的，也不一定要拿出什么凭证来证明，就好像潮汐何时涨何时落，是不会差一分一毫的。潮水被堵上，它会停下来，但必将洪水肆虐。所以就像潺潺的流水那样顺其自然、以柔克刚，说不定是最好的方式。

原 文

　　上善若水①，水善利万物而不争②。处众人之所恶③，故几于道④。居善地⑤，心善渊⑥，与善仁⑦，言善信，正善治⑧，事善能⑨，动善时⑩。夫唯不争，故无尤⑪。

注 释

　　①**上善若水**：圣人得道的最高境界就像水一样。上善，善的最大程度，即至善，比喻圣人。上，极、至。

　　②**善利**：善于滋润养育万物而不与万物相争。善，擅长。利，对……有利，文中引申指滋养。

　　③**恶**：厌恶。与"所"构成"所"字短语，意思是厌恶的地方。

　　④**几**：接近、靠近。文中指与……相似。《尔雅·释诂》："几，近也。"

道德经

〇三六

⑤**善**：亲和、友善。道德出众的人，能像水那样甘心居于卑下的地位。

⑥**渊**：沉静、深沉。心境能像水那样博大深沉，执着稳重。

⑦**与**：与……交往。**善仁**：道德修养高的人。

⑧**正**：通"政"，为政，治理国家。**治**：有调理。

⑨**事**：做。

⑩**动**：行动，把握。**善时**：有利的时机。

⑪**尤**：错误、过失。

译文

　　圣人得道的最高境界就像水的品德一样。水擅长滋养万物生息，却从来不与万物相争。水总是停留在众人都厌恶的地方，因此水的这种品性极其接近于真正的"道"了。居住在仁善的地方，内心始终保持沉静内敛，与道德修养高的人交往，待人做事坚守诚信，治理国家能够像水那样有条不紊，处事善于发挥优长，行动善于把握有利时机。正因为能像水那样洒脱自如，因此始终能够保持与世无争，并且永远不会有过失了。

读解心得

　　这一章河上公取名"易性"，用水来比喻最高的德行，表明为人要不争、谦让，以此达到最终的目的。中国的很多成语中都带有"水"，像"上善若水""水滴石穿""水到渠成""水流千遭归大海"等。水是自然界非常奇特的一种物质，循环于天地之间，自然万物，没有哪一个能离开水而生活。它是那么珍贵，养育了万物；它又是那么可怕，瞬间可以吞噬树木房屋村庄，使成千上万的人无家可归，流离失所。老子讲的"上善若水"，主要是说水的甘居人下，自守柔弱。人在为人处世言谈交友理政时，也应该具有这样的品质。如果时时像水那样，滋养万物，而又与世无争，"鉴妍媸而不妄，行险地而不失"，就会无所不成了。

　　统治者为政，如果能够像水那样，治理国家有条不紊，王子犯法能与庶民同罪，那么法律就会公正地对待任何一个人。能够趋利避害，各当其可，就像很多器皿一样，根据自身的特点，对百姓或属下委以重任，避碍就通，任何事情就不会滞于一处。做事情，什么时候行动，什么时候停止，都是有内在规律和联系的。

就像春天来了，万物发芽，河水解冻；冬天到了，万物自然就会上霜，这一切都是自然而然的。

有了德行有了功绩，但却不争，更不会趋之若鹜，这才是德行中的大德，是真正的有德。这也就是上善。历史上高居王位，但还能够礼贤下士的君王，实在很多。春秋时的霸主齐桓公，他听说有个叫稷的小官，很有才干，就去拜见。可一天去了三次，也没有见到这个小官。随从的人就说："您作为一国之君，拥有万辆兵车，权力至高无上，去见一个小百姓，一天去了三次，却还没有见到，礼数已经到了，也该可以了。"齐桓公说："话不能这么说。通常有才能的人，他们都会傲视高官厚禄，当然也就看不上他们的君王。君王如果轻视霸主，当然也就会轻视有才干的人。就算这个稷他看不上高官厚禄，我又怎么敢看不起称霸中原的大业呢？"就这样，齐桓公连着去了五次，才见到这个小官。百姓们听说了这件事，都说："齐桓公是大国之君，都能放下架子，五访一个小官，这个人能成大事啊！"于是一起都来朝拜齐桓公。齐桓公能够成为春秋五霸之首，原因就在此。

经典故事

司马徽让猪

司马徽是一位大智者，又称水镜先生。他是诸葛亮的老师。正是因为他的推荐，在诸葛亮的辅佐下，才有了后来三国鼎立的局面。正是这位大智者，通过自身的言行为我们形象化地演绎了老子在这一章中的论述核心，即"夫唯不争"。

司马徽一生有许多故事令人感动，下边就以"司马徽让猪"一则故事来诠释"夫唯不争，故无尤"的道理。

有一天，司马徽邻居家的猪跑丢了。邻居很是心急，于是就领着全家人去村里村外寻找自己的猪。找了一天也没有找到，正当他们绝望之时，邻居家的小儿子却在经过司马徽家的时候，发现一个可喜的事实。因为，他觉得司马徽家里的猪就是自己家的。无论是从个头的大小上看，还是毛发的颜色上瞧；无论是从猪的叫声上分析，还是从猪走路的姿态上讲，这就是自己家的猪。于是，他就把自己的发现告诉了父亲。这邻居家的老人来此一瞅，发现儿子讲的就是一个客观的事实，那只猪就是自己家的。于是，他们一家人来到司马徽的家里，不由分说就把这只猪抓回了自己家。司马徽见状，不仅没有生气，反而和气地说道：既然是你家的猪，你就带回去好了。

　　这位邻居把猪带回来后，小心翼翼地饲养着。喂干食怕猪不容易消化，喂稀食又怕不能满足生长的需要，简直是提心吊胆。就这样过了几天，忽然他家的院子里又跑进来了一只猪。在他们看来，这只猪与自己家圈里的猪简直一模一样，原来是跑丢的猪自己回来了。邻居这才意识到自己误解了司马徽，很不好意思，把他们从司马徽家里抓来的猪又送了回去。见到邻居这样不好意思，司马徽仍然没有说什么，只是留下了猪就让邻居回去了。正可谓"夫唯不争，故无尤"，但是真正能够像司马徽一样与世无争的人还是少之又少，特别是在经济问题上，更是如此。因此，我们应该向司马徽学习。

第九章

题 解

    水满则溢，月满则亏。明明知道水满了就一定会流出来，却固执地把持让它一直满着，与其这么辛苦维持，不如就让它们安安心心的好。明明知道东西太尖锐了就一定会折断，却想着怎么永远保持尖锐，与其如此，不如顺其自然。圣人和普通人是不一样的，他们能够循理而行，即便有盈有锐，他们也能够坦然安心面对。无盈无锐的时候，他们也不会费尽心思去琢磨。能够体会寒来暑往四时的变化，就可以从中体会到天道。所以说"道"难理解吗？好像很难，但又像四季变化那样寻常。人生何尝不是这样呢？十年河东十年河西。富不过三代，穷不过三代。如日中天的时候，就要想到终会日落西山。否则必会惨遭厄运而最终烟消云散。此乃时也，运也，命也！

原 文

持而盈之①，不如其已②。揣而棁之③，不可长保④。金玉满堂⑤，莫之能守⑥；富贵而骄，自遗其咎⑦。功遂身退⑧，天之道⑨。

注 释

①**持而盈之**：比喻事事都想求得圆满。持，端着、捧着。盈，句中指盛满水的杯子。

②**已**：停止，放手不干。

③**揣而棁之**：指捶打铁器使之又尖又利。比喻处处盛气凌人、咄咄逼人。揣，通"捶"，捶打。棁，使……变锐利。

④**保**：保持。

道德经

⑤**金玉**：黄金碧玉，特指金银财宝。**堂**：房屋。成语有"登堂入室"。

⑥**莫之能守**：意思是没有谁能够守得住满堂的金玉。莫，否定代词，没有谁。守，守藏。

⑦**自遗其咎**：自己给自己留下祸患。咎，过失、祸患。

⑧**遂**：成功。

⑨**天之道**：自然的规律。天，泛指自然。道，规律。

手捧着盛满水的杯子，不如适时停止；捶打铁器使之变得更加锐利，锐势却难以长久保持。金银财宝即使满堂，却没有人能够永久守藏；有了名利和财宝就自骄自傲，就会给自己留下祸患。功成名就之后要适当收敛，这才符合自然的普遍规律。

读解心得

这一章河上公取名"运夷"。说的是要想明白修身的道理，就应该体会自然之理。"运夷"，我们是否可以理解成命运平平淡淡，没有大起大落呢？因为有高峰，必有低谷。有花开，必然有花谢。我们可以看到树木长青，但却不会看到花儿长红。有的开了几天，有的开了几个小时，还有更短的昙花一现。为了这短暂的绽放，它们付出了长时间的孕育和等待。所以极盛之时，也是极衰的开始。人生不也是这样吗？为了永无止境的欲望，不断努力，几年几十年的付出，最后达到了，又不能自律，于是也就走向了反面。和珅是清朝乾隆时期的大贪官，他的家产价值白银十亿两，超过清政府十年的收入。乾隆时，虽多次被弹劾，但由于有皇帝的袒护，他一次次地化险为夷。可乾隆一死，他也就被嘉庆皇帝赐死自尽。他有再多的金银珠宝、古玩字画、土地田产，也换不回他的一条性命。和珅少年时生活贫困，饱受疾苦。成年以后，他能力非凡，不仅仅表英俊，而且精通满、汉、蒙古、藏四种语言，四书五经更是无所不知。所以他还很年轻的时候，就受到朝廷的重用，委以重任。而且他为官清廉，以至不断加官晋爵官至领班军机大臣，可谓一人之下万人之上。但是拥有无上的权力后，他开始玩弄权术，贪赃枉法，最终丢掉了性命。他生前深受乾隆皇帝的喜爱，但乾隆爷却不能庇护他一生。所谓"天作孽，犹可恕，自作孽，不可活"。要想平安一生，就平平淡淡吧！

陈胜、吴广起义

正如老子所说，事情做得圆满了，就应该含藏收敛。否则，一味地显露锋芒，锐势就难以持久。持而盈之，不如其已。下边这则有关陈胜、吴广起义的故事就很好地验证了这样的道理。

因为在大泽乡遇到了大雨，九百戍卒不能按时到达渔阳，按法律规定应被杀头。陈胜在吴广等人的协助下起兵反秦并很快得到了民众的响应。于是，起义军在陈胜的领导下就很快地占领了陈县。当听到这个消息之后，有两个智者前来拜见陈胜。其中一个叫张耳，另一个叫陈馀。陈胜早就知晓两个人都有非常的才能，于是就赶忙迎接两位贤者。彼此寒暄后，陈胜就向两位老人请教了一个这样的问题：现在义军的首领和陈县的乡绅、父老均要求自己称王，这件事应该怎么办才好呢？见陈胜谦虚地向自己询问时事，两位贤才非常高兴，于是就开门见山地和盘托出自己的观点：秦朝统治残暴，不断地消灭别的国家，对自己的百姓又实施残酷的统治，非常暴虐，所以，你领导人们推翻秦朝的统治会有很多人响应，并且取得了初步成功，现在已攻占了陈县。但是，此时你就称王，恐怕会使天下的人伤心，因为他们会认为你有私心，不利于义军强大。

陈胜虽然有一定的计谋，但对于两位贤者的劝谏却不以为然。听到他们这样说，虽然没有直接反驳他们，但自己的脸上却露出了不屑的神色。见到陈胜的反应，两位贤者相互看了看。知道他们不能说服陈胜，心中很是失望。但抱着试一试的态度，两位老人又接着说道：大王您现在要做的事情不是立即称王，而是应该立即带兵向西进取，派人寻找被秦消灭的六国人的后代并把他们立为国君。唯有如此，才能给秦国树立更多的敌人，壮大自己的力量。这样才利于打败强大的秦军。

陈胜听后，心中更不高兴。于是就直截了当地问道：那么我什么时候才能称王呢？两位老人相互看了看，终于明白了陈胜所想。于是讲道：当你团结了所有能够团结的人后，秦国就没有守城的人了，城外也没有与你交战的军队。那时，你就可以占领咸阳，称王立业了。现在称王，只是在小小的陈县，况且秦军还没有被您打败，您无论如何也不应该此时为王啊。

陈胜没有听从两位老人的建议。打发走两位老人，立即在陈县称王，立国号为"张楚"。

随之率军向秦军开战。陈胜的行动得到了全国各地人民的响应。很快他们就占领了秦朝的大部分地区。但由于义军没有统一的号令，当义军离开后，又有许多地区被六国的旧部抢占了。在不到三个月之内，赵、齐、燕、魏等地方都有人打着恢复六国的旗号，自立为王。当陈胜的军队准备要攻占咸阳的时候，秦二世利用苦役的囚犯、奴隶组成一支人数众多的军队向陈胜反扑，而这些称王的六国旧部又不前来支援义军，于是，最终义军失败了。吴广被部下杀死，陈胜也被车夫杀害。

仔细分析这则故事可知，陈胜等人之所以能够起义成功，那是因为秦的统治者在消灭六国之后，没有含藏收敛而是对国民进行了更加残暴的统治；而陈胜等人之所以失败，那是因为当他们占领陈县之后也没有含藏收敛而是通过称王，过早地暴露了自己的私心。所以说，老子在这一章里的论述值得我们深思，陈胜等人的教训值得我们吸取。

第十章

题 解

　　精神依附肉体而存在，所以精神和肉体要能够合二为一。看看刚刚来到世上的婴儿，身体是如此柔弱，内心是如此纯净。他们一丝一毫想要探求周围世界的想法都没有，真是柔弱到了极点。随着年龄的增长，他们有了各种想法见解，也感受到了各种束缚。即便这些束缚解除了，他们也还会觉得有诸多的障碍。把这些想法推广开来，就可以联系到治国理政。上天是自然之门，开阖是变化之道，雌静则是蓄养之德。雌静而不滞于静，这才是真正的静。修身修的就是精气神，借助肉体来展现精神，用心去做事，精神就会无所不往。潜移默化，从不彰显自身，忘功忘物，最后就能达到一种至高无上的境界。

原文

　　载营魄抱一①，能无离乎②？专气致柔③，能如婴儿乎④？涤除玄览⑤，能无疵乎⑥？爱民治国，能无为乎？天门开阖⑦，能无雌乎⑧？明白四达⑨，能无为乎⑩？生之畜之⑪。生而不有⑫，为而不恃⑬，长而不宰⑭，是谓玄德⑮。

注释

　　①载营魄抱一：肉体语言灵魂是统一的啊。载，动词词头，无意义。今有"载歌载舞"，就是这种用法的遗留。营魄，指魂魄。抱一，统一。

　　②离：分离。

　　③专气：集气。《孙子兵法·虚实篇》："形人而我无形，则我专而敌分。"专，聚合。

④**能如婴儿乎**：能做到和婴儿一样吗？婴儿纯洁无知，不受外界的影响，所以能够聚精会神。

⑤**涤除玄览**：清除心中杂念，使心灵明澈如镜。涤，清洗，扫除。玄览，心灵明澈如镜。玄，深远奥妙。览，"览"与"鉴"常常通用，皆指镜子。说的是人的心灵深邃玄妙，清澈如镜。

⑥**疵**：瑕疵，缺点，缺陷。

⑦**天门**：有多种解释，在这里以"口鼻"合宜。**开阖**：开关，呼吸。《孙子兵法·九地篇》："敌人开阖，亟必入之。"

⑧**雌**：指像雌性那样安静。指甘心居于卑下的地位。

⑨**明白四达**：明白事理，通晓奥秘。

⑩**知**：通"智"，心智。

⑪**畜**：养育、生育。

⑫**有**：占有。

⑬**恃**：凌人。

⑭**宰**：主宰。滋养万物而不加以主宰，使其顺应自然的变化。

⑮**玄德**：深邃奥妙的德行。

译　文

肉体和灵魂的统一，能不分离吗？集气以致温柔和顺，能像婴儿一样无欲无求吗？清除杂念使心灵明澈如镜，能没有瑕疵吗？热爱百姓仁政治国，能无为而治吗？感官和自然互相接触，能像雌性一样安静吗？内心光明，身体通达，能不用心机吗？养育自然万物，而不占为己有，为万物付出却不邀功，统领万物却不主宰它们，这就是所说的"玄德"吧。

读解心得

这一章河上公取名"能为"。短短的文字，讲了个人修养，还讲了治国理政。"营魄抱一""专气致柔"如婴儿一般，这是多么美好的境界啊！可是自古及今，能够达到这种境界的，实在太少，而为了满足肉体的欲望出卖灵魂的，却是大有人在。人生在世，何谓幸福，恐怕不同的人有不同的理解。有人觉得吃好穿好，住豪宅、开豪车，这就是幸福。为了这个幸福，很多年轻的女孩不惜出卖自己的青春和肉体。当她们享尽奢华一掷千金之后，留下的就是漫漫长夜、孤独寂寞以至于羞辱，当她们遍体鳞伤的时候，她们还幸福吗？只有她们自己最清楚。所以真正的幸福，应该是身心统一的，抑或是为了内心的一份追求，即便肉体遭受坎坷，也无怨无悔。这种例子实在太多太多。大家都读过魏巍的《谁是最可爱的人》，谁是我们最可爱的人呢？我们的部队、我们的战士，我感到他们是最可爱的人。战争年代，他们蹲猫耳洞，吃一口饼干就一口雪，好好的太阳不能晒，光光的马路不能走，他们为了救下烈火中的老人和孩子，不惜牺牲自己年轻的生命。和平时期，一到危急时刻，冲在最前面的，还是我们的战士。森林失火、抗洪救灾、地震泥石流，哪一个战场没有这些年轻战士的身影呢？他们还都那么年轻，他们走进军营，奉献了自己的青春和热血。即便不幸他们献出了自己的生命，但我想他们是幸福的。

2017 年 8 月 8 日，人间仙境的九寨沟发生了 7.1 级的地震，灾难来临的时刻，又是这些可爱的战士，他们再一次冲到救援的最前线。有一张战士吃牛肉面的图片那几天刷屏了。8 月 9 日早上，乐山消防官兵跨越千里，连夜奔赴地震灾区，途经平武县城，由于前面滑坡，车辆拥堵，只得原地待命。他们奔波了一夜，疲惫不堪。当群众送去水、食物的时候，都被这些战士拒绝了。最后一位老妈妈端出来热腾腾的牛肉面，不管官兵如何推辞，老人坚持要他们吃下。这些战士，他们是辛苦的，他们又是幸福的，他们在奉献自我的同时，得到了人们的理解和爱戴。他们是最可爱的人，他们也是最幸福的人！

经典故事

以德治政

孔子拜见老子，回来之后，整整三天不言不语。弟子子贡就问："先生见到老聃，对他进行了什么劝告吗？"孔子说："直到今天，我才在老聃那里见到真龙了！龙，合在一起就是一个整体，分散开就成了华美的文采，腾云驾雾，在阴阳之间休养生息。我简直惊呆了！我又能对老聃做出什么劝告呢？"子贡就说："这样说来，难道人会像尸体一样静止不动，又像神龙一样神采飞扬地显现，像迅雷那样轰响，又像深渊一样沉静，他产生和变化犹如天地运动一样吗？我也想亲自见一见他，并

● 子贡

且聆听他的教诲啊！”于是就借着老师的名义前去拜见老子。

老子正坐在堂上，见一年轻人来拜，说：“我已老迈，你想用什么来告诫我呢？”子贡就说：“远古时候，三皇五帝治理天下，方法各不相同，但是都有好的名声，但是唯独您认为他们不是圣人，这是什么原因呢？”

老聃说：“年轻人，你坐近一些！听我问你，你凭什么说他们各有不同呢？”子贡回答说：“尧让位给舜，舜让位给禹，禹用心治水，汤用心征伐，文王顺从商纣不敢反叛，武王悖逆商纣不顺服，这就是他们的不同。”

老聃说：“年轻人，听我说说三皇五帝治理天下的事。黄帝治理天下，是让老百姓保持原有的淳朴本性，死了双亲不哭泣，没人议论纷纷。唐尧治理天下，让百姓尊重父母，有谁为了敬重父母而亲疏有别，百姓也不会议论。虞舜治理天下，让老百姓心存竞争，妇人怀胎十月，孩子下生五个月就会说话，两三岁开始认人问事，于是就有了夭折短命的现象。夏禹治理天下，让老百姓心怀奸诈，动不动舞刀弄枪，杀死盗贼不算杀人，结成团伙横行天下，百姓大受惊扰。三皇五帝名义是治理天下，实际却是扰乱人心。三皇的心智，对上是遮蔽了日月，对下是违背了山川，就中是毁坏了四时的变化。他们的心智比蛇蝎还要毒，可是却自以为是圣人，是不觉得可耻还是不知道可耻呢？”子贡闻听此言，心神不宁，不知如何应对。

经营人心更重要

据说早在清乾隆时期，在南昌有一个从事食品经营的店主叫李沙庚。在经营之初，这位李店主以货真价实的口碑，生意兴隆。眼见日益鼓起的腰包，他开始打起了歪主意，在食品的用料上开始掺杂使假。随着生产成本的降低，他挣的钱也越来越多。钱挣得越来越多，他的态度也就越来越差。从童叟无欺到无人不欺，他的生意越做越差了。一日，店里来了一位特殊的客人，就是大名鼎鼎的郑板桥。为了改变自己的经营窘境，店主李沙庚准备利用郑板桥这位名人来为自己做广告。于是他恳请郑先生为自己题写一块牌匾。郑板桥对李沙庚也有所了解，于是毫不犹豫地题写了"李沙庚点心店"六个大字。李沙庚如获至宝，立即找人挂了出去。一听说有郑板桥题名，于是，大量的人前来围观。这些人看后，不仅没有进店来消费，反而指指点点，摇头而去。原来郑板桥的墨宝虽然苍劲有力，但他却把字写错了。"李沙庚点心店"中的"心"字少写了一个点。见此情景，李沙庚再次恳求郑板桥补写，但郑板桥却坚持说自己没有写错。见李沙庚不解其意，郑板桥幽默地说道："没有错啊，你以前生意兴隆，是因为'心'有了这一点，而今生意清淡，正因为'心'少了这一点。"李沙庚听后突然醒悟，生意经营与人心经营一样重要。从此之后，他不再要求郑板桥再写心字上那个点了，而是痛改前非。虽然生产的成本增加了，但他却通过顾客的消费使自己经营收入实现了增加。李沙庚点心再一次成了一个受到众人欢迎的品牌。

　　人心是资产，虽然它无形，但它却胜过有形的资产。因此，对于企业而言，对于商家来说，经营人心与经营事业一样重要。它是商业可持续发展的基础——这就是郑板桥给我们的启示。

第十一章

题 解

辐毂相连成为车子，就是因为它的中间是空的，才有了车子的用途。各种器皿里面是空的，然后可以装下各种东西，才有了器皿的用途。窗子也是同样的道理，因为中间是空的，才起到了窗子的作用。这三样东西，都是在外有形状，中间空虚，然后有自己的用途。外在的形状，是我们要利用的，中间的空虚，才是它的实际用途。所以不是"无"就是"有"，"有"是为了展现它的好处，不是"有"就是"无"，"无"是为了达到它的作用。所以"有"和"无"是相互利用的。没有绝对的"有"，也没有绝对的"无"。普通人常常看到的只是"有"，能够透过形体而驾驭自然之道的，实在是寥寥无几。

原 文

三十辐共一毂（gǔ）①，当其无②，有车之用。埏埴（shān zhí）以为器③，当其无，有器之用。凿户牖（yǒu）以为室④，当其无，有室之用。故有之以为利⑤，无之以为用⑥。

注 释

①辐：车轮中连接轴心和轮圈的木条。毂：在车轮中心的一种木制圆圈，穿入车轴的木头。

②无：毂的中间穿入车轴空的地方。

③埏埴：糅合黏土做成的盆、碗、壶等器具。埏，糅合。埴，黏土。

④户牖：门和窗户。

⑤**利**：好处。

⑥**无之以为用**："有"能给人们带来的种种便利，是完全依赖"无"而存在并发挥其作用。用，功用。

把几十根辐条共同汇集到一根毂中，在车毂空的地方，穿进车轴，才有车的作用。糅合黏土做成器具，在中空的地方才能用来盛东西，发挥器皿的作用。在墙壁上开凿门窗建造房屋，在房子空虚的部分，才有让人们居住的地方。所以，拥有作为一种材物能给人带来便利，而正是这些材物"中空"之处能发挥它们的功用。

读解心得

这一章河上公取名"无用"，说的是有无相生的道理。俗话说，没有规矩，不成方圆。人生活在世间，是要有规矩的，有了规矩，才能成就方圆。"规矩"是什么？规矩是人要遵守的种种章程，要受到的种种限制。"方圆"是什么？地为方，天为圆。有天有地，就构成了宇宙。人在生活的过程中，能够限制自己的行为，才能保住我们生存的无限的宇宙。如果没有限制，恣意妄为，那么我们生活的环境也终将被毁灭。这是关于宇宙、人类大的方面。如果从小的方面谈，也容易理解。运动场内有种种竞技规则，这是对所有运动员的限制，只有在遵守规则的前提下，你才可以参加比赛，在运动场上，展现你无限的才华。但是你拒绝遵守这些规定，不想受到限制，你就只能被驱逐出赛场，连参赛的资格都没有了。在世界级的大赛中，常有运动员被查出服用了禁用的药品，他们想借此获得的更多，但一经查出，他们连参赛的资格都被取消，有的甚至会被禁赛几年。还有很多从事高危行业的人，他们在作业的过程中，一定要严格遵守各种操作规程，因为一旦疏忽，丢掉的就是自己的性命。有了限制的规章制度，才有安全，才有生命的存在。如果大胆妄为，不愿受此限制，哪怕只有一个小小的细节，轻的会造成财产的损失，重的就会丢掉生命。所以绝对的自由，任何时候都是不存在的。各种事物都有它的对立面，两个方面相互并存、相互依赖。有用就是无用，无用就是有用。祸福相依，此乃大道。

无用中的大用

有一天，惠子对庄子说："魏惠王送给我一种大葫芦种子，我将它们种了出来，没想到结出的果实有五石的容积。我想用大葫芦去盛水，可是它不够坚固，承受不了水的重量。我想把它剖开做瓢，可是它太大了，没有缸放得下。这个葫芦大到无处可用的地步，因而我就砸烂了它。"

庄子笑着说："先生，其实不是瓢大而无用，实在是您不懂得如何使用啊！您可听说过，宋国有一个人，他善于调制不皲手的药物。因此，他们一家人祖祖辈辈以漂洗丝絮为业。有个客人听说了这件事，希望能用百金的高价购买他的药方。全家人为此聚集在一起商量："我们世代在水里漂洗丝絮，一年的所得不过数金，现在只要卖了药方，一下子就可得百金，就把药方卖给他吧。"于是这位客人得到了药方，然后他带着药方游说吴王。吴国正与越国进行水战，恰逢冬日，寒风刺骨，吴王命人将药方制成药，并分发给士兵，涂抹于手上，防止冻裂，而越国的士兵被冻得手脚红肿、开裂。结果吴国大败越军，于是吴王划割土地封赏这位客人。防止手不皲裂的药方是相同的，由于使用的方法不同，有的人用它来获得封赏，有的人却只能靠它在水中漂洗丝絮。现在您有一个拥有五石容积的大葫芦，怎么不用它来制成小舟浮游于江湖上，却在此担心葫芦太大无处可容放？可见先生您还是有心窍不通的地方啊！"

惠子又对庄子说："我有一棵大树，人们都称它'樗'。它的树干却木瘤结聚，难以用绳墨取直，它的树

● 高山流水

枝卷曲盘旋，也不适合圆规和角尺取材。因为无用，所以尽管生长在道路旁，也没有木匠会看上它。现今您的言谈，就和这棵树一样大而无用，所以大家都弃您而去。"庄子说："先生您见过野猫和黄鼠狼吗？它们匍匐于地，等待出洞觅食的小动物，东蹿西跳，一会儿上，一会儿下，可算是很有技巧了吧？但是，它们一不留神就会落入猎人设下的陷阱之中。再有那旄牛，身体庞大就像天边的云；它可做大事，但是不能捕鼠。这就是大有大的用处，小有小的用处。先生您有这么大一棵树，却担心它没有用处，为什么不把它栽种在人烟稀少的地方，或是栽种在无垠的旷野中？那么人们就可以悠然自得地徘徊于树旁，逍遥自在地躺卧于树下。树也不必遭受刀斧砍伐之祸而死。即使说它没有什么用处，可是哪里又会有什么困苦呢？"

　　庄子的话正印证了老子的"有之以为利，无之以为用"的道理。

第十二章

题　解

　　外界的刺激常常会使人内心狂惑不安。所以古人说"制于外以安其内"。内心喜欢外界各种美好的事物，就会妨碍一个人的积善行德。眼睛追逐外界的刺激，就会诱发内心的欲望，所以内心没有欲望才是最根本的。前一章说虚中之妙用无穷，所以告诫人们不可把外界的各种诱惑作为最终追求的目标。眼睛是最先接触外界的，所以五色居首。夫子四勿，也一定先说非礼勿视。但是眼睛一定会看，耳朵一定会听，嘴巴一定会尝，形体一定会受到役使，内心一定会有所感应，这一切都会使内心无法平静。所以内心无欲才是最重要的。

原　文

　　五色令人目盲①，五音令人耳聋②，五味令人口爽③，驰骋畋猎令人心发狂④，难得之货令人行妨⑤。是以圣人为腹不为目⑥。故去彼取此⑦。

tián

注　释

　　①**五色**：青、黄、赤、白、黑五种颜色。文中形容色彩种类比较多，代指色彩缤纷的世界。《孙子兵法·势篇》："色不过五，五色之变，不可胜观也。"**目盲**：虚指人眼花缭乱。

　　②**五音**：宫、商、角、徵、羽。文中指悦耳的音乐声多种多样。《孙子兵法·势篇》："声不过五，五声之变，不可胜听也。"**耳聋**：虚指人的听觉杂乱不灵敏。

　　③**五味**：酸、苦、甘、辛、咸。文中指丰富的美味。《孙子兵法·势篇》："味不过

五,五味之变,不可胜尝也。"**爽**:口病的专用名词。《楚辞·招魂》:"厉而不爽。"王逸《章句》释:"爽,败也。"

④**驰骋**:纵马疾驰。**畋猎**:打猎。**发狂**:狂放,狂热。指身心发狂,放荡不羁,迷失自我,丧失本性。

⑤**难得之货**:比喻不容易得到的宝贝。**妨**:妨碍,伤害。《说文》:"妨,害也。"

⑥**腹**:在这里代表一种简单的生活方式。**目**:在这里代表一种世俗的生活方式。

⑦**去彼取此**:摒弃世俗的诱惑,而保持安定的生活。彼,指"目";此,指"腹"。

道德经

译 文

多彩的世界让人眼花缭乱,混杂的声音使人听觉失灵,美味的佳肴使人难解其味,纵马疾驰使人内心狂放,奇珍异宝使人行为不轨。所以,圣人只求果腹而不追名逐利,因此摒弃世俗的诱惑而保持安定的生活方式。

读解心得

我们生活在一个色彩缤纷的世界,每天受着各种诱惑,高档的时装,诱人的美食,闪亮的钻戒,这一切常常让我们不能自已。老子说缤纷绚丽的色彩会让人眼盲,优美的音乐会让人耳聋,丰盛精美的食物会让人没有胃口,驰骋于猎场会让人身心放荡,稀有的物品会让人做出偷盗的恶行。真的会这样吗?生产力的提高,物质产品的日益丰富,是人类社会发展的必然。当人们终于能够摆脱野兽的追击,点起一团篝火,吃着烤熟的美味食物的时候;当人们能够穿上衣服,可以抵御风寒的时候;当人们能用简单的乐器弹奏出动听的声音的时候,人们的内心是何等的愉悦啊!所以老子说的眼盲耳聋之类,应该是当一个人过分追求这些物质享受的时候,就有可能出现这种情况,而不是说正常人的正常需求。

中国历史上朝代更迭不断,一朝天子一朝臣,大多数的权力争夺者,当他们终于在一场权力的厮杀中获胜后,他们最先追求的便是这样物质的享受,看遍天下美色,享尽人间美食。

他们想出各种取乐的方式,什么"酒池肉林""烽火戏诸侯""一骑红尘妃子笑,无人知是荔枝来",还有"台上弹人",一天过一个年,可谓滑天下之大稽。所以老子所说应该是针对这些手握重权的帝王臣子,当他们高高凌驾于百姓之上,他们掌握了天下的物质财富，但却不想如何让百姓过上和平安乐的生活，只顾自身的吃喝玩乐，每天声色犬马。这种过度的荒淫，自然会让他们耳聋眼盲，迷失心智，从而失去自我，最终失去江山社稷。这样的例子不胜枚举。

秦始皇死后，他的儿子胡亥与李斯、赵高狼狈为奸，诛杀各公子、公主和大将，终于篡取皇位。继位后，劳民伤财，继续修建阿房宫，整天声色犬马，激发民怨，终于引发了陈胜、吴广领导的大泽乡起义，最后被赵高所逼杀。这才是真正的"五色令人目盲，五音令人耳聋，五味令人口爽，驰骋畋猎令人心发狂，难得之货令人行妨"。

庄子钓于濮水

据说有一天庄子去濮水边上钓鱼。正当他专心致志地注视着水面，看有没有鱼儿咬钩的时候，忽然从远处跑来两匹马，原来是楚王派两位最亲信的大夫来请庄子去朝廷为官。这两位大夫自信地来到庄子的面前，客气而委婉地说道："现在楚王希望用全境的政务来烦劳您为官。"意思是说让庄子做一个一人之下，万人之上的大官。

庄子听后，表情没有什么变化，既不惊讶，也不高兴，双眼仍旧没有离开水面。头也不回，这场面让两位大夫很是意外。因为，对于一般的人而言，这样的机会是没有的，何况本次还是楚王来请。正当两人疑惑之时，只听见庄子说道："我听说楚国有一只神龟死了，它死的时候已经活了三千多岁。这只千年的神龟被楚王用华丽的锦缎包好，放在一个镶嵌着玉石的匣子里，供奉在宗庙的朝堂上。你们说，这只神龟是愿意死去后留下自己的遗骸显示生前的尊贵呢，还是宁愿生活在泥沼里拖着尾巴艰难地爬行呢？"两位大夫不假思索地回答道："那肯定是生活在泥沼里爬行啊！"

庄子说："你们的回答和我想的一样，我也宁愿像那只龟一样在泥沼中生活。"言外之

●庄子

意就是不去朝廷上为官。两位大夫见无法劝说，于是就骑着马回去复命了。

不仅中国的古代有像庄子一样淡泊名利的人，而且外国也有像庄子一样淡泊名利的人。居里夫人就是如此。她是唯一一位两次获得诺贝尔奖的女科学家。有一天，她的朋友在居里夫人的家里发现一个奇怪的事情：英国皇家协会给居里夫人的奖章成了她小女儿的玩具。于是这位朋友不解地问居里夫人：这是一个代表极高荣誉的奖章，您怎么可以给孩子玩呢？居里夫人微笑着回答道：就是为了让孩子从小就懂得荣誉只是玩具而已。对于它，只是玩玩，绝对不可以看得太重。永远守着荣誉，孩子将来就不会有出息。

愚公移山

不受外界的影响，才能坚持自己的事业。因此，从这个意义上讲，一个人能否排除外界的影响对自己的生活至关重要。《愚公移山》的故事就说明了这样的道理。这是一个载于《列子·汤问》中的寓言故事。

据说，古代有两座著名的大山，一座叫太行山，另一座叫王屋山。这两座位于冀州南边、黄河北岸的大山，又高又大。

山脚下住着一个叫愚公的人，年纪很大，满头的银发，住在一间破草房里，面山而居。由于山高路远，他们很少外出办事。他思来想去，决定在自己的有生之年做一件大事——移山。于是在一天晚上，愚公把全家的人聚焦在一起说："咱们全家一起努力，挖平房子前边的大山，把路一直修到豫州，汉水岸边，好不？"全家人听了非常高兴。正在高兴之时，他的妻子却提出一个非常现实的问题："你的年纪都九十了，仅凭你的力气，连门前魁父这座小山都挖不平，何况那两座更大的山呢。"说到此处，妻子想了又想，接着说："即使我们能够挖平这两座大山，那这些挖出来的土石要放在哪里才好呢？"这是一个切实而又必须解决的问题。于是，大家纷纷献策。最后，大家觉得把这些挖出来的土石放到渤海的边上，隐土的北边才是最好的选择。

经过一番精心的准备，说干就干。愚公领着自己的儿孙们开始挖山、装土。准备用箕畚把这些挖出的土石运到商量好的地点。这时候，邻居京城氏家一个才七八岁的小孩子赶来帮忙。时间过得飞快，冬夏换季之时，他们才往返一次。当愚公领着子孙们走到河湾上的时候，有一个大家公认聪明的老头拦住愚公一家，讥笑着说："你们不是一般的愚蠢啊！你们这些老弱病残就连山上的一棵草都动不了，何况这些土石啊？"愚公没有直接回答他的问话，只是笑了笑，然后才认真地说："你怎么比我还笨啊！笨得连一个孤儿、寡妇都不如。我年纪大，我死了还有我的儿子嘛，我儿子死了还有我的孙子呀。这样子子孙孙永远不停地挖山，哪有挖不平的道理。况且那山又不会再增高，再变大！"面对愚公的回答，这位称之为聪明的老头也无法回答了。只好躲开身子让愚公他们过去了。

再后来，愚公与这位聪明老头的对话被山神听见了。他怕愚公不停地挖下去，于是就把这件事报告了天帝。天帝被愚公的精神所感动，于是就让有名的大力神——夸娥氏的两个儿子背走了太行山和王屋山。为了不再影响愚公他们的出行，一座被放在东边，一座被放在雍州的南部。

这个故事告诉我们，人不仅不能被名利等所干扰，而且还不能被外来的困难所吓倒。正所谓"人心齐，泰山移"。如果我们都能像愚公一样，大智若愚，还有什么困难不能战胜呢？

第十三章

题　解

得为宠，失为辱。无论邀宠还是受辱，两者都会让人们惶惶不可终日，每天生活在患得患失之中。贵显与患难，都是人一生之中不可避免的。其实邀宠就是受辱，因为要邀宠，所以不得不降低自己的身份人格，因而也就陷入了不光彩的境地，必然就有了受辱的命运。人的一生常常会为名利所累，因而不能顺从本心，烦恼也就会接踵而来。所以权力、欲望，有哪一个比生命更重要呢？看重自己的生命，看重他人的生命，这样的人，才会懂得如何做人做事。也只有这样的人，才不会为了一己私利而去草菅人命。

道德经

原　文

宠辱若惊①，贵大患若身②。何谓宠辱若惊？宠为下③，得之若惊，失之若惊，是谓宠辱若惊。何谓贵大患若身？吾所以有大患者，为吾有身，及吾无身④，吾有何患？故贵以身为天下，若可寄天下；爱以身为天下，若可托天下⑤。

注　释

①**宠辱**：受宠和受辱。**惊**：受惊吓的样子。

②**贵大患若身**：重视大患就像珍贵自己的身体一样。贵，重视。身，身体。

③**下**：卑微。老子以为得宠于人，就会不得不扭曲自己的人格，因而是不光彩的，卑下的。

④**及**：如果。可参考王引之《经传释词》，训"若"。**无身**：不汲汲于关心有形的身体。意为把自己融于自然当中，物我两忘。

⑤ **"故贵以身为天下"四句**：以重视自身身体的态度去为天下着想，这样才可以把天下托付给他；以珍爱自己的态度去为天下，这样天下才能依靠他。

受宠和受侮辱都像受到惊吓一样，重视荣辱大患就像珍爱自己的身体一样。什么叫作宠辱若惊呢？受宠是卑微的，得到宠爱会感到十分吃惊，失去宠爱会感到惊慌失措。这就叫作宠辱若惊。什么叫作贵大患若身呢？有大患的原因，是因为我有身体；如果没有身体，还会有什么祸患呢？所以，以重视自身身体的态度去为天下着想，这样才可以把天下托付给他；以珍爱自己的态度去为天下，这样天下才能依靠他。

这一章河上公取名"厌耻"，此章"明去妄情而复正性也"。自古及今，绝大多数的人为名利所累，为了所谓的虚名厚利，丢掉性命者大有人在，但古圣贤对待掌管天下这样的大名大利又持什么态度呢？尧把天下让给许由，许由不接受。又让给子洲支父，子洲支父说："让我掌管天下，还是可以的，但我正患有恶疾，我得治一治，怕是没有时间来治理天下。"舜把天下让给子洲支伯，子洲支伯也以身体有病推托了。舜又把天下让给善卷，善卷说："我生活在宇宙中间，冬穿皮毛，夏穿葛布，春种秋收，自给自足，日出而作日落而息，无拘无束地生活在天地之中，这种快意只有我自己能够体会，我又哪里用得着去统治天下呢？"也没有接受。并且从此离家隐居深山，再也没人能找到他。一国之君，权力至高无上，但子洲支父等人却认为身体、自由的生活更重要。只有这样不迷恋权力的人，我们才可以把重任托付给他。

可是回顾历史，我们能够看到许多人为了权力，蝇营狗苟，重金买官，高价卖官。"三年清知府，十万雪花银。"当他们开始逐名逐利的那一刻，他们已经失去了内心的平静和自由。在获得荣耀的同时，也就开始了屈辱的人生。所以老子说"宠为下"。

热爱生命，崇尚自由，"生如夏花之灿烂，死如秋叶之静美。"这是多么美的境界！这一切又岂是那些追名逐利的凡夫俗子所能体会到的？《约翰·克利斯朵夫》

里有一句名言：你既想做大人物，又想对生活真诚，那是不可能的。如果真的不可能，那就让我们做一个小人物吧！抛弃名利，抛弃烦恼，爱自己，爱他人，爱这个世界值得我们爱的一切。让我们的生活惬意，再惬意！

经典故事

欧阳修之滁州

　　欧阳修，是唐宋八大家之一，不但文章写得好，政绩也颇为突出。我们熟知的《醉翁亭记》就是欧阳修被贬滁州时写下的名篇。官员被贬，通常会意志消沉，寄情山水，很多人在解读《醉翁亭记》的时候，也常常用这样的言辞来评论欧阳修。但事实果真如此吗？欧阳修被贬，是因为他参与了范仲淹等人的"庆历新政"，变革失败，他自然也就受到牵连。被贬滁州以后，他积极开发建设秀美的滁州。

　　欧阳修被贬谪滁州第二年的夏季，一个偶然的机会使其发现在丰山脚下有一个特殊的山泉。清冽的泉水与山间的美景融为一体。听着那潺潺的水声，望着那诱人的美景，使人流连忘返。于是，欧阳修就在此凿山石，开山泉，并且在泉边的空地上修建一座小亭。

　　很快这座亭子就修好了，欧阳修左思右想为山泉取名"幽谷泉"，为幽谷泉旁边的亭子取名为"丰乐亭"。"幽谷"点明了山泉所处的环境，"丰乐"告诉了亭子所在位置及观赏其情趣所在。欧阳修在修丰乐亭的同时，也在与此一山之隔的酿泉边上修建了醉翁亭。并根据自己修建醉翁亭的经过和在此游览时的所思所想写成了著名的散文——《醉翁亭记》。"山不在高，有仙则名"，虽然滁州周围的山上没有仙人居住，但滁州的这些山却因欧阳修《醉翁亭记》的问世而迅速

●欧阳修

闻名遐迩。在《醉翁亭记》中，作者以其独特的叙述方式，凭借其精美的语言，向世人展示了滁州那独有的神奇风光。滁州是一个美丽的地方，四季的景色不同，朝暮的风光迥异。佳木秀美，浓荫览胜。不同的时间，有不同的观赏乐趣。然而，欧阳修却与众不同。虽然他贬谪在此，看似他寄情于滁州的山山水水，看似他醉醺醺地坐在众人之间，但是正如文中所言，他却是"醉翁之意不在酒"。谁也不知道他的心中所想。山上的鸟儿只知道山林中的乐趣，滁州那些随他游玩的人也只知道随太守游玩的乐趣。但是，没有人能够知道太守此时心中的乐趣。

欧阳修的释然情怀随着《醉翁亭记》的流传而渐渐被众人理解。滁州的山山水水也随着欧阳修的到来而热闹起来。什么琅琊山啊，什么丰乐亭啊，醉翁亭啊，逐渐成了后人了解欧阳修的媒介物。可以说，没有欧阳修，就没有今天的滁州城。

我们今天说起这一段历史，无非想说欧阳修才是可以托付重权的人。他在失意之时，尚能如此热爱生命，热爱生活。这样的人，权力失去与否，对他来说实在是无足轻重！因为无论任何处境，他都能让生命演奏出华彩乐章。

第十四章

题　解

　　这一章，老子继续谈论道。大家都听过：大象平夷，无色可见；大音希声，寂不可听；微妙无形，虚不可执。所以"道"是人的眼力、德行、智力所无法企及的。要到达物质和精神的高度统一，才可以体会到"道"的真谛。"道"无处不在，是昏暗还是明亮，跟所处的位置是没有关系的。它是那么的缥缈，绵延不断，我们竟然无法给它命名。"道"又是无色无形的，我们想追随它，却又抓不着它。自古及今，"道"没有开始，也没有终了。圣人教导人们用心去体会"道"，用"道"来修身治世待物。"道"是有，也是无，"道"的根本就是有无相生。

原　文

　　视之不见名曰夷①；听之不闻名曰希②；搏之不得名曰微③。此三者不可致诘④，故混而为一⑤。其上不皦⑥，其下不昧⑦，绳绳兮不可名⑧，复归于无物。是谓无状之状，无物之象，是谓惚恍⑨。迎之不见其首，随之不见其后⑩。执古之道⑪，以御今之有⑫，能知古始⑬，是谓道纪⑭。

注　释

①夷：没有颜色。道从视觉看，是没有任何颜色的。河上公曰："无色曰夷。"

②希：没有声音。道从听觉看，不能发出任何声音。河上公曰："无声曰希。"

③搏：触摸。微：没有形状。道从触觉看，无法触摸。河上公曰："无形曰微。"

④致诘：质疑、提出疑问。

⑤**一**：道的本原。

⑥**皦**：明亮。《说文》："皦，玉石之白也；皎，月之白。"

⑦**昧**：阴暗，模糊不清。

⑧**绳绳兮**：渺茫，连绵不断。梁武帝《注》："绳绳，无际涯之貌。"**名**：说明，阐述。

⑨**惚恍**：变幻莫测，若有若无。

⑩**随**：跟随。

⑪**执**：凭借。

⑫**御**：控制，支配。**有**：指具体事物，通常是有形可感。

⑬**古始**：宇宙本原，也就是"道"的开始。

⑭**道纪**："道"的基本原理和规律。

译 文

看却看不见叫作无色；听却听不到叫作无声；摸它摸不着叫作无形。这三者不能深刻追究，把它们一起追溯为"道"的本原。上面不明，下面也不暗，模糊不可用语言说明，一切又都还原到无物的状态。这就是没有形状的形状，没有物体的物象，这就是"惚恍"。前不见首，后不见尾。凭借早已存在的"道"驾驭现实的具体事物。能了解宇宙的本原，这就叫作道纪。

读解心得

这一章河上公取名"赞玄"，言道体之冲妙如此。老子在前面已经几次谈到了"道"，这一章着重讲"道"的玄妙，它若有若无，不即不离，实在是普通人无法体会到的。魏晋时期，出现了玄学。玄即是玄妙。这"道"实在是太玄妙了，所以说老子思想应该是魏晋玄学的重要源头之一。

张岱年先生在《中国哲学大纲》中说："有与无，也是中国哲学中所常讨论的问题。有与无是否同属实在？有与无孰较根本？此问题的讨论，始于老子。"在老子那里，无乃万物之始，有则万物之母。首先是强调"无"。认为"道"即是"无"，"无"即是"道"，"无"就是对于"道"的哲学阐释。但老子同样重视"有"。对于"有"和"无"，老子并没有像我们后人想象的那样偏向于某一方面，尤其是偏向于"无"

的方面，而是认为"有"与"无"一个是"万物之母"，一个是"天地之始"，时而应当"有"，时而应当"无"，两者都是"玄"不可分割的组成部分。冯友兰先生在《中国哲学史》中说："有无同出于道，盖即道之两方面也。"

如果老子对于"有"与"无"并未偏向任何一方，那么老子究竟倾向于什么呢？答案是显而易见的，老子心目中真正的本体只能是"道"，无论是"有"还是"无"，都只能在"道"的核心范式之下才能获得本原性的理解。胡适先生在《中国哲学史大纲》中说道："老子是最先发现'道'的人。这个'道'本是一个抽象的观念，太微妙了，不容易说得明白。老子又从具体的方面着想，于是想到一个'无'字，觉得这个'无'的性质、作用，处处和这个'道'最相像。"很多人喜欢武侠功夫，看得多了，就会知道，真正的武林高手应该是不用任何兵器的，就是以无制有。最大的声音就是没有声音，最大的物体就是没有形体，正所谓"大音希声，大象无形"。这也就是真正体会到了老子的"道"。

经典故事

河中石兽

在纪昀的《阅微草堂笔记》里，记载了一则题为"河中石兽"的故事。其原文是这样的：

据说有一座寺院建筑在古代沧州南边的河边。由于年代久远，寺院的正门都倒塌了。众所周知，寺院门前一般都有两个用石头雕刻的狮子，它们也因寺门的倒塌而沉入了河中。时间一晃过去了十多年，寺院里的僧人终于募集到了重修庙门的资金。但沉没在河水中的两个石狮子却怎么也找不到了。无奈之下，只好令人划着小船，拽着铁耙子沿河去寻找。找了几十里也没有找到，大家失望地划着船回来了。

此时正好有一个人在寺院里讲学，询问缘由后，大笑着说：你们都明白事物的道理，那石狮子也不是木片，它怎么能被河水冲到下游去呢？用来雕刻石狮子的石头，质地坚硬，而河底的沙子又非常松软，所以它只会越沉越深。顺着河水的流向去找，那不是完全弄反了吗？

大家都认为这位讲学家说得对，准备明天再按照他所说的去寻找两只久寻不见的石狮子。这时，突然传来一阵笑声，原来是一个老河兵。他笑了笑，说道：你们都弄错了。大多被河水冲走的石头，都要去河水的上游寻找。石头的质地坚硬，沙子的本性松软，因此，水不能冲走石头。可是，在水的反作用下，石头下边迎水处的沙子会被冲出一个小坑，久而久之，石头就会向河水的上游翻倒。如此不断地冲击，这两只石狮子应该去河水的上游寻找。所以说，在河水的下游寻找石狮子是错误的，在原地寻找石狮子更是错误的。

天下的事情是非常复杂的。只了解其中一点很容易，但是要想全部了解事物的真相却是困难的事情。因此，对于大多事情而言，我们都不能主观臆断。

老子所说的"道"比寻找这只石狮子还要难。只有通过现象看本质，不断地体悟，才能感悟到"道"的内涵。这就是《河中石兽》给予我们的启示。

第十五章

题 解

　　"道"是如此玄妙，真正得"道"的人是什么样子的呢？大家都知道物极必反，粗到了尽头就是细，细到了极点就是妙，妙的最高境界就是玄。真正到了玄的地步，就会无所不通，深不可测。真正得"道"之人，他们做事会小心谨慎，防患于未然，他们恭恭敬敬的，就像是席间的贵客。他们外表庄重，内心豁达，不会为外物所累。泉眼汩汩地冒出清泉，它是既清又浊的，只有慢慢地静下来，浑浊之水才会变得清澈。真正得"道"之人，他们往往以静制动，无论身处何种境地，因为自身是清明的，慢慢就会恢复清明的本性。处于斗室陋巷之中，因为安心，反而能够有所改变。所以安于现状，有时反而是最好的出路。任何事情都是物极必反，大白若辱，盛德若不足。人能够戒其骄傲自满之心，这是很重要的。只有戒掉自满之心，才能够日臻完美。

原文

　　古之善为士者①，微妙玄通②，深不可识。夫唯不可识，故强为之容③。豫兮若冬涉川④；犹兮若畏四邻⑤；俨兮其若容⑥；涣兮若冰之将释⑦；敦兮其若朴⑧；旷兮其若谷⑨；混兮其若浊⑩。孰能浊以静之徐清⑪？孰能安以久动之徐生。保此道者不欲盈⑫。夫唯不盈，故能蔽而新成⑬。

注释

①善为士者：修道之人。

②**玄通**：玄妙通达。

③**容**：描述，形容。

④**豫兮**：小心谨慎的样子。**涉川**：如履薄冰。冬季通过结冰的河面，特别小心谨慎，丝毫不敢掉以轻心。

⑤**犹兮**：警惕的样子。**畏**：害怕、畏惧。

⑥**俨兮**：恭敬的样子。

⑦**涣兮**：潇洒的样子。**释**：融化。

⑧**敦兮**：朴实的样子。**朴**：厚朴。

⑨**旷兮**：心胸开阔的样子。

⑩**混兮**：浑厚的样子。**浊**：未被加工的原料。

⑪**浊**：运动的状态。**徐**：慢慢地。

⑫**盈**：满。

⑬**蔽**：通"弊"，保守、陈旧之意。**新成**：获得新生，再次走向成功。

译 文

古代修道之人，微妙通达，深刻不易理解。因为不能认识他，所以只能勉强形容：小心谨慎，如履薄冰；警觉谨慎，好像防备邻国进攻；恭敬严肃，好像赴宴做客；行动洒脱，像冰块慢慢融化；朴实厚道，像未被加工的原料；心胸开阔，像幽深的山谷；宽容朴实，像不清的浊水。谁能在浑浊的环境中安静下来，使纷扰的世界慢慢地澄清？谁能使安定的状态慢慢变得有生机？修道之人不会自满。正因为他从不自满，所以能够推陈出新。

读解心得

这一章河上公取名"显德"，谈论有道之人的高尚人格。关于高尚人格，实在是个古老的话题。古今中外具有高尚人格的人不胜枚举。孝亲、慈爱、廉洁、忘我，这些都是高尚人格的体现。所以一个人只要在某个方面具有了超出常人的地方，那他就是高尚的。这样的人，他也会在其他方面不断完善自己，使之成为一个相对完美的人。

"微妙能达"是知晓大道之人的特点。因为众人不了解大道的内涵，更不知如何遵照道的要求为人处世，所以，普通的世人都不能认可行大道之人的言行。看见这些人"如履薄冰"的谨慎，世人不理解；目睹他们警戒、防范敌国的进攻也不理解；瞧见这些行道之人的行动洒脱，他们不明白……尽管世人不理解，但这些行道之人却可以在安定的状态表现出生机，却可以使自己在不自满的追求中排除万难、推陈出新。

经典故事

卧薪尝胆

　　"卧薪尝胆"的本义是指处于低谷中的一个人忍辱负重，经过自身的奋斗终于取得了事业上的成功。这个成语源自一个真实的故事。

● 勾践竭力事吴

　　吴王打败了强大的楚国之后稍经休整就又把目光转移到自己的邻居越国的身上。而此时的越国正处于一个转折期。因为越国的老国王刚刚去世，勾践刚刚继位。此时吴国的国王是阖闾，他以为在这个时期攻打越国可以稳操胜券，但是事与愿违，吴王阖闾不仅打了败仗，而且还在战斗中负了伤。回国后没有几天，吴王阖闾就去世了。本来这就是一次不义之战，但吴王阖闾的死却没有给吴国敲响警钟，反而让新继位的吴王夫差产生了报仇的心理。再加之吴王阖闾死的时候，交代继位的夫差要替自己报这一箭之仇，所以，夫差时刻都在准备着要去攻打越国。为了提醒自己，吴王夫差每天都让手下的人，在经过宫门的时候大声呼喊"夫差，你忘记了越国杀害你父亲的仇了吗？"每次听到这样的呼喊，夫差都会在宫中流下眼泪，并且在心中默念：报仇！报仇！

　　经过两年的准备，吴国终于可以攻打越国了。吴王夫差任命伍子胥为大将，率兵前去复仇。面对来势汹汹的吴军，越王命令范蠡与自己一起率兵迎战，范蠡建议越王避开其锋芒，守住城池，不与其直接交锋。可是越王勾践没有听从范蠡的建议，率兵出城迎战。果然越军大败，勾践也被吴军围困在会稽这个地方。于是，越王勾践只好与吴国求和。求和的结果以勾践前去吴国为人质而告终。

　　吴王夫差把越王勾践安排在一间破房子里，让其为自己做马夫。勾践不仅要为夫差喂马，而且还要在夫差出门的时候为其牵马。这样屈辱的生活经过了两年。有一天，吴王夫差终于自认为勾践已臣服了自己，于是就意外地让勾践返回了原来的越国所在地。

　　回到自己的故国之后，勾践立志报仇。于是，他就在自己住的屋子里悬挂一颗苦胆，每次吃饭前都要舔一下，用以提醒自己；为了锻炼自己的意志，勾践又用柴草替换了舒适的被褥。这就是"卧薪尝胆"的含义。不仅如此，凡事勾践都要亲力亲为，最后他终于打败了夫差。

第十六章

题 解

　　我们通常会感受到实，感受不到虚，感受到动，却感受不到静。其实虚乃实之根，静乃动之本。只有虚实动静两忘，才达到了最高的境界。万事万物悄然无声地兴起，最后寂静地离去，人们静观万物周而复始，循环往复，而人的一生跟万物实是同出一辙。假如不能从内心恢复本性，即使放下了动的念头来求得清静，也是枉然。万物没有长存的，只有规律是永恒不变的。知道常理就是睿智，能够悟到这一点，就是世上最高明的人了。不知道这个常理，就凶险了。懂得世间万物的常理，就能包容一切，能包容一切，就做到了公正。做到了公正，就会天下归一。真正的王者都是与天地为伍的。

原 文

　　致虚极①，守静笃②（dǔ），万物并作③，吾以观复④。夫物芸芸⑤，各复归其根。归根曰静，是谓复命。复命曰常⑥，知常曰明⑦。不知常，妄作凶⑧。知常容⑨，容乃公⑩，公乃王，王乃天，天乃道⑪，道乃久，没身不殆⑫（dài）。

注 释

①致虚极：达到最大的虚无。致，达到。虚，一种虚空的状态。极，极点。

②守静笃：保持冷静客观。守，保持。笃，笃实，坚定不移。外无所见，内无所思，凝神内收，这就是守静。

③并作：一起兴起。在不互相干扰的情况下共同生长。并，全、都。作，生长。

④复：循环往复，周而复始。

⑤**芸芸**：繁多的样子。

⑥**复命**：重新孕育生命。**常**：永恒的规律。

⑦**明**：明白。

⑧**妄作凶**：轻举妄动地冒着风险，即所谓的"有为"。

⑨**容**：包容。

⑩**公**：公正，无偏无党。

⑪**天乃道**：顺应自然就是合乎大道。天，指自然。

⑫**没身不殆**：终身平安无事，不会有任何危险。殆，危险。

译　文

　　达到极致的虚无，保持冷静客观。万物共同蓬勃发展，我从中发现其循环往复的规律。万物茂盛，最终重新返回它的根。回归本根叫作清静，清静叫作复归生命。复归生命是自然永恒的法则，认识自然规律就叫明智，不认识自然规律而贸然轻举妄动，往往会导致祸患。认识自然规律的人是包容的，包容就会坦然公正，公正就能称王，称王才能与"道"融为一体，符合自然的道才能长久，才不会终身遭到危险。

读解心得

　　这一章河上公取名"归根"，并且指出"悟此道则能虚能静，与道同体"。但世上有太多的人贪图财货，追求高位，迷恋权势，一旦掌握了利禄、名声、权势，就会唯恐失去而整天惴惴不安。放弃这些东西，对他们来说又会痛苦不堪。所以说只有遵循自然的变化规律，内心才会宁静。

　　"归根"的关键不是"归"而是"根"。只有明确什么是"根"，才有了"归"的可能。"根"就是"清静"，"清静"就是生命。依据这样的推理可知，"归根"就是回归生活，而这就是《道德经》里强调的"自然"。要想实现回归自然就必须认识自然的规律，依据自然的规律去规范自己的言行——这又是世人所谓的"聪明"。在现实生活中，与"聪明"相对的"愚蠢"，"愚蠢"的本质并不是粗鲁的言行，而是其对自然规律的违背，是世人在不了解自然规律的前提下的大胆的任意妄为。所以聪明的人都知道如何回归生命，怎样"回归"。

守静笃，致虚极

孔子五十一岁还没有领悟大道是什么东西，于是就去拜见老聃。老聃说："我听说你是北方的贤者，你恐怕已经领悟大道了吧？"孔子说："还没有得到啊！"老聃就问："你是怎么寻求大道的呢？"孔子说："我先是在规范、法度方面寻求大道，用了五年的工夫没有得到。我又从阴阳的变化来寻求大道，十二年了还是没有得到。"

●问礼老聃

老聃说："如果道可以用来进献，人人都会向国君进献大道；如果道可以奉送，人人都会向双亲奉送大道；如果道可以转告他人，人人都会把道告诉给自己的兄弟；如果道可以给予别人，人人都会把道给予自己的子孙。然而，这些都做不到，原因就在于内心不能自持，因而大道不能停留，对外没有什么相对应，因而大道不能推行。圣人内心感悟到的内容，如果不能为其他人所接受，那么也就不能传播他的思想；外部的影响，如果圣人没有所体悟，那么他们也就不能自持。因此，名誉，人人都可以拥有，但不可以过多地关注；仁义，也是统治者的馆舍，可以暂时地拥有，但不可以沉湎其中。否则就会多生劫难。古代道德修养高的人，游乐于自由自在、无拘无束的境地，生活于简单无奢华的环境，立身于从不施与的境界。自由自在、无拘无束就是无为；马虎简单就易于生存；从不施舍，就不会使自己受损，也不会使别人受恩。古人称这种情况是神采真实的遨游。

贪图财贿的人，不会让人得到利益；追求显赫的人，不会让人得到名声；迷恋权势的人，不会授人权威。掌握了利益、名声和权势便会害怕丧失，从而整日战栗不安，而放弃这些又会痛苦不堪，而且心中没有一点鉴别力，眼睛只盯住自己追逐的东西，这样的人只能算是遭受大自然惩罚的人。嫉妒、恩惠、获取、施与、谏诤、教化、生存以及杀戮这八种做法都是用来端正他人行为的工具，只有遵循自然的变化，无所阻塞滞留的人才能使用它。因此，所谓正，就是使人端正。如果内心里不认可，那么通往自然之道的心门就永远不可能打开。”

揠苗助长

　　在中国古代的寓言故事里，有一则名为"揠苗助长"的故事很好地诠释这一章节的内容。"揠"是"拔"的意思，因此，在很多人的心中，这则故事又叫"拔苗助长"。

　　据说古代的宋国有一位非常勤劳的农民，他天天都在田里干农活。虽然农田的活很累，但他看到每天都在长高的禾苗心里却充满了满足感。可天有不测风云，一连多日的干旱使田里的秧苗不再生长，尽管这位老人仍然像往常一样耕作，可是地里的秧苗就是不见生长。正在他为秧苗不长而发愁之时，忽然他的脑中灵光一闪：为什么不想个方法去帮助禾苗生长呢？于是，他停下手中的锄头，翻来覆去地想，千方百计地想，终于找到了一个好办法：用自己的双手把地里的禾苗一一拔起来，从而实现助长的目的。说干就干，在天黑之际，他终于把地里的全部禾苗都拔了一遍。望着突然间长高的秧苗，他笑呵呵地回家去了。

　　见到多日来愁眉不展的父亲高高

●耘

兴兴地回来，他的儿子不解其意。于是就问道：父亲，你为什么这样的高兴啊？是遇到什么高兴的事了吗？因为儿子知道，天不下雨，地里的禾苗就不会生长，禾苗不会生长，老父亲就不会高兴。

老父亲没有直接回答儿子的问题，说：今天真高兴。田地的禾苗，在我的帮助下，终于突然间长高了。儿子听得更糊涂了，他不明白父亲在讲什么。因为他知道，没有雨水，禾苗是不会长高的。于是，儿子更加疑惑地望着父亲，父亲也不解地看着儿子。过了一阵子，父亲终于知道了儿子心中的疑惑。他就津津有味地讲起了自己一天的工作：他是如何冒着炎炎烈日，把地里的禾苗一株株地拔高的。

儿子还没有等父亲讲完就急忙跑去田地查看。果不其然，地里的苗都确实长高了。但在长高的同时，也都发蔫了，即将死去。

老人希望禾苗长高的愿望并没有错。但他拔苗的行为却没有起到助长的作用。因为，这违背了自然的规律。哪有一天之间就可以长得如此之高的禾苗啊！所以，做什么事情都不能违背规律。

第十七章

题　解

　　为政者统治百姓，有三种境界：最理想的境界是上古之时，"上如标枝，民如野鹿"，意思是说，统治者就像山顶那棵树上最高处的树梢，虽高但不尊崇。老百姓就像那地上的野鹿，自由自在，优哉游哉，按自己的方式生活。其次是以仁义结人，使民众亲近、称誉的统治者。最下一等就是以智力服人，让老百姓感到害怕。统治者自己自信，就用道来统治天下，这就足够了。如果统治者自己不自信，就会用鼓励和奖赏来引导百姓，再加以政治和刑罚。这样的话，老百姓就不会再信任为政者了。所以说顺应自然，老百姓就会顺从，那么上古之治就可以恢复了。把老百姓当犬马一样奴役，这是最下等的为政之策。

原　文

　　太上①，下知有之②；其次，亲而誉之③；其次，畏之；其次，侮之。信不足焉，有不信焉④。悠兮其贵言⑤。功成事遂⑥，百姓皆谓我自然⑦。

注　释

①**太上**：一本指最好的统治者；一本指远古时代。都有最佳、最好之意。

②**下知有之**：有本作"不知有之"，不知道统治者的存在。

③**誉**：称赞。

④**"信不足焉"二句**：失信于民，才有不信任统治者的事情发生。不足，不值得。

⑤**悠兮**：悠闲的样子。**贵言**：以言为贵。意为慎重发号施令。贵，以……为贵。

⑥遂：成功。

⑦自然：顺其自然。

最好的君主，人民并不知道有他的存在；其次的统治者，人民亲近他称赞他；再次的统治者，人民畏惧他；更次的统治者，人民侮辱他。统治者失信于民，人民就不相信他。最好的统治者很悠闲，慎重发号施令，事情办好了，老百姓说是顺其自然的结果。

读解心得

这一章河上公取名"淳风"，赞叹上古时期统治者无为而治，惊叹时至今日世风日下。

中国历史上有繁荣鼎盛的三大盛世，也有春秋战国、三国鼎立等乱世。相比较而言，中国的百姓多数时候都是处在战乱纷争、民不聊生、居无定所的乱世之中。中国的百姓对生活有着极低的要求，"二亩地，一头牛，老婆孩子热炕头"，今生足矣。可就是这么简单的要求，常常会化为泡影。老子所说的治国理政的三种境界，第一种应该是理想中有的，第二种现实中有，尧舜便是最大的代表，历代的明君也有一些，而最多的则是第三种，以高压政策来统治压榨欺凌百姓。于是也就有了官逼民反、逼上梁山这些生动形象的成语。《水浒传》中林冲就是一个典型的例子。林冲本是八十万禁军的教头，他不是普通的百姓，也是统治集团内部的一分子。他生性耿直，爱交朋结友，仗义疏财、武艺高强。他善使枪棒，有万夫不当之勇，是不可多得的人才。他的妻子张氏贞娘，貌美贤惠。岳父也是禁军教头，父亲是东京的提辖官。操刀鬼曹正是他的徒弟。可见，他的社会地位也是很高的。太尉高俅之子高衙内，垂涎林冲妻子的美貌，便多次设下毒计要置林冲于死地。万般无奈之下，在一个风雪之夜，林冲投梁山泊落草为寇。林冲作为统治阶级内部的一分子，他从一个安分守己的八十万禁军教头，最后变成了与官府为敌的"强盗"，从温暖的小康之家，走上梁山聚义厅，走过了一条艰苦险恶的人生道路。究其根本，是在上位的统治者，他们因为一己私利，用手中的权力，把林冲逼到了他们的对立面。林冲虽为小说中的人物，但在当时也是有原型存在的。身为八十万禁军教头的林冲命运尚且如此，更何况千千万万的如草芥般的百姓呢？一介草民，他们的命运，真的就像小草那样轻贱，官府对待他们，就是草菅人命。所以老子所说的执政的最高境界，永远只能是一种理想，能够遇到尧舜那样的明君，已是百姓最大的福分。难道不是这样吗？

经典故事

大道之行也

在先秦的作品《礼记》中，有一则题为"大道之行也"的文章。

文章描述了一个令人不可思议的社会理想：据说在大道实施的时候，天下的人共同拥有所有的一切。无论是社会财物，还是自然资源，几乎所有的一切财物都归全部的社会成员所有。为了使社会快速地发展，人们在选拔官员的时候，一定要把品德高尚的人推荐出来，让他们管理社会。在这个时候，天下所有的人，无论男女，还是老幼，他们以诚信的态度参与社会生活。无论是家庭成员之间，还是邻里乡亲，大家都和睦相处。所有的社会成员都尊老爱幼，不仅赡养自己的父母，而且还照顾其他的老人；不仅抚养自己的子女，还照顾其他人家的幼儿。在这样的社会中，所有的老人们都能够颐养天年，每一个中年人都能够为社会的发展贡献自己的力量；任何一个小孩子也都能健康快乐地成长。残疾人也好，孤寡老人也罢，所有的人都能够享受到源自社会的关爱。男子主外，女人主内，各个都能人尽其用。对于那些维持生计的财物而言，人们都憎恨浪费它的行为，但这并不代表着人们要把这些财物私藏起来供自己专用；所有的人都愿意为公众的事业竭尽全力，但这种竭尽全力的行为却与谋私利毫无关联。正是因为人们都能够这样自觉地做这些事情，所有那些被认为是奸邪的事情就不会发生，那些为谋私利而发生的盗窃也就不会有；造反、害人的事情更不会发生。所以说，这样的社会就是理想的社会。

这样的理想社会与陶渊明所做的《桃花源记》里的生活颇为相似。它根本不可能出现在现实生活之中，但它却形象化地诠释了老子在这一章里的论述。因为在这里，统治者没有过多地干预人们的日常生活，这些人只不过是自觉地遵守"道"的约束，自然而然地接受着"道"的影响。

第十八章

题　解

　　大道兴盛，就是仁德的体现，只是仁德隐藏于其中，百姓没有察觉罢了。现在提倡仁德，就是因为没有大道了。淳朴如果不缺失，还祭祀做什么呢？祭祀的出现，只不过是智慧的体现，虚假诡诈也随之而来。尧不是不孝顺，但说到孝，人们都会认为舜是最有孝心的，那是因为舜有一个不仁爱的爹。商代的伊尹和西周的周公旦，两人都曾摄政，都是极其忠心的大臣，但说到忠臣，人们往往会提到龙逢和比干，那是因为商代出了个暴君纣王。一个社会越是缺少什么，就越会提倡什么。所以"仁义""慈孝"都是病态社会的产物。缺少"仁义""慈孝"，统治者才会大力提倡这些。

原　文

　　大道废①，有仁义；智慧出②，有大伪③；六亲不和④，有孝慈⑤；国家昏乱，有忠臣。

注　释

①**废**：崩溃、废除。

②**智慧出**：开发出智慧。

③**伪**：欺骗。

④**六亲**：指父、子、兄、弟、夫、妇，泛指有血缘关系的亲属。

⑤**孝慈**：孝子慈父。子女尽心奉养并顺从父母叫作孝，长辈关心爱护晚辈叫作慈。

译　文

　　大道被废弃了，才有了仁义的出现；开发出了智慧，才有欺骗的出现；

家庭关系不和睦，才有了孝子慈父；国家陷于混乱，才出现了忠臣。

这一章河上公取名"俗薄"，"此章盖深悯世道之不古"。仁义慈孝是孔子儒家思想的主要主张，儒家提倡"三纲五常"。老子认为，正是因为大道不存，社会才开始提倡、宣传所谓的"仁义"，这在逻辑上是讲得通的。试想，人人都心无杂念，各行其道，父慈子孝，夫妻和睦，兄弟和谐，那还提倡什么仁义。现在人人都为自己打算，父子反目，兄弟成仇，那当然要提倡仁义了。一个社会浪费奢靡成风，当然就会提倡节俭。到处都是欺诈谎言，当然就要提倡诚信。当人用尽全力，为了一时之利而对自然大肆破坏掠夺之后，自然会反过来惩罚人们的无知，这时人们才知道跟自然和谐相处是多么重要。于是才想起了几千年之前就在说的天人合一。人类是地球上特别奇怪的一个物种，他本来只是整个世界的一分子、一部分，可偏偏他要以地球主宰者的身份自居，他以为一切都会随着他的意志改变，于是就有了人定胜天。他通常以为自己是可以掌握整个世界的，总是不承认自己也是这个世界的一分子，也必须要遵守这个世界的游戏规则，只有在一次次的碰壁之后，才会有一点点的醒悟。

人类的自恋，使得人类总是自高自大，目空一切。其实我们根本不需要去讨论什么是仁义，什么是智慧，什么是孝慈，什么是忠臣，我们所要关注的只是我们人类的发展有没有遵循自然规律而已。

什么是道？道是宇宙发展进化的一种规律，这种规律应用于所有个体之中，就像我们提倡的和谐，没有人和自然的和谐相处，便会产生矛盾与消亡，产生痛苦与毁灭。

以羊换牛

传说在古代的时候，祭祀是一种必不可少的生活组成。每到特定的日子，每一个国家，每一个家庭都要举行隆重的祭祀仪式，以祈求祖先、神灵的护佑。在祭祀的过程中，有一个不成文的习惯，那就是只有祭祀的供品越丰富，神灵对祭祀者的护佑才能灵验。于是，祭祀人都非常讲究祭祀供品的选择。

据说在最初的祭祀中，羊是最佳的选择。关于这一点可以从汉字"美"的字形上进行解析。古人认为"羊大为美"，即，体型越大的羊，其味道越鲜美。所以，在祭祀的时候选择羊为供品也就不足为怪了。祭祀时不仅要杀一只体型硕大的羊，而且还要用一个精美的木盘来盛放这只作为供品的羊。

在齐国的都城里，人们正在为祭祀而忙碌着。忽然有一个人牵着一头牛从门前经过，恰巧被国王看见。于是，国王就问这个牵牛的人，"你牵着这头牛要去做什么啊？"这个人回答道："我要去祭祀祖先。"

国王看见这头牛长得非常强壮，心中觉得它还可以用来耕地。于是就想了想说："这牛没有什么罪过，它不应该成为牺牲（牺牲，指祭祀的供品）。我看还是放了它吧。"那个牵牛的人不满地说："那我用什么做供品呢？我只有一头牛啊。"顿了一下，牵牛的人又看了看国王说道："要不，您就把祭祀这件事废除了吧。"国王听后，焦急地说道："这怎么能废除呢？要不你就用一只羊来替换这头牛吧，这头牛还可以用来耕地。"牵牛的人看了看国王又问道："那羊也没有罪过啊，怎么能让它替牛去死呢？再说了，我自己有头牛而没有羊，现在要用羊来换牛那不是欺骗老祖宗吗？"国王无言以对，只好看着他牵牛从宫门前走过。

祭祀本来就是一种骗人的把戏，何况还要像国王这样用羊来换牛啊！这都是失去"道"之后的可笑事情啊。

第十九章

题　解

　　不以聪明自居，就不会有自认为聪明的想法。不要小聪明，才是真正的大智慧。让老百姓安分守己，这就是让他们获得了最大的利益。仁义的实质，本来就是慈孝，但很多人却假借慈孝之名而忘了慈孝之实。这也就是迷失了根本。财宝本身没有什么不好的，好好利用，会对人们有所帮助，但许多人却要据为己有，这样盗贼也就会产生了。圣智、仁义、巧利，本就属于道中之事，但后世的人们假借这种种名义，对它们进行修饰，由于内在的诚心不足，就运用自己的所谓的聪明才智来迷惑世人，这怎么能说是善于治理政事呢？所以老子指出，应该回到原始状态去。

原　文

　　绝圣弃智①，民利百倍；绝仁弃义，民复孝慈②；绝巧弃利，盗贼无有③。此三者以为文不足④，故令有所属⑤；见素抱朴⑥，少私寡欲。绝学无忧。

● 清静无为

注　释

　　①绝圣弃智：抛弃聪明智巧。绝、弃在这里都是去除、摒弃的意思。圣，聪明，为圣的本义，与"智"同义。

　　②复：恢复。

　　③无有：没有。

④**为文**：制定和颁布典章制度。文，典章制度。**不足**：没有用处，于事无补。

⑤**属**：归属。

⑥**见素抱朴**：保持原有的本色。素，没有染色的丝。朴，没有雕琢的木。

　　抛弃聪明巧智，人民可以得到很多好处；抛弃仁义，人民可以恢复孝顺慈爱的天性；抛弃巧诈和财物，盗贼也就没有了。圣智、仁义、巧利这三者，仅靠制定和颁布典章制度是没有用处的，不能用来教化百姓。所以要使百姓的思想有所归属，保持纯洁朴实的本性，减少私利欲望，抛弃圣智礼法学术，这样就不会有忧患了。

读解心得

　　这一章河上公取名"还淳"，认为人们"尊素朴之风，去私欲之累，则利博矣"。对于"绝圣弃智"一句，历来争议颇大。帛书本及王本皆作"绝圣弃智"，而竹简本中为"绝智弃辩"。

　　"绝"，《说文》解释为："绝，断丝也，从系从刀。"因此容易理解为"断绝"，甚至衍生出"绝灭"的意思。进一步考据《尔雅》就可以发现，"绝"字一共出现过十五次，包含有两种意思，其一为"灭绝"，只出现过一次；另有十四处为"极、至"之意。如："犬，绝有力胜。"义疏"犬能逐虎，可谓绝有力矣"。可见，如果将《道德经》中的绝圣、绝仁、绝巧的绝，仅仅理解为绝灭之义，而不考虑至极的意思，未免有些片面草率。

　　"绝圣弃智"，我们通常把聪明、智慧叫作圣。"智"在《道德经》中也包含两重意思：一方面是从积极的方面来理解我们常说的"智慧"，这种"智"是老子所推崇的大智；另一方面是从消极的方面来解释，那么这种"智慧"就不是单纯的聪明，或者是用在正道上的聪明，而是人们所摒弃所厌恶的"智巧"。这种"智"常常是与"巧诈"联系，并不是脚踏实地的正道、真正聪明的行为，多数时候是说小聪明，将聪明用于邪道。所以对待这样的"智"，人们就要"绝"。虚伪巧智并不能够增加人的智慧，反而会用名目制度限制人的自由，甚至是人对道的体悟。因此圣人是一定不会有这种智巧，这样圣人才不会受到制度礼俗的困扰，可以看

道德经

到未被名目制度所割裂的世界，进而把握道。这样圣人就可以"恒善救人，人无弃人，物无弃财"，也就对百姓有百利而无一害。中国的文字实在是博大精深，换个角度，换个意义来理解，忽然就有豁然开朗的感觉。

经典故事

虚己以游世

有人看到鲁国的国君成天面带忧虑，就问他为什么。国君说："我学习先王治国的方法，以便继承先王的事业。我敬仰鬼神，尊重贤能，身体力行，没有片刻休息，可还是不能免除祸患，我怎么能不忧虑？"

这人说："这个太容易了！皮毛丰厚的狐狸和花纹斑斑的豹子，本来生活在深山老林，它们白天休息，夜里行动，即使饥渴，也不轻易暴露自己的行踪，但它们还是常常被人们逮住。这两种动物有什么过错吗？就是它们的皮毛给它们带来了祸患。如今的鲁国不就是给你带来祸患的皮毛吗？如果你能舍弃皮毛，摒弃私欲，去那人迹罕至的原野，你还会有什么烦恼呢？我听说遥远的南方，有个叫作建德之国的城邑，那里的百姓，淳厚而质朴，很少有私欲，知道耕作，而不知道储备，给予别人却从来不求回报。不明白义是什么，也不懂得礼是什么，他们随心所欲，任意而为，竟能各自行于大道；他们活着的时候，自由快乐，他们死的时候，也平静自然。你如果也能像他们一样，那么大道自然就通行了。"

国君听了说："去那里路途遥远而又艰险，又有高山大河阻隔，我一没车二没船，怎么去呢？"那人说："你不要高傲自大，也不要墨守成规，这两样就能成为你的车子。"国君又说："那里道路黑暗遥远，又没有人居住，我跟谁做邻居呢？我又没有钱粮，怎么能到那里呢？"

那人说："减少你的耗费，克制你的欲望，虽然没有钱粮，也是可以的。人们总是喜欢统治别人，这样的人就会很劳累。也有人常常会受制于别人，这样的人就会每天忧心忡忡。而尧舜从不役使别人，也不受制于人。所以你如果能减少你的劳累，除去你的忧患，你就会逍遥自在了。"

第二十章

题 解

得道之人和世俗之人是绝对不同的。真正得道之人，全然忘记解释，放下万物而无所拖累。我们对别人能够恭敬有礼，别人对我们也会声音和顺。我们对别人严厉斥责，别人同样也会傲慢不逊。善恶刚刚显示出来的时候，学问没有达到极致的人，对此是没有感觉的，这就是事物的本原。或者向善，或者向恶，都是有所行动，只是我们自身可能感觉不到。当对一件事用心体察然后再有所行动的时候，认为恭敬与善良，就是出于理义。认为傲慢与丑恶就是出于内心的自私。这两者，相差无几，只是天理和人欲的区别。可是人欲横流，所以人人都是这样，这就不能不令人畏惧。假如面对这一切的时候，能够用心加以观察，精心选择加以审视，就能够坚守这一份信念。无论动或不动，静或不静，都会应对自如，这就是近乎天理，就是接近道了。道是万物之母，众人徇物忘道，而圣人脱离万物，以道为宗，就像婴儿向母亲求食一样自然。

原文

唯之与阿①，相去几何②？善之与恶，相去若何③？人之所畏，不可不畏。荒兮其未央哉④。众人熙熙⑤，如享太牢⑥，如春登台⑦。我独泊兮其未兆⑧；如婴儿之未孩⑨；儽儽兮若无所归⑩。众人皆有余⑪，而我独若遗⑫。我愚人之心也哉。沌沌兮⑬，俗人昭昭⑭，我独昏昏⑮。俗人察察⑯，我独闷闷⑰。澹兮其若海；飂兮若无所止⑲。众人皆有以⑳，而我独顽似鄙㉑。我独异于人，而贵食母㉒。

①**唯之与阿**：尊敬地听从命令与怠慢地听从命令。唯，恭敬地答应，晚辈回答长辈。阿，怠慢地答应，长辈回答晚辈。

②**几何**：多少、多远的意思。

③**若何**：也是多少、多远的意思。

④**荒兮**：无边无际的样子。**未央**：无边无际、没有尽头的意思。

⑤**熙熙**：享乐的样子。

⑥**享太牢**：参加丰盛的宴席。太牢，古代人把祭祀用的猪、牛、羊放在牢里养着。用一牛一羊一猪来祭祀典礼就是太牢。

⑦**如春登台**：好像在阳光明媚、鸟语花香的春天登上高台欣赏美丽的景色。

⑧**泊**：淡泊宁静。不以物喜、不以己悲。**未兆**：没有征兆。即无动于衷，泰然自若。

⑨**未孩**：还没学会笑的小孩。孩，同"咳"，形容婴儿的笑声。《说文》："咳，小儿笑也。"

⑩**儽儽**：疲倦劳累的样子。这里有无精打采之意。

⑪**余**：丰盛的。

⑫**若遗**：好像是丢失了什么，很丧气的样子。遗，遗忘、落下。

⑬**沌沌**：糊涂的样子，混沌无知。

⑭**昭昭**：清醒明白的样子。

⑮**昏昏**：愚钝的样子。

⑯**察察**：分辨清楚的样子。

⑰**闷闷**：沉睡的样子。

⑱**澹兮**：广阔的样子。曹操《步出夏门行·观沧海》："水何澹澹，山岛竦峙。"**其若海**：就像大海一样漫无边际。

⑲**飂兮**：像风一样。**若无所止**：没有终止的时候。

⑳**有以**：有什么可以依靠。

㉑**顽似鄙**："似"疑为"以"，连词，而且。愚陋呆傻而且卑劣低下。

㉒**贵食母**：看重乳母，母比喻道。此句意为以守道为贵。

译文

顺从和谄媚，相距多远呢？善良和丑恶，又相差多少呢？人们所害怕的，不能不害怕。人生的路无边无际，好像没有尽头。众人都喜欢享乐，就像去参加盛大的宴席，像在春天登台眺望远方的美景。只有我淡泊宁静，没有那种兆头，就像婴儿还没学会笑一样。疲倦劳累无从所归。众人都有多余的财物，而我却什么也没有。我就像一个愚人啊！众人都明明白白，只有我迷迷糊糊；众人都清清楚楚，只有我浑浑噩噩。恍惚就像在汹涌的大海一样；恍惚就像无处停留。世人都有自己的本领，只有我愚昧笨拙。我和别人不一样，以守道为贵。

读解心得

这一章河上公取名"异俗"。应该是说得道之人和世俗之人有不一样的思想和行为。俗话说，世间本无事，庸人自扰之。所谓事，它的本质是人们自己造出来的。吃饱了，穿暖了，基本的生活解决了。这样很好啊！可是"饱暖思淫欲"！非要比个高下、善恶、是非、美丑，然后人人皆趋之若鹜。反过来，以此作为分配给你生活资料的标准。如果没有达到这个标准，烦恼就来了，痛苦也来了，邪恶自然也就来了。所以说，烦恼往往是自己凭空臆想出来的。别人斜你一眼，你要难过，你要挖空心思想半天，怎么回事呢？生活中，真有这样的事。说山东淄博某歌厅内，发生了一起打架斗殴事件。事件的起因是打人者王某、李某、孙某酒后在结账时，发现赵某在斜眼瞅他们，遂上前对赵某拳打脚踢，整个过程持续了五六分钟。事后民警了解到，赵某是天生斜视。这样的结果令人哭笑不得，可是很多事情就是这样没有实质性的内容。保持平和的心，你的心平和了，你就身在天堂，如果你的心贪嗔痴，即使实质上你过得很好，也会身在地狱。所以"饥来吃饭，困来即眠"才最接近生活的本质。

经典故事

亡羊补牢

"亡羊补牢"是一个众人皆知的成语故事。这个成语故事有两个层面上的寓意：

第一个寓意是指一个人如果犯了错误应该及时改正，否则，恐怕连改正的机会都没有了；第二个寓意是指如果一个人犯了错误，如果他不及时改正，那么即使日后改正了，也不会有什么实际意义。同一个故事，为什么会有如此不同的理解呢？这就正如老子在文中所说，人们对于美丑的认识是辩证的。在现实生活中，美丑具有相互转化的特点。正所谓"否极泰来"一样，一切事物都在变化之中。

"亡羊补牢"的故事是这样的：原来在战国的时候，楚襄王生活腐化，重用奸臣，使楚国的综合国力日趋衰弱。庄辛是一个非常贤良的臣子，他看到楚国的国力日趋消减，心中很是着急，于是劝谏楚王。但楚襄王不听他的劝谏，一意孤行，还把庄辛赶出了楚国。无奈之下，庄辛只好去赵国避难。

庄辛走后才几个月，秦国大军就前来攻打楚国并很快打到楚国的都城。楚襄王为了保全自己的性命，只好外逃。在外逃途中，楚襄王又见到了庄辛。于是，他非常不好意思地问道："由于我没有听从您的建议，我现在都这样了，还有什么挽救的办法吗？"面对羞愧的楚襄王，庄辛讲了一个这样的故事：从前一个养羊的人，当他在早晨检查的时候发现圈里的羊少了一只。仔细一看原来是羊圈破了一个洞，羊被钻进来的狼叼走了。他的邻居们听说后都建议他把这个洞修补上，可是他不以为然。果然第二天又少了一只羊。见此状况，这个牧羊人非常后悔，于是赶忙把羊圈修补好，从此再也没有狼来叼羊了。

楚襄王听后，连连点头，似乎有所醒悟。于是，他审时度势，听从庄辛的建议，重振了楚国的大业。

显然在这个故事里，楚襄王是按照第一层意思理解的"亡羊补牢"。但是，对于这个故事而言，它也存在着第二种理解的可能。

第二十一章

题 解

德是"道"外在的表现形式。"道"不能用有无来称说，它有形象又没形象。冥冥之中，好像了解了它，无声之中，好像又听到了它。空冥之中，它静静存在着。古今有异，而"道"却始终如一。它阅尽人世沧桑，却长存不死。圣人能了解万物之所以成为万物的缘由，也因此能体会到"道"。

原 文

孔德之容①，惟道是从②。道之为物，惟恍惟惚③。惚兮恍兮，其中有象④；恍兮惚兮，其中有物。窈兮冥兮⑤，其中有精⑥。其精甚真，其中有信⑦。自古及今，其名不去⑧，以阅众甫⑨。吾何以知众甫之状哉⑩？以此。

注 释

①**孔**：形容词，大的意思。**容**：形态，外形。

②**惟道是从**：只遵从道。宾语前置。

③**惟恍惟惚**：只有模糊不清的状态。

④**象**：形象。指"道"其实也有自己的形状，但这种形状是人类所无法感知到的。"道"也有自己的物象，这种"物"同样不同于普通的物，也无法感知。

⑤**窈**：深远。**冥**：深不可测。

⑥**精**：精华，指非常微小的物质。

⑦**信**：真实。

⑧**其名不去**："道"作为抽象实体，永远不会消失。

⑨**阅**：观察。**甫**：通"父"，男子的美称。这里是本原、开端的意思。河上公注："父，始也。"

⑩**状**：形状。

译　文

　　大德的形态，只遵从"道"。道，没有固定的形态，恍恍惚惚，似有似无。它是那样的恍恍惚惚，其中却有具体的形象。它是那样的恍恍惚惚，其中却有真实的物态。它是那样的深远暗昧，其中却有微小的精质；这精质是最真实的，这精质是可以信任的。从古到今，它的名字永不消失，依据它，才能观察万物的本原。我怎么才能知道万事万物开始的情况呢？就是靠大道。

读解心得

　　这一章河上公取名"虚心"，"明至道之真，得万物之常也"。这一章老子继续论大道。大道混沌模糊又变化莫测，它恍恍惚惚，似无形又有形。所以有人说老子论道，放在今天，就是论宇宙。那么宇宙是什么？在汉语中，"宇"代表上下四方，即所有的空间；"宙"代表古往今来，即所有的时间，宇是无限空间，宙是无限时间，所以"宇宙"这个词有"所有的时间和空间"的意思。"宇宙"作为一个词使用，最早出自《庄子》，"宇"是指一切的空间，包括东、南、西、北等一切地点，是无边无际的；"宙"是指一切的时间，包括过去、现在、未来等，是无始无终的。宇宙是万物的总称，是时间和空间的统一。宇宙是物质世界，不依赖于人的意志而客观存在，并处于不断运动和发展中。宇宙是多样统一的，它包括一切，是所有时间和空间的统一体，没有时间和空间就没有一切，所以它包含了全部。这样看来，老子的道跟现代人讲的宇宙具有相似性。如果不能理解老子的道，那想一想我们人类生活在宇宙之中，是什么情形呢？地球是我们人类的家园，而地球又是太阳系的一个子系统，太阳系又是银河系的一个下属子系统，银河系之上是我们所谓的宇宙。宇宙之上还有什么呢？以我们目前的科学发展水平还无法回答这样的问题。但有一点可以肯定的是，宇宙之外还存在着更为广大的空间。所以，我们今天的人类只能"望宇宙兴叹"：宇宙太大了。科学家一直梦想着寻找到另一颗适合人类生存的星球，火星与地球有很多相似的地方，因此火星成了各国科学家研究的对象。可是能够到火星去串门的，目前也仅有美国能办到。月亮是地球的卫星，可从古至今，无数拥有飞天梦的航天人为了实现登月梦想又经历了多少失败。因此有人说，地球与宇宙比是渺小的。我们生活在地球上的人们，就应该"入乡随俗"，遵守地球上的规则，传承古代留下的风俗，积极地工作，活好每一天。就像那自然界里的花儿一样，自然而然地盛开，自然而然地凋谢。

人外人，天外天

《城子·外篇》中《秋水》一文讲述了这样一则故事：秋天山洪奔涌而至，滚滚汇入黄河，水面极其宽阔。河神一见，欣喜若狂，以为一切美景都集中到自己这里。他顺着河水向东，来到了北海，放眼望去，一望无际。于是河神才不再扬扬自得，他对海神仰首慨叹道："俗话说，听到百种道理，就认为天下没有谁比得上自己了，说的就是我这样的人啊！而且还听说，有人以为仲尼的学问少，以为伯夷的道义轻，开始我还不相信，今天我见到了你，我才相信了。我如果不来到你的门前，我就危险了，将会贻笑大方。"

北海海神对河神说："你不能和水井里生活的青蛙谈论大海的辽阔，因为受到生活环境的限制，这里的青蛙不了解大海；同样，我们也不能同夏天的虫子谈论冰冻的问题，因为它们没有经历过冬天。现在你来到了大海，你看到了海的宽阔，海的广大，现在就能与你一起谈论'道'的问题了。

● 山水图

天下的河流都要奔流入海，从古至今都是这样。但是大海却不会外溢，这是因为海底的尾闾可以泄漏海水。一边是奔流不息的河流入海，一边是永不停息的泄漏，所以海水从不增长，也从不减少。一年四季之中看不出海水的变化，干旱与水涝之时，海水也没有变化。这就是大海。"

海神看了看河神听得入迷的样子，继续讲道："我在天地之间就好像一粒石子，一小块木屑在大山之上，所以，我感觉自己仍然很渺小，因而也就不会自负。四海在天地之间，中原大地又在四海之内，一切的一切，在彼此的对比之中各自都显得很渺小。在地球上有千万种生物，人类只是其中之一，比起其他动物而言，人类就是马身上的毫毛一样，微不足道。伯夷通过辞谢而博取了名声，孔子通过谈论显示了自己的渊博，这就是他们的自满与自傲。这些人的表现就与河神你先前在河水暴涨时的扬扬自得一样啊。"

海神的一番话说得河神无地自容。但也正是这样的无地自容才又使河神感受到了"道"的内涵与实质。

第二十二章

题　解

　　圣人遵从自己内心的想法，也就接近"道"了。或曲或直都是义之所在，都是遵从"道"。假如世事变换，那就委屈自身来成全道，这样才不会违反万物。尺蠖之屈，以求伸也。动物尚知如此，而人有时反而不能理解这么简单的道理。"道"只有一个，体会到"道"的真谛，那么天下之事都迎刃而解。凡事想得越多，迷惑越多，所以要随时改变以合乎"道"。学问之人更要内敛以加强自我修养，守"道"就会忘我，到了忘我的境地，自然就会光明盛大，历久弥新。心法双融，人我俱泯，何争之有？

原　文

　　曲则全①，枉则直②；洼则盈③，敝则新④；少则得，多则惑。是以圣人抱一⑤，为天下式⑥。不自见故明⑦；不自是故彰⑧，不自伐故有功⑨；不自矜故长⑩。夫唯不争，故天下莫能与之争。古之所谓曲则全者，岂虚言哉？诚全而归之⑪。

注　释

①曲则全：能承受委屈，就能够得到保全。全，保全。

②枉则直：弯曲反而能够伸直。枉，弯曲，不直的意思。

③洼则盈：低洼空陷反而能够充盈。洼，低洼之处。盈，满。

④敝：破旧。

⑤抱一：文中指遵守道。

⑥式：通"栻"，是古代占卜用的一种工具。引申为治理天下的法则、规范。

⑦**不自见**：不自我炫耀，自我表现。见，通"现"，表现。**明：**明亮。

⑧**不自是**：不自以为是，自以为正确。**彰：**彰显。

⑨**伐**：夸。

⑩**矜**：骄傲。

⑪**诚**：实在。

译　文

　　委曲才能保全，弯曲便会直伸；低洼的地方水满，破旧就会更新；追求少才能获得更多，贪多便会被迷惑。所以圣人坚守这一原则作为处理天下的规则，不自我表扬，更能显明；不自以为是，更能是非彰明；不自夸，更能有功劳；不自我矜持，更能长久。正因为不与人争，所以天下也没有人能与他争。古人所说的"委曲求全"的话，难道是空话？它实实在在能够达到保全自己啊。

读解心得

　　这一章河上公取名"益谦"，"示柔顺之谦，全成和之德。"有人说这一章老子述而不作，所谓曲则全等语，皆古文。这里只不过重新申述这些言论的正确性，进一步鼓励后学，让学者们果真能够明了曲枉之道，也就是理解了道的全部。道是人人所固有的，只是后来遗失了，所以说寻求道，就是人性的回归。人都是有自然本能的，刚刚出生的婴儿，会哭会笑，会吃会拉，这就是自然天性。后来在大人的引导下，婴儿就会知道，我一哭，就会有吃的，就会有人抱，那就经常哭一哭，闹一闹吧。韩非子的《五蠹》中有这样的故事：楚国有个叫直躬的人，他的父亲偷了人家的羊，他便到令尹那儿告发，结果令尹把他杀了，认为他对君主虽算正直而对父亲却属不孝，结果判了他死罪，由此看来，君主的忠臣倒成了父亲的逆子。鲁国有个人跟随君主去打仗，屡战屡逃，孔子向他询问原因，他说："我家中有年老的父亲，我如果死了，就没人养活他了。"孔子认为这是孝子，便推举他做了官，由此看来，父亲的孝子恰恰是君主的叛臣。所以令尹杀了直躬，楚国的坏人坏事就没有人再向上告发了；孔子奖赏逃兵，鲁国人作战很轻易地就会投降逃跑，这就是在上位者的引导，使人们做出了这样或那样的选择，而这些选择很多是违背了人的本性。

所谓"谦谦君子，温润如玉"，应该是一种难得的人生境界。太过张扬的个性不属于谦谦君子，因为，玉的光芒是凛于内而非形于外的。雍容自若的神采，豁达潇洒的风度，不露锋芒，不事张扬，无大悲大喜，无偏执激狂，生命的状态在这里呈现出一种成熟的圆润。于是，我们常常可以看到面对荣损得失，总能一笑置之的人。宠辱不惊，闲看庭前花开花落；去留无意，漫随天外云卷云舒。这淡淡的无奈，谁能不说是一种生存的智慧呢？

经典故事

三顾茅庐

东汉末期，群雄争霸，出现了三支较强的队伍。曹操挟天子以令诸侯，居于北方，刘备驻守蜀中，孙权则安于东南。之初，刘备尚弱，一次攻打曹操失利，仓皇之中投奔荆州刘表。刘备并非久居人下之人，为日后成大业，他暗中留心访求人才，并请荆州名士水镜先生司马徽为他推荐贤士。司马徽说："此地有'卧龙''凤雏'，二人得一，可安天下。"于是刘备多方寻访，得知"卧龙"就是诸葛亮，此人隐居在襄阳城西二十里的隆中，住茅屋草房，躬耕陇亩，自给自足，精通史书，是个难得的人才。

这时，谋臣徐庶也向刘备推荐说："诸葛亮是个奇才。"刘备决定请诸葛亮出山，帮助自己打天下，就同他的兄弟关羽、张飞一起带着礼物专程到隆中卧龙岗去请诸葛亮。不巧诸葛亮这天刚好出去了，刘备只好留下姓名，失望而归。

过了几天，刘备听说诸葛亮回来了，又带着两位兄弟冒着风

●诸葛亮

雪前去拜访。跟门童说明来意，门童说先生又外出了，大家又白跑了一趟。三弟张飞本来是急性子，见诸葛亮不在，就催着两位哥哥赶快回家。刘备只得留下一封信，表达自己对先生的敬佩仰慕之情，并表达了要请他帮助自己安邦定国的意思。

过了一些时候，刘备准备再去请诸葛亮。关羽说诸葛亮也许是徒有虚名，未必有真才实学，所以才一次次躲着不见，干脆不用去请了。莽张飞却要求自己前往，如他不来，就用绳子把人捆来了事。刘备把张飞责骂了一番，兄弟三人第三次去隆中拜访诸葛亮。门童说先生在家，可是在睡觉。刘备不敢惊动，一直等到日上三竿诸葛亮自己醒来，刘备才正式拜见说明来意。

诸葛亮感于刘氏兄弟的一片诚心，于是共同探讨时局，分析形势，谋划如何夺取政权统一天下的策略。刘备十分佩服诸葛亮的才智，请他为相出山相助，重整汉室。诸葛亮也深为刘备的诚意所打动，于是答应刘备的请求，愿跟随刘备一展自己的政治抱负。成语"三顾茅庐"也由此而来，比喻求贤若渴，真心诚意地邀请别人。

后来，诸葛亮成为刘备的谋士，帮助刘备联吴抗曹，占据荆、益两州，北向中原，建立蜀汉政权，形成了魏、蜀、吴三国鼎立的局面。

刘备去世后，诸葛亮继承刘备遗志，继续出兵伐魏。他在《出师表》中写道："先帝不以臣卑鄙，猥自枉屈，三顾臣于草庐之中……"流露出对刘备知遇之恩的念念不忘。

第二十三章

题　解

　　听而不闻，名曰希。圣人从不多说话，都是顺其自然。有道之人，不言而信，这就是自然。狂风暴雨，是自然界阴阳相搏，忽然之间发生的一种剧变，但也只是持续半日或一日就过去了，最后还得还天空一片清静。如果是反常的现象，就是不自然的，即便是出于天地，也不能长久，更何况是出于人为呢？但天地也有反常的时候，人就更免不了要有失误。所以，做事时合于自然之道，内心有常理，就能体会到"道"。

原　文

　　希言自然①，故飘风不终朝②，骤雨不终日③。孰为此者？天地。天地尚不能久，而况于人乎？故从事于道者④，道者同于道，德者同于德，失者同于失⑤。同于道者，道亦乐得之⑥；同于德者，德亦乐得之；同于失者，失亦乐得之。信不足焉，有不信焉。

注　释

　　①**希言自然**：行不言之教，听任万物自然变化。希言，无声之言，不多说话，少说话，即不言之教。希，同"稀"。

　　②**飘风**：狂风、大风。

　　③**骤雨**：大雨、暴雨。

　　④**从事于道者**：按"道"来做事的人。

　　⑤**失者同于失**：失德之人等同于失败。

　　⑥**乐**：喜欢。

译文

　　少言寡语，顺其自然。狂风不能刮一早晨，暴雨不能下一整天。谁让它们变得短暂呢？是天地。天地尚且不能让狂风暴雨长久，何况是人呢？所以，遵循道的人就与道融合，遵从德的人就与德融合，遵从失败的人就与失败融合。与道融合的人，道也喜欢帮助他；与德融合的人，德也喜欢帮助他；与失败融合的人，失败也会陪伴他。人若不守信用，同样就会有人不信任他。

读解心得

　　这一章河上公取名"虚无"，该章承接前一章，通过自然界的风云变幻来暗示人生追求，提醒人们悟道修德，要与天道同存，与德同存。自然之道，可以长久，然至易而守难。回看第十六章："致虚极，守静笃。万物并作，吾以观其复。夫物芸芸，各复归其根。归根曰静，静曰复命。复命曰常，知常曰明。不知常，妄作，凶；知常，容。容乃公，公乃王，王乃天，天乃道，道乃久，没身不殆。"这一章的"希言自然"，便是对"静曰复命"的进一步论述。同时用自然界的狂风暴雨终究不能长久来进一步强化这种认识。

　　老子仍然在强调"道"的作用。他以"狂风"与"暴雨"为例强调"道"的主宰作用。人类的生活只有遵循"道"，才能有所收获。俗话讲"种瓜得瓜，种豆得豆"，这就是"道"；"舍得，有舍才有得"，这都是对"道"及其对人类生活影响的形象化演绎。从普通的生活上分析，每一个人都应该遵循生活之道；从人生哲理上思索，参禅、悟道，都是对生命本原的追寻；"塞翁失马"告诉世人"福"与"祸"的转化规律；"否极泰来"讲述了物极必反的道理。因此，悟道是生活的重要组成。

经典故事

否极泰来、乐极生悲

　　"否泰"出于东汉赵晔《吴越春秋·勾践入臣外传》："时过于期，否终则泰。""否"和"泰"是《易》的两个卦名。天地相交、万物相通谓之"泰"；不交、闭塞谓之"否"。后常以"否泰"指世事的盛衰、命运的顺逆，比喻厄运终结而好

● 勾践灭吴

运到来。

最能形象化地诠释"否极泰来"这个道理的故事就是春秋时代越国国君勾践转败为胜的故事了。当时越国被强大的吴国打败了，越王勾践只好委曲求和。文仲对越王说，一个人的生活中如果没有困难，那么他的志向就不会远大；如果一个人在生活中遇不到忧愁，那么他考虑的问题就不会有深度。古今有多少圣明的帝王和贤臣都遇到过磨难啊。在这些磨难的摧残下，这些帝王、贤臣的性格却坚韧起来了，他们用身体上的痛苦换取了精神上的愉悦，他们用自己当时卑微的地位而博取了声誉上的荣耀。所以，只要我们君臣此时能够安然处之，精诚合作，那么我们就会有反败为胜的一天。为了坚定越王勾践的信念，他们又这样举例来例证自己的观点：古代五帝的德行非常人可以比，但他们都还要面临洪水泛滥的危害，要不是大禹治水成功，不知还有多少人会遭受水患的侵害。周文王可谓是一位贤良的君主，但他也有牢狱之灾。但他却临危不惧，在狱中推演出了《易经》一书的精华——八八六十四卦。当从中知晓了"道"之后，他审时度势，最终起兵讨伐仇人而夺得了天下。古人尚且如此，只要我们君臣一心，发愤努力，那么越国最终就一定能够战胜吴国。

事情的后来发展，大家都已知晓了。凭借自己卧薪尝胆的努力，越王勾践终于打败了吴王，不仅一雪自己的前耻，而且还通过故事形象化地演绎了"道"的内涵。

第二十四章

题 解

内心总是有所求的，于是就做出一些违背常理的举动，但结果却得不到想要的。刻意自我表现，往往自以为是，终究都是一场空。"自见""自是""自我""自矜"这些做法，对于"道"来说，就像是剩饭残羹、附赘的肉瘤，有百害而无一利。所以谦恭退让，柔弱无为，是任何时候都行得通的处世之道。而自以为是、自高自大终会碰得头破血流。

原 文

企者不立①，跨者不行②，自见者不明；自是者不彰③；自伐者无功；自矜者不长④。其在道也，曰余食赘行⑤。物或恶之，故有道者不处。

注 释

①**企者不立**：踮起脚后跟想站得高一些，结果反而站立不稳。企，踮起脚跟。《说文》："企，举踵也。"

②**跨者不行**：迈开大步想快走，结果反而走不快。跨，大步走。《说文》："跨，渡也。"

③**彰**：显现。成语有"欲盖弥彰"。

④**自矜者不长**：自高自大的人，必定会碰得头破血流，结果好景不长。

⑤**余食赘行**：泛指多余、无用之物。赘行，身上长出多余的肉，即赘肉。

译 文

踮起脚跟会站立不住，迈起大步却不能远行。自我欣赏得不到彰明，自以为是得不到彰显，自我夸耀并不会功勋卓著，自高自大却不能领导别人。从道的角度来看，就像是身上长出的赘肉一般。因为它们令人厌恶，所以修道之人不这样做。

　　这一章跟第八章"上善若水"如出一辙，提倡以柔克刚、谦虚退让。老子喜欢以水作喻，故第八章有言"上善若水，水善利万物而不争，处众人之所恶，故几于道"。水最显著的特征是：一、柔弱得没有自己的形状；二、总是默默流向低处，停留在最卑下的地方；三、滋润万物而不与相争。老子认为人应有"居后不争"之心，他曾经说："我有三宝，持而保之；一曰慈，二曰俭，三曰不敢为天下先。夫慈故能勇，俭故能广，不敢为天下先，故能成器长。"智者不争，争者不智，任何私利面前，往往居于最后，置身事外之人，反而保全了自己。智者不争，争者不智，古今许多名人都用自己的经历诠释着这样的哲理：苏轼的文才卓越超群，可惜他的命运坎坷，多年的贬谪生活使之悟出了"功成身退，人臣之常"的想法。在他看来，"功"是对一个人才华的肯定，但"功成"之后需要及时退出，以免使自己像陶渊明一样，误入尘网中。不仅苏轼如此，历史许多有杰出功绩的人都是这样。在上文里提及的范蠡也是这样。在他的劝说与辅佐下，越王勾践成功地打败了吴王。但在这时，他却及时地退隐了。

　　曾国藩是近代一位众人熟知的将领。当清朝即将倾颓之际，他凭借一己之力，力挽狂澜于国之危难之时。而功成名就之后，他也以退隐的方式以求自保。

　　如果说上述的个案都是从正面诠释了智者不争的内涵，那么下边这则李斯的故事则从另一个侧面告诉我们争者不智的可悲下场。李斯是秦国的重臣，他为相三十余年，使秦国变得更加强大的同时，也使自己成了一位权倾一方，威重四海的大臣。在朝廷上，几乎没有人能够与之抗衡，一味地争强好胜终于招致了自己的祸患——腰斩。李斯的祸患还被扩展到了他的家族。在临刑之时，他与儿子相拥而哭，可是悔之晚矣。

　　与李斯一样的还有韩信。韩信是一个聪明至极的人，但他却聪明反被聪明误。当刘邦问及韩信，自己能够带领多少兵的时候，韩信开口就说，你能统兵十万。

于是，刘邦心中生疑，就向韩信反问了一句，你能带多少兵呢？韩信则毫不迟疑地说：多多益善。韩信如此的自信终于招致了自己的祸患。当刘邦平定天下之后，刘邦怕韩信拥兵自重，反对自己，就设计骗韩信进入常乐宫，然后杀死了他——这就是古书中"狡兔死，走狗烹；飞鸟尽，良弓藏"所讲的内容。

　　"智者不争，争者不智"就是上面几则故事的精髓所在。这些故事既有从正面对这个哲理的解说，也有从反面对这个哲理的例证。因此，每一个人都要思考它。

经典故事

知耻而后勇，明义而慎独

　　刘邦之所以能够打败项羽，是因为韩信这位杰出军事家的辅佐。如果说没有韩信就没有西汉王朝的话有些绝对，那么没有韩信，刘邦要想打败项羽恐怕也绝非一件易事。但又有几人知道，就连韩信这位杰出的军事家也曾受过胯下之辱。

淮阴侯

宋陈琰钱公见题像云筑坛拜日恩歌厚礼足封时虑已深隆准平知同鸟篆将军应起五湖心

● 淮阴侯韩信

　　韩信小的时候，家里贫穷，故虽有志向但体弱无力的他却无法实现。因此，他就游荡于小巷之内。不久之后，他的家人也逐一逝去。失去了家庭的支持再加之游手好闲之举，使韩信的生活更加痛苦不堪，一两天吃不上饭的情况也时有发生。

　　后来，在淮阴河边游荡的时候，韩信认识了一位善良的老婆婆。这是一位依赖为人洗衣谋生的老婆婆。虽然她的生活很贫穷，但她却拥有一颗同情的心。当她遇到衣不遮体的韩信时，顿生可怜之意。于是，每天都从自己的碗里节省一些食物给韩信吃。面对老婆婆的怜悯之举，韩信也以一颗感恩的心，信誓旦旦地对老婆婆说，我一定要好好报答你。但老婆婆听后却生气了，说：谁想要你的报答！我只是看你可怜，才要帮助你。此时的韩信颇为感动，可这份感动却没有持续多久就烟消云散了，依旧过起了原来的生活。哪里人多，他就去哪里。在一个晴空万里的日子，韩信来到了一个集市。虽然穿着一件破衣衫，但他却毫不介意，东看看，西瞧瞧，一副快乐逍遥的样子。他嘴里吹着不成调子的口哨，手中晃着一棵枯草，一路走来，一路瞧。集市东头是一处卖肉的地方，只见几个屠夫正在与顾客一起讨价还价，好不热闹。韩信也走来凑热闹，可是那几个屠夫却嫌韩信扰了自己的买卖，便一起走过来要打他。弱小的韩信无其他出路可选，只好逃跑了。

逃往人群中的韩信还是被一个眼尖的屠夫看到了。这位屠夫一步冲过来，伸手就把韩信抓住了。众人哄然大笑。其他屠夫听到笑声也赶来了，众人把韩信围在其中，哄笑着。虽然围观的人很多，但没有一个人替韩信说情。见此状况，那位抓住韩信的屠夫就更加放肆了，他气焰嚣张，使尽各种办法侮辱韩信。一番言语攻击之后，这位屠夫对不知所措的韩信说道："你不怕，就拿刀杀我；如果不能，就从我胯下爬过去。"

本来就胆小的韩信早已不知如何是好，面对这样的阵势，他无所适从。然而令围观者想不到的一幕发生了。只见这名屠夫拿一把雪亮的杀猪刀放在了韩信的手中。韩信不敢下手，他知道杀人偿命的道理。于是，他只好依照屠夫所说，从屠夫的胯下爬了过去。在众人的叫好声中，韩信感受到了极大的羞辱，他开始反思自己。韩信要活出一个人样来，他回去告别了接济他的那位老婆婆，背起自己的行囊，踏上了求学之路，最终成为一代名将。

韩信的故事告诉我们，只有明确了生活之道，才能在这个"道"的指引下有所作为。

第二十五章

题　解

这一章，老子论述了"道"的存在和运行，这在《道德经》里占有重要的地位。"有物混成"，用以说明"道"是混沌状态的，它是圆满和谐的整体，并非由不同因素组合而成。"道"无声无形，先天地而存在，循环运行生生不息，是天地万物之"母"。"道"是一个不依赖外物的绝缘体，现实世界的一切都是相对存在的，而唯有"道"是独一无二的，所以"道"是"独立而不改"的。在本章里，老子提出"道""人""天""地"这四大，"道"是第一位的，它不会随着变动运转而消失，而是经过变动运转又回到原始状态，这个状态就是事物得以产生的最基本、最根源的地方。

原　文

有物混成①，先天地生。寂兮寥兮②（liáo），独立不改。周行而不殆③（dài），可以为天下母。吾不知其名，字之曰道④，强为之名曰大⑤，大曰逝，逝曰远，远曰反⑥。故道大，天大，地大，王亦大。域中有四大，而王居其一焉。人法地⑦，地法天，天法道，道法自然。

注　释

①混成：浑然一体。

②寂：无声。寥：无形。河上公注："寂者，无声音；寥者，空无形。"

③周行而不殆：这句是说道循环往复，周而复始，永不停息地运行。周行，循环运行，周而复始。殆，通"怠"，停止的意思。

④字：取名、命名。

⑤**强**：勉强。**大**：无边无际的样子。

⑥**反**：通"返"，返回到原地。

⑦**法**：效法。

译 文

　　有一个东西浑然一体，在天地之前就产生了。它无声无形，不依靠任何外力而独立存在，永远不会改变。循环往复运行永不停息，可以作为万物的本原。我不知道它的名字，勉强把它命名为"道"，再勉强给它起个名字叫作"大"。大叫作消逝，消逝叫作遥远，遥远叫作返回。因此说道大，天大，地大，王也大。万物间有四大，而王居其一。人效法地，地效法天，天效法"道"，而"道"效法自然。

读解心得

　　老子《道德经》关于"自然"概念的论述，一共五处。其中，关于"自然"概念之最重要的论述，见于此章："人法地，地法天，天法道，道法自然。""人"以"地"为其法则，"地"以"天"为其法则，"天"以"道"为其法则，"道"以"自然"为其法则。关于这个"自然"的含义，王弼注也有比较精准的"诠释"："道不违自然，乃得其性；法自然者，在方而法方，在圆而法圆，于自然无所违也；自然者，无称之言，穷极之辞也。"按王弼注，关于"自然"之含义，主要有三层意思：其一，既然"道"不违"自然"，即得"道"之"本性"，则此"自然"乃"道"所必须贯穿始终的最高原理或原则；其二，所谓法"自然"，即指在"方"而法"方"，在"圆"而法"圆"，这样方可不违背"自然"，则此"自然"绝非"对象物"，实乃一需要遵循并且灵活运用的"原则"或"方法"；其三，所谓"自然"，即指"道"按其本性运作，只是一种虚说之辞，不得已而言之。

　　我们说"道"浑然成体，自古有之，它寂然无声，廖邈无形。它永恒存在，周而复始，成为万物之源。它超乎天地，却又在天地之中。所以说世上有四大，如果从道的角度说，天、地、人都不足言其大。可是世上之人，只知道天、地、人之大，却不信道是最大的。其实天在道之中，地在天之中，人在地之中，心在人之中，神存心之中，心会于道。因此神藏于心，心藏于形，形藏于地，地藏于天，天藏于道。

万物平等

在地球上生存着数不清种类的生物。在科学研究中，对这些生物进行了各种各样的分类。于是，这万物之间就有高低之分。这样的区分虽有利于科学研究，但它却违背了老子的"道"。因为，在老子看来，万物平等才是道的内涵。

东郭子是一位好奇的人，他非常想知道"道"在哪里，于是专程前来向庄子询问。庄子非常直白地告诉东郭子：道无处不在。这句话非常直白，但它却不易理解。于是，东郭子又向庄子追问：道究竟在什么地方呢？庄子举例子般说道：在蝼蚁中。东郭子听后一脸的茫然，疑惑地问道：高深的道怎么会在如此低微之处呢？庄子也不解释，继续说：在稗草里。面对这样的答案，东郭子更迷惑了：一会儿在蝼蚁中，一会儿在草丛里。于是更加不解地问：怎么越来越不可理解了呢？庄子继续说：道在瓦砾中，道在屎尿中……庄子的一番话讲得东郭子一头雾水，再也不敢问了。

庄子看着迷惑不解的东郭子，开始点拨他：你应该问道的本质而不是去哪里找到道，所以你永远也不可能理解道的真正内涵。这就犹如人们向屠夫问猪肉的肥瘦一样，当屠夫告知人们猪腿的部位越是往下，就越能试探出猪的肥瘦。除了屠夫，谁能理解其中的奥秘呢？

庄子继续讲：道是一个普遍的存在，不能只在一事一物中寻找道。万事万物都离不开道，它遍布于世界的每一个角落，虽然名称各异，但本质一样。蝼蚁中有道，瓦砾中也有道……

庄子的列举在于告诉我们这样的意思：第一，道是无处不在的。世界上的每一个角落，万事万物之中，都有道的存在，都有道的作用。虽然他所列举的例子在普通人看来很卑微，但这卑微的事物却能说明道的存在。小事小物尚且如此，那么大事大物也同理可证。第二，道不以人的好恶而存在。当庄子以"屎尿"喻道的时候，东郭子是不认可的。在他看来，道是神圣的而屎尿却是卑微的，两者互不相容。这就犯了一个低级的错误。以个人的喜好为中心去分析、评价身外之物，这是不可取的。从人的角度看，屎尿是肮脏的，但是对植物而言它却是优质的肥料。可惜的是，当庄子这样列举的时候，东郭子并没有意识到这一点。

自然界的万物是平等的，在本质上并没有高低贵贱之分。只有坚持这样的观点，才能发现道的存在、道的内涵。这就是东郭子问道给予我们的启示。有研究者把人类归结为高等动物，但正是我们这样的高等动物却做着破坏"道"的事情，生态环境的恶化就是一个最好的例证。人与植物没有高低之分，人与人也没有高下之别。有钱人与无钱人是平等的，高学历者与低学历者也是平等的。只有坚持平等，我们才能发现道，感受道，认识道。

第二十六章

题　解

　　"轻重""动静"与前面提到的"美丑""高下""难易""有无"都是两两相对的,它们既互相对立,又可以互相转化。老子认为,君子之道,应以静重为主,时时刻刻都不能离开。持重守静当是君子之德。居住的宫殿华美壮观,不一定心情快乐,而游走四方,居无定所,也有可能怡然自得。这一切都取决于自己的心性,正所谓"不以物喜,不以己悲"。身为一国之君,不可放纵自己的私欲,不顾天下百姓,轻浮就会妄动,妄动就会失去臣子的帮助。浮躁同样会扰民,也就失去了为君之道。所以说"君轻则失助于臣,躁则失于君"。

原　文

　　重为轻根①,静为躁君②。是以圣人终日行不离辎zī重③,虽有荣观④,燕处超然⑤。奈何万乘之主⑥,而以身轻天下⑦?轻则失根⑧,躁则失君。

注　释

　　①**重为轻根:** 重为轻的基础。这里老子主张稳重、持重。重,慎重。轻,轻率。根,基础、根本。

　　②**静为躁君:** 静为躁的主宰。这里老子提倡守静。静,沉静。躁,浮躁。君,主宰。

●将士铠甲战车

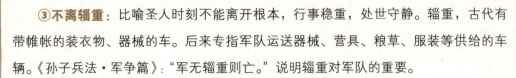

③**不离辎重**：比喻圣人时刻不能离开根本，行事稳重，处世守静。辎重，古代有带帷帐的装衣物、器械的车。后来专指军队运送器械、营具、粮草、服装等供给的车辆。《孙子兵法·军争篇》："军无辎重则亡。"说明辎重对军队的重要。

④**荣**：华丽。

⑤**燕**：安。

⑥**万乘之主**：大国的君主。万乘，拥有万辆兵车的大国。春秋时期，拥有千乘已是大国，到了战国，才出现万乘之国。由此可见，《道德经》虽出现在春秋末期，但同时不乏后世附会的成分。

⑦**轻天下**：轻率地处理民生大事。轻，形容词作动词，指轻视，不重视。

⑧**轻则失根**：轻率就会丧失根本。

译 文

慎重是轻率的根本，沉静是浮躁的主宰。这就是圣人日日行走，却离不开装载供给车辆的原因，即使面对亭台楼阁胜景美食，也能安然处之，超然物外。大国的君主，为什么还要重视高贵的身份而轻率地处理民生大事呢？因为轻率就会失去基本的拥护，浮躁就会丧失主导的权利。

读解心得

这一章河上公取名"重德"，指出"静""重"在治国理政中的重要性，做到"贵重""守静"，就可以无为而成功。老子在政治上就是主张无为而治。为人也好，理政也罢，轻浮躁动都是要不得的。《孙子兵法》说："军无辎重则亡。"辎重是军队作战的必需品，也是军队作战胜利的保障。"重""静"对于人的重要性，就堪比辎重对于军队的重要性。不是人人都能做君王，但我们人人都可以做独一无二的自己，守静、持重，会让我们在物欲横流的今天，保持一颗宁静之心。你可能没有名车豪宅，但几十平方米的小屋，让你感受到家的温馨。你的年薪没有几十万、上百万，但也足以让你衣食无忧。你是高官，你能够持重守静，用好手中的权力，尽职尽责，你的所作所为，就是人民的公仆，但是你玩弄权术，养尊处优，作威作福，你最终就是人民的罪人。

历史上万乘之主不能持重，最后落得国灭身亡的例子，不胜枚举。春秋后期，吴国逐渐强大起来，吴国君王阖闾任用伍子胥为相，孙武为将，一度攻破楚国。他的儿子夫差打败越国，战胜齐军，北上与晋争霸，吴国成为当时的强国。后来夫差骄傲自大，不听伍子胥的劝谏，贻误战机，结果被越王勾践打败，弄得国灭身亡。据贾谊记载，卫懿公喜欢仙鹤，甚至用绣有花纹的丝织品打扮它，还让它乘坐只有士大夫才能坐的高级车子。卫懿公征收赋税种类繁多，根本不管百姓的死活，但是他却器重优伶艺人而轻视大臣。他尤其听不得批评意见，凡听到文武百官谏诤，他就当面叱责。等到翟国来讨伐，翟国人已登到城墙上了，他才流泪勉励大臣和百姓们说："敌寇已迫近，士人和百姓努力吧！"士人和百姓们回答说："君王，让你器重的优伶和心爱的仙鹤为你作战吧。我们是被你抛弃的人，怎能还为你守城作战呢？"于是，他们打开城门纷纷奔逃。翟国的军队攻入城内，卫懿公在奔逃中死去，就此丧失了他的国家。

经典故事

一念之间

在很久以前，有一位虔诚信佛的老妇人。这位老妇人精心侍弄着一个小花园。她每天早晨都会亲自到花园里采摘一朵盛开的鲜花来供奉家里的佛像。这一天她起得比往常都早，正当她拿着新摘的花儿去供佛时，突然来了一位老禅师。老禅师双手合十，郑重而认真地说：你每天都用鲜花供奉佛爷，真是可赞。依据经典记载，这样的行为必当在来世享受到福报。听到禅师这样说，老妇人忙向禅师请教：当我用这鲜花礼佛时，内心就像被洗涤过一样，非常纯洁。可是一旦我出了佛堂，心就又乱了。这是怎么一回事呢？老禅师不急于回答她的问话，深思了一下说：请问如何才能使这佛堂上的鲜花保持新鲜呢？老妇人说：这好办。只要勤换水，在换水的时候再把花梗剪去一截即可。为什么要这样做呢？老禅师继续启发她。因为那浸在水中的花梗容易腐烂，而且时间长了，它会阻止花梗对水的吸收。老禅师借机说道：人的心也是如此。想要保持内心的清静，只有不断地净化我们的身心才好。每天都要反思自己的缺点，都会忏悔我们做错的事情并从中吸取经验。老妇人听后很是感动，在拜谢禅师后，继续说道：我想在寺院中生活，那样就可以在晨钟暮鼓的洗涤中，静心地修行了。老禅师当即就明白了，这位老妇人没有理解自己的话。于是就继续说：心的宁静与所处的生活环境无关。你的呼吸便是梵唱，脉搏跳动就是钟鼓，身体便是寺宇，两耳就是菩提，无处不是宁静，又何必一定要到寺院中生活呢？

原来什么都在一念之间。

日本也有一个与之类似的故事。据说在很久之前，有一个准备去战场的武士，面对生死未知的战场，他突然想到天堂与地狱。于是，他就到一处寺院里寻找高僧解答心中的疑惑。走进寺院，他看见一位老僧人正在打坐。他轻轻地走过去，礼貌地问道：师父，你能告诉我天堂与地狱的区别吗？老僧人没有反应。一连问了三遍后，老僧人还是没有任何的反应。这位武士生气了，提高了声音，粗鲁地嚷道：老头，地狱和天堂的区别是什么？！

因为这样的声音打扰了老僧的修行，于是他也火了，用手指着武士说：你这种粗俗之人不配上天堂，只能下地狱！武士一听就更急了，拿起手中的剑，要杀死僧人。可奇怪的是老僧人并没有胆怯，反而笑着说：这就是地狱。听到这句话，武士恍然大悟，那只提剑的手停在了空中，愣愣地不知所措。见此状况，老僧又说：这就是天堂！

地狱与天堂迥异，但这迥异的天堂与地狱也在一念之间。

道德经

第二十七章

题　解

　　善行是符合天道的，所以不会有痕迹。善言是符合自然常理的，所以不会有错误。最好的计策就是"道"，囊括了天下万物。无门无房，天为屋地为床，这样还用得着门闩吗？处处遵循"道"，就不会感到被约束，自然也就用不着解脱。"道"随时都在我们身边，没有片刻分离，假如刻意沉溺于此，用尽心机去求"道"，反而得不到。所以最大的善就是无为，无为即得"道"。救人于危难，只不过解救了人的形体，而且未必能救很多人，这自然就不能算善。人们执着所求，就好像在黑夜中迷失了自己，而圣人则是以容人之量容之，以先觉之明觉之，使他天光自发，如明灯照亮四方，圣人给予人的越多，自己的功德就越是无量。

原　文

　　善行无辙迹①，善言无瑕谪②，善数不用筹策③，善闭无关楗^{jiàn}而不可开④，善结无绳约而不可解⑤。是以圣人常善救人，故无弃人；常善救物，故无弃物，是谓袭明⑥。故善人者，不善人之师，不善人者，善人之资⑦。不贵其师，不爱其资，虽智大迷⑧，是谓要妙⑨。

注　释

　　①**善行**：有多种解释，一说善于远行，或善于行走，一说最上乘的行为，最佳的做法。**辙迹**：车轮的痕迹。

　　②**善言**：精于言辞的人。**瑕**：纰漏。**谪**：指责。

　　③**数**：计数。**筹策**：古时计量的专用器具。

④**关楗**：栓销。

⑤**绳约**：绳索。约，捆缚。

⑥**袭明**：含而不露的智慧。袭，覆盖、掩藏。明，聪明，指具有了解、认识"道"的智慧。

⑦**资**：借鉴。王弼注："资，取也。"

⑧**"不贵其师"三句**：这三句话意为如果不善于以善人为师，学习效仿，又不能做到以不善人为借鉴，避免重蹈覆辙，那么即便是天资聪明，最后也会成为一个糊涂人。贵，尊重、推崇之意。

⑨**要妙**：精深玄妙。河上公注："能通此意是谓知微妙要道也。"

译 文

擅长远行的人，不会留下车辙的痕迹；精于言谈的人，不会让人发现纰漏，受人指责；善于计数的人，通常不使用筹码计数；精通锁门的人，不使用栓销也能让人打不开；善于捆缚的人，不用绳索也能让人解不开。所以，圣人经常挽救人，没有遗弃任何人；也经常物尽其用，没有抛弃任何物品。这就是深藏不露的聪明智慧。所以善人可以是非善人的师长，非善人可为善人提供借鉴。但是，不尊重师长，也不珍惜他人提供借鉴的人，即使他表面看上去很聪慧，但事实却很不明智。这就是所谓精深玄妙的道理。

读解心得

这一章河上公取名"巧用"，什么是巧用？就是要符合自然之道。善行善言都是符合自然之道的，所以能称之为"善"。主要说说"善行"的"善"吧！大家一定听过这个故事，有一只小海龟从水中游上岸看风景，正好被一只老鹰看见，老鹰急速俯冲下来要叼小海龟，此时有个人看见了，就赶跑了鹰，并护送小海龟回大海。这人如此善良，危难时刻救了这个小龟，真是善举。我们认为他是善举，他自己也一定会这么认为，可实际上这只小龟是侦察龟，它是来试探是否有敌情的。现在它被人护送到了大海，其余在沙滩上的小海龟没见侦察龟回来，以为一切安全，就都上了岸，此时一大群的鹰看到了，全部俯冲下来，结果可想而知。看到这里，你还觉得那人的行为是善行吗？正是他的"善行"，让所有的小海龟成了老鹰的美味。可是人们常常扮演着这样的"智者",看起来充满爱心和责任感,自以为是地认为是在帮助动物们重获新生,实际上,这种只按照个人意愿的行为,往往与现实相背,因为任何一个动物的圈子里都有它们既定的规则。人的救助行为看似平常,实质上,却严重破坏了海龟们的一次有组织有计划的行动,甚至让它们招致杀身之祸。

经常会看到这样的报道,市民拾到一些野生的幼鸟,把它们送到了动物园等救助部门,可这些小鸟有时难免一死。为什么会这样呢?专家表示:许多鸟儿在刚离巢时由于飞行能力不完善,飞不高或只能扑腾,所以很容易被人发现,不懂的人以为捡回去是救它们,其实是害了它们。因为刚学飞的幼鸟,脾气比较大,已经对人有恐惧感,大部分带回去都养不活。其实正确的做法是把它们放在树上或灌木丛中不要管就行了,它们在灌木里可以躲避很多天敌,亲鸟在附近觅食,也会通过声音找到它们,喂养保护它们,直至幼鸟学会独立飞行和野外生存。还有很多善男信女,常常去放生,他们放生的物种,有的是有毒的,有的是不合适放生环境生存的,可这些人事先根本没有考虑这些事情,于是"好心办坏事"。

真正的"善"是符合自然的,不去人为加以限制和改变,这样便是最好的。

经典故事

● 黄帝

顺其自然,无为而治

大道无痕,但大道却可以参悟。传说有一则这样的故事:黄帝在世的时候,他听说有一位得道的大师知晓治国的道理,就想去向他请教。于是领着自己的部下前去具茨山拜谒这位老者。

黄帝他们一行人谁也不知道具茨山在哪里。他们来到城外不久就迷路了,往前看看没有人,向后瞅瞅也没有人。正在大家着急之时,来了一位放马的小孩儿。黄帝上前去问这位放马的小孩子:请问到具茨山怎么走？放马的小孩子看了看他们，然后用手指了一下具茨山所在的方向。见小孩知道具茨山，黄帝就又问：听说山上有一位道人，你知道吗？小孩点了点头。黄帝更加疑惑了。于是继续问：你知道治国的道理吗？小孩说：治国跟我放马一样。然后这位小孩告诉黄帝，自己要去很远的地方放马，之后转身就要离去。黄帝说：治理国家不是你操心的事，但我还想请教……小孩不耐烦地说道：治理国家与放马一样，任其自然就好。黄帝似有所悟，转向对自己的随从说，我们回去吧，我已知晓如何治理国家了。

　　大道无痕，却可以通过参悟得之。一切之事，无论大小，都要任其自然，无为而治。

第二十八章

题　解

知雄守雌，知白守黑，知荣守辱，知彼守此，那么所守的，一定是坚强有力而且是最寻常的事物。圣人都能守雌静，并且甘居于下。而万物能够守雌弱的，一定是长久生存的。就像水，总是往低处流，紧紧依附大地。最终包容万物。所以人如果消除了称雄变强的念头，心性就会淳厚，心平气和。没有私欲，就像初生的婴儿，保持一颗赤子之心。以静养智，与道合一，这是天下人都应遵循的一种法则。可是做到的人太少，能够驾驭万物的，只能是有德循道的圣人。

原　文

知其雄，守其雌①，为天下谿②。为天下谿，常德不离，复归于婴儿③。知其白，守其黑，为天下式④。为天下式，常德不忒⑤，复归于无极⑥。知其荣，守其辱⑦，为天下谷⑧。为天下谷，常德乃足，复归于朴⑨。朴散则为器⑩，圣人用之则为官长⑪，故大制不割⑫。

● 返璞归真

注　释

① "知其"两句：是说虽然知道什么是雄健有力，但却甘心处于柔弱无力的地位。也就是老子所主张的"知雄守雌"。雄，指强大有力。雌，指软

弱无力。

②豁：同"溪"，指山间低谷。象征谦虚卑下。

③婴儿：指像婴儿般纯真。

④式：榜样。

⑤忒：过错、过失。王弼注："忒，差也。"

⑥无极：指宇宙最初的形态。王弼注："不可穷也。"

⑦ **"知其"两句**：是说虽然知道何为尊贵荣宠，但并不羡慕，更不乞求，而宁愿处于卑下屈辱的地位，以今日的委曲求得来日的伸展。荣，荣耀。辱，羞辱。

⑧谷：深谷。用来形容得道之人胸怀博大。

⑨复归于朴：重新回到原始质朴的状态。朴，朴素。

⑩器：物。这里指天下万物。河上公注："器，物也。"

⑪官长：百官的首长，意为领导者。

⑫制：制作器物。**割**：割裂。

深知自己强大的优势，却要保持弱者的特性，情愿做世间的小溪；情愿做世间的小溪，美德就能长久永恒，不会离失，从而回到孩童般纯真的状态。知道自己有所领悟，却能保持不解时的糊涂，情愿做世间的榜样；情愿做世间的榜样，美德就能长久永恒，不会有过失，从而回到宇宙最初的形态。知道自己伟大的荣耀，却能保持晦暗时的谦卑，情愿做世间的深谷。情愿做世间的深谷，美德就能长久永恒，一直充足，从而回到自然原朴的状态。自然原朴若化为利器被圣人使用，圣人就可以成为一名领导者，因此高明的人制作或使用任何工具，都不会使其与原物本身割裂。

读解心得

这一章河上公取名"返朴"，此章言牧谦以容物，泯迹而返朴。老子认为"圣人"应该拥有的品德是："处无为之事，行不言之教；万物作焉而不辞，生而不有，为而不恃，功成而弗居。"（《道德经》第二章）这种顺乎自然的行为便是"玄德"之体现，"常德不离，复归于婴儿"（第二十八章）便是其最佳状态。

道德经

《道德经》中共有三次提到"玄德"。"生之畜之，生而不有，为而不恃，长而不宰，是谓玄德。"（《道德经》第十章）"故道生之，德畜之，长之育之，亭之毒之，养之覆之。生而不有，为而不恃，长而不宰，是谓玄德。"（《道德经》第五十一章）"知楷式，是谓玄德。玄德深矣，远矣，与物反矣，然后乃至大顺。"（《道德经》第六十五章）由此可见，道之所以能够称得上具有"玄德"，是因为"生之""畜之"却又"生而不有""为而不恃""长而不宰"。所以，认识并掌握道的法则，便是知道了何为"玄德"。"玄德"的最佳体现便是"常德不离，复归婴儿"。最能接近并拥有"玄德"之圣人的人便是"婴儿"。因为婴儿可以专心致志，达到宁静柔顺的状态，无欲无求，最具纯真质朴。正如"专气致柔，能如婴儿乎？"（《道德经》第十章）。老子通过与"俗人"的比较，描述了"我"的生活品质和人生态度："我独泊兮，其未兆；沌沌兮，如婴儿之未孩。"（《道德经》第二十章）"我"独自一人淡泊宁静，无任何寻欢作乐的念头；混混沌沌如还不会笑的婴儿一般纯真朴实。在"我"与"俗人"的众多不同中，根本的区别是："我独异于人，而贵食母。"（《道德经》第二十章）即我与别人最大的不同在于我注重像婴儿从母亲那里吃奶一样，用自然之道来滋养自己。婴儿除了吮吸母乳以外，不再有任何欲求。而吮吸母乳亦是遵循自然之道的行为。所以，"我"与"俗人"的最大不同在于"我"除了遵循自然之道以外，别无欲求。"玄德深矣，远矣，与物反矣，然后乃至大顺。"（《道德经》第六十五章）大德深不可测，远不可及，与万物返璞归真，于是才能极大地顺乎自然。这便是"玄德"之所在，亦是遵从无为之道的结果。

经典故事

简陋而不改气质

万变不离其宗。无论身处何地，身在何境，都不应该改变自己的气质。

据说出游的孔子在陈、蔡之间被困，一连七天都不能生火做饭，只能依靠捡拾的野果来充饥。面对如此的窘境，孔子仍然坚持每天都弹琴、唱歌。颜回负责捡拾充饥的野果，在无意中听见子路和子贡两人谈论自己的老师——孔子。只听见子路和子贡这样说着：咱们的老师两次都被鲁国赶了出来，在卫国的时候，他遭受了铲削足迹的待遇，在宋国，咱们的老师又受到了砍倒大树的羞辱。特别是那次在商、

道德经

● 在陈绝粮

周之时，老师几乎走投无路。今天更是可怜，吃没有吃的，喝没有喝的，可他却还天天唱歌。想一想那些欺侮我们的人都生气，难到老师是没有羞恶之心吗？颜回听见这样的议论很生气，但他却没有办法反驳，只好把这些话告诉了孔子。

孔子把子路和子贡叫到跟前，和蔼地对他们说：我们现在的处境不像你说的那样，还没有到走投无路的地步。我坚持自己的仁义之道，虽然恰逢乱世，但这也不算是走投无路。反省就可以通达于道，面临危难也不能丧失德行。面对此时的厄运，它并不是一件坏事，它可以锻炼我的德行操守。说完又继续抚琴唱歌。见状，子贡惭愧地说，我不知道先生的高洁，这是我的浅薄之处啊！

孔子是一位得道高人，他与子贡的谈话告诉我们，内心的快乐不能受到环境的影响。

这就有如后世范仲淹所言：不以物喜，不以己悲。一个人心情不能被外物的好坏与自己的得失而左右。这就像自然界的变化一样，困境与顺境、寒暑的变化都是相互转化的。只要把握其中的"道"，那么一切都会在顺其自然里感悟到"道"的作用。

第二十九章

题 解

　　人是天下的神物，神物好安静，不可以有为而治。天下是神妙的器物，所以要顺其自然而自治。可是有人一心想据天下为己有，一切随个人意志为转移，视天下为己物，强取豪据，这是以人灭天，因此必将一无所获。天下是神器，不是想怎样就会怎样，不会被别人的意志所左右。强求者失败，强据者失去。因此圣人能顺天道而行，无为而治，不是为了私利而急不可待，自然不会有什么得失之忧。万事万物各有其性，各有其成长之道，强弱虚实互相转化，得失荣辱斗转星移。因而圣人处事会去掉那些极端的、奢侈的、过分的东西而得道。

原 文

　　将欲取天下而为之，吾见其不得已①。天下神器②，不可为也。为者败之，执者失之③。故物或行或随④；或歔(xū)或吹⑤；或强或羸(léi)⑥；或挫或隳(huī)⑦。是以圣人去甚，去奢，去泰⑧。

注 释

　　①**不得已**：不能成功。已，语气词。

　　②**神器**：神圣的物品。河上公注："器，物也。人乃天下之神物也；神物好安静，不可以有为治。"后世将神器引申为国家政权。

　　③**"为者"二句**：好事而为，勉强去做，往往会把事情弄糟而适得其反；想勉强拥有保持，结果反而是失掉一切，弄得偷鸡不成反蚀一把米。执，掌控。

　　④**物**：世间万物。**或**：有的。**行**：主动前行。**随**：被动跟随。

⑤**歔**：缓缓地吐气。**吹**：猛劲地吐气。

⑥**或强或羸**：有的强壮有力，有的孱弱无力。羸，孱弱。

⑦**或挫或隳**：有的小挫，有的全毁。隳，摧毁、破败。《吕氏春秋·顺说》有"隳人之城郭"，高诱注："隳，坏也。"

⑧**甚**：过分。《左传·宫之奇谏假道》："一之为甚，其可再乎？"**奢**：奢侈，过度放纵。**泰**：为所欲为，骄横放纵。

想要强夺天下并且治理它，我认为他不能成功。天下万民的神圣，不能违背。违背者一定会失败；强力把持者，也一定会有所失。因此，事物总是秉性不一，有的领先，有的跟随；有的轻轻嘘气，有的猛劲急吹；有的刚强，有的孱弱；有的成功，有的失败。因此，圣人主张要禁止偏激极端、戒除骄奢淫逸、防止过度的处事。

读解心得

这一章河上公取名"无为"，说的是"惟无为自然，则可以有常"。老子讲"无为而治"的章节很多，这一章仍然论述这个中心。尊重普遍的规律，承认独特的个性，一切顺其自然，凡事因势利导，这是最自然不过的。可常常有人好事而为，勉强去做，最后把事情弄糟。想勉强拥有保持，结果反而丧失一切，所谓"竹篮打水一场空"。都知道拔苗助长的故事，那个爹爹，费尽力气，把苗一棵一棵地拔起来，最后苗都枯死了，有劳无功。还有画蛇添足，本来画得好好的，非要再添几只脚，结果弄巧成拙。一切顺其自然就好了，也就是常说的一句，随缘就好了。随缘是一种平和的生存态度，也是一种

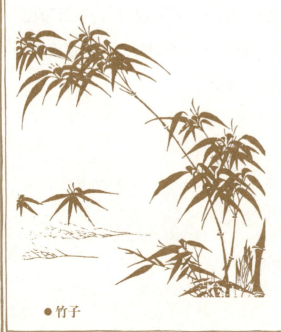

●竹子

道德经

一二〇

生存的禅境。"宠辱不惊，闲看庭前花开花落；去留无意，漫随天外云卷云舒。"放得下宠辱，那便是安详自在。该吃饭时吃饭，该睡觉时睡觉，凡事不妄求于前，不追念于后，从容平淡，自然达观，随心，随情，随理，便懂得万事随缘皆有禅味。在这繁忙的名利场中，若能常得片刻清闲，放松身心，静心体悟，日久功深，你便会体会到生活原来如此美好！

佛家多讲随缘，有"随缘不变，不变随缘""随缘，莫攀缘"等说法。"随缘"不是随便行事、因循苟且，而是随顺当前环境因缘，从善如流；"不变"不是墨守成规、冥顽不化，而是要择善固守。随缘不变，则是不模糊立场，不丧失原则。就像在世间做人，要通情达理、圆融做事，这样才能够达到事理相融。

随缘不变，则是不违背真理。庄子的妻子死了，他知道生死如春夏秋冬四季的变化运行，既不能改变，也不可抗拒，所以他能"顺天安命，鼓盆而歌"。陆贾《新语》云："不违天时，不夺物性。"明白宇宙人生都是因缘和合，缘聚则成，缘灭则散，才能在迁流变化的无常中，安身立命，随遇而安。生活中，如果能在原则下恪守不变，在小细节处随缘行道，自然能随心自在而不失正道。

经典故事

最美的风景就在身边

据说在很久以前有一座叫圆音寺的庙宇，每天来到庙里上香的人都络绎不绝。在香炉上方的横梁上有一只蜘蛛织了张很大的蛛网。由于每天受到信徒的香火和虔诚祭拜的熏染，这只织网的蜘蛛也渐渐有了佛性。随着时光的逝去，蜘蛛的道行也增加了不少。

有一天，佛祖来巡视圆音寺，看见这里香火好于其他寺庙，心中甚是高兴。当他准备离开的时候，不经意间发现这张蛛网，继而看见了卧在横梁上的蜘蛛，便问它：我们有缘相见，我想问你一个问题，看你在这一千多年的修行中都悟到了什么。

见到佛祖问自己，蜘蛛当然是高兴了，连忙点头应答。佛祖问道：世间什么最珍贵？蜘蛛想了想说：世间最珍贵的东西有两样：一是得不到的，另一个是已失去的。佛祖满意地点了点头，然后离开了。又过了一千年，佛祖再次来到圆音寺，又看见了这只修行的蜘蛛。相互点头示意之后，佛祖又向这只蜘蛛问起了同样的问题：

你对一千年前的那个问题有什么感悟呢？蜘蛛听见是同样的问题，想也不想地就用同样的话来回答了：得不到的和已失去的，都是人间最珍贵的。佛祖听后没有说什么就走了。

佛祖走后的一天，突然刮起了大风，大风把一滴晶莹的甘露吹到了蛛网上。蜘蛛看见这颗甘露，无比的高兴。它觉得这是自己几千年来最开心的一天。可惜的是，突然又来一阵风，把这颗带给自己快乐的甘露吹走了。蜘蛛的心情一下子就跌到了低谷，感到寂寞难耐。正在蜘蛛难受之时，佛祖又来了，向蜘蛛问了同样的问题：世间什么东西最珍贵？蜘蛛擦了一下眼角的泪水，想了想然后说：仍然是得不到的和已失去的。佛祖没有批评蜘蛛，只说，你还是到人间走一走，体验一下吧。于是，这只得道的蜘蛛就投胎到人间，成了一高官家里的小姐。一晃十六年过去了，这位小姐已长成了一位美丽的少女，取名蛛儿。

皇帝要给新中的状元甘鹿庆贺，于是就在后花园摆了一桌酒席，各个官宦家的小姐来了不少，其中就有蛛儿。新状元是诗词歌赋样样精通，迷倒了许多少女。可蛛儿一点也不在意。因为她知晓，这是佛祖为她安排的姻缘。

宴席之后，又过了几天，蛛儿陪母亲来庙里上香，正好遇见了新状元甘鹿也陪母亲前来。在两家大人聊天之间，蛛儿和甘鹿也终于有了单独见面的机会。可这短暂的接触中，蛛儿却没有感受到甘鹿对自己的喜爱。尽管蛛儿一再以圆音寺里那段蛛网上相遇提醒，可是甘鹿却没有一点儿特别的表示。于是，两人就各自跟随自己的母亲回家了。

蛛儿在不解间，时间又过去了好多天。一天，皇帝突然下旨，令甘鹿和另一位长风公主完婚，蛛儿和太子完婚。面对如此的婚配，蛛儿一脸的茫然，不知佛祖为什么要这样对她。

蛛儿处于痛苦之中，她不吃不喝，在生命即将消失之际，太子知晓了事情的原委。于是，太子来到蛛儿的床边，深情地说：那天在席间，我对你一见钟情，现在你死了，我也不活了。说罢就准备自杀。

这时佛祖出现了。面对躺在病床上的蛛儿，说：你可曾记得，那是风儿把甘鹿带到你面前的，也是风儿又把他带走的。甘鹿理应属于风儿。可太子不一样，他原是圆音寺前的一棵小草，他看了你三千年，可你却不理他。

望着处于疑惑中的太子和蛛儿，佛祖再次问了那个同样的问题：世间什么最珍贵？病榻上的蛛儿想了又想，看了又看，深思一阵后才说：世间最珍贵的当数现在可以把握的幸福！

　　佛祖满意地点了点头，再一次地离开了。蛛儿和太子相拥而泣，故事结束了。

　　这个故事告诉我们，凡事不可强求，只有把握了当下，我们才是幸福的。

第三十章

题 解

爆发战争，一定会疲敝民力，荒废耕作，使得田地遍生野草和荆棘，颗粒无收。战争过后，一定会有凶岁荒年，造成民不聊生。如果非要发动战争，达到一定的政治、经济、军事目的便应该立刻停止战争。从事战争并取得胜利，乃是出于不得已的做法，而不是主观上热衷争战。凭借武力称雄，虽能逞强一时，但到头来必定会遭到失败，走向反面。因为战争本身是不合乎"道"的。春秋传曰：杀敌为果。说的就是杀敌的目的不是为了侵略别人，又怎么能在天下称强呢？以理胜为胜，以力胜为强。物体强壮到了极点，也就开始衰老了。兵力强大到了极点，也就开始衰败了。

原 文

以道佐人主者，不以兵强天下，其事好还①。师之所处②，荆棘生焉；大军之后，必有凶年③。善有果而已④，不敢以取强⑤。果而勿矜⑥，果而勿伐⑦，果而勿骄，果而不得已⑧，果而勿强。物壮则老⑨，是谓不道⑩，不道早已⑪。

注 释

①**其事好还**：以武力强行称霸天下一定得不到好的结果。还，报应。

②**师之所处**：军队所到之处。师，军队。

③**凶年**：灾荒、疾病、灾害等频发之年。

④**善有果而已**：合理运用武力，成功就停下来。果，指获胜。《尔雅·释诂》："果，胜也。"已，停止。

⑤**取强**：指凭借武力争强好胜，为所欲为。

⑥**矜**：自高自大，忘乎所以。

⑦**伐**：自我吹嘘，自我夸耀。

⑧**果而不得已**：通过武力获胜是不得已而为之。意为发动战争并取得了胜利，是出于不得已的做法而不是主观上热衷于战争。

⑨**物壮则老**：物极必反，盛极必衰。意为凭借武力称雄称霸，虽然能逞强一时，但到头来必会遭到失败，走向衰亡。壮，强大。

⑩**不道**：不合于大道，违背道的原则。

⑪**早已**：早早衰竭、灭亡，意为很快就会失败。

译文

根据"道"的原则来辅佐君主的人，不会用武力来强行称霸天下。因果循环，强制应用武力必然会得到应有的报应。军队途经的地方，必定民不聊生；历经战乱之后，必定灾荒连年。所以，合理运用武力，达到成功目的就休兵，并不会凭借武力争强好胜。获胜了不要忘乎所以，获胜了不要夸耀，获胜了不要骄傲，以武力达到的成功是出于不得已，成功之后也不要逞强好胜。事物发展到了极致就走向衰竭，这就是不符合"道"的原则，而违背了"道"的原则，事物很快就会走向灭亡。

读解心得

这一章河上公取名"俭武"，辅相以道，则人心爱戴，而用兵争强，不足服人。战争是大规模地流血、死亡的残酷暴力行为，对社会的安定秩序、财富造成巨大破坏。古时候的大规模战争，也能造成数十万人的伤亡，如先秦战国时代的七强兼并战争，如孟子所说："争地以战，杀人盈野；争城以战，杀人盈城。"特别是战国时代中、后期大国之间的相互兼并，导致战争规模空前扩大，参战兵力动辄几万，乃至数十万人，杀伤人数也因兵器的改进而增加，常见的一次作战即斩杀数千、数万人以上，持续时间甚至长达三五年，使人民饱受战乱之苦。如公元前293年的伊阙（今河南洛阳市东南）大战，秦国大将白起指挥秦军斩杀韩、魏军二十四万余人；公元前262年的秦、赵长平（今山西高平西北）大战，秦国大将白起与赵国大将赵括交手过招，使只会夸夸其谈的赵括全军覆灭，最后，白起坑杀赵军降卒四十五万余人。所以，老子提出用"道""无为"来辅佐君王，不能以战争逞强天下。因为，用战争行为解决争端，最终的结果常常是：军队经过之处，荆棘丛生，颗粒无收。大战之后，必定是饥荒之年。因此，真正懂得战争危害的人达到目的就会停止军事行动，适可而止，绝不以军事实力来逞强称霸。取得了作战的胜利，达到目的，也不会自大，不会夸耀，不会骄傲，因为使用战争手段是不得已而为之，没有办法的办法。事物过于壮盛就会走向衰老，这是自然规律。违反自然规律，就会走向死亡。用战争军事逞强称霸天下的，必然会加速衰败。

空城计

《三国演义》里有一则"空城计"的故事。这则故事正好演绎了本章节的理论内容：善有果而已，不敢以取强。

在"三顾茅庐"中，刘备以自己的诚心打动了极具军事才能的诸葛亮，进而换取了诸葛亮一生对自己的追随。为了实现刘备"还于旧都"的夙愿，诸葛亮在北伐曹操的过程中，因为用错了马谡而意外失去一处军事要地——街亭。魏军大将司马懿在占领街亭后，马不停蹄，兵不休整，急忙率领自己的十五万大军向诸葛亮的驻地西城奔来。颇于算计的诸葛亮，面对来势汹汹的敌军，在身边无军可用的窘境里心生一计，告诉身边的侍卫，打开城门，清水泼地，做出一个毫无准备的假象。自己则带了一张古琴，来到城楼上，抚琴而歌，一副全然不在意的样子。

司马懿的先头军队一鼓作气而来，大有不活捉诸葛亮不收兵的样子。可当其先头部队来到城下，望着一反常态的诸葛亮，

祁山伐魏

乙丑六夕琼十子马骆写

● 诸葛亮祁山伐魏

道德经

心中顿生疑惑，不敢贸然进城。于是只好围住了西城，快马报于司马懿详情。不一会儿，司马懿也来到城下，望着城墙上抚琴而歌的诸葛亮，他也不知道怎么回事了。进城，本可以捉住诸葛亮，但司马懿却又怕中了诸葛亮的计谋；不进城，退回到街亭，司马懿又不甘心。此时，手下的将领们，一部分人主张入城，另一部分却又坚决反对，弄得司马懿一时没有了主意。在进与不进的犹豫中，诸葛亮的援兵到了，司马懿只好怏怏而去。

从表面看，"空城计"是诸葛亮的无奈之举。但从本质上讲，"空城计"却是一次不战而屈人之兵的案例。至少在这次战斗中，诸葛亮与司马懿两方的军队都没有因战争而伤亡。诸葛亮成功地把自己的军事才能发挥到了极致，实现了合理运用武力，达到成功目的就休兵的理念。

第三十一章

题 解

战争终究是不祥之物，但凡有知觉的，都会憎恶并且远远地躲开它，更不要说有道者。对战争应采取的最好的态度就是冷静、淡漠，即使打赢了战争，也不能称誉高兴。如果以取胜为追求，因胜利而自鸣得意，那么这就等于是以杀人为快乐。中国的古人很讲究礼仪，以丧礼的仪式来对待战争，足以表明反战厌武的基本态度。治国理政，军队是要有的，但军队的设置是为了抵御盗贼、敌国入侵等一些人为的灾害，而不在于取得胜利。

原文

夫佳兵者①，不祥之器。物或恶之②，故有道者不处。君子居则贵左③，用兵则贵右④。兵者，不祥之器，非君子之器，不得已而用之⑤，恬淡为上⑥，胜而不美⑦。而美之者，是乐杀人⑧。夫乐杀人者，则不可得志于天下矣。吉事尚左，凶事尚右。偏将军居左⑨，上将军居右⑩，言以丧礼处之⑪。杀人之众，以悲哀泣之⑫。战胜，以丧礼处之。

注 释

①**夫**：句首发语词。**兵**：兵器。

②**物或恶之**：人们一般都厌恶战争。恶，动词，讨厌，厌恶。

③**贵左**：以左为贵。古代人认为左阳右阴，阳生而阴杀，故贵左而贱右。《史记·淮阴侯列传》："兵法右倍山陵，前左水泽。"一般车子的座次也是以左为尊。到了战国时代

有了一些变化。《史记·廉颇蔺相如列传》："以相如功大，拜为上卿，位在廉颇之右。"

④ **用兵则贵右**：用兵打仗是祸事，故以右为尊，以示贬斥之意。贵右，以右为贵。

⑤ **不得已**：指无可奈何，情非得已。

⑥ **恬淡为上**：对战争采取的最好的态度就是淡漠。恬淡，指淡泊处之。

⑦ **胜而不美**：即使打胜了，也不扬扬自得。美，这里指夸耀，扬扬自得。

⑧ **乐杀人**：以屠杀百姓为乐。乐，动词意动用，以……为乐。

⑨ **偏将军**：反对战争的人。

⑩ **上将军**：主张战争的人。

⑪ **言以丧礼处之**：说的是用丧礼的礼仪对待战争。以丧礼，用丧礼的形式。以，介词。以此来表明反对战争的态度。

⑫ **以悲哀**：用悲哀的心情。**泣**：通"涖"，参与。

译 文

兵器是不吉祥的东西，人人都厌恶它，所以遵循"道"的人都不接触它。道德高尚的人认为左侧象征地位高，善于用兵打仗的人认为右侧象征地位高。兵器是个不吉祥的东西，不应该是道德高尚的人所使用的东西，只有在无可奈何的情况下才能使用它。最好用淡然的心来对待它。打了胜仗不要骄傲自大，若是肆意夸耀，那就是（宣扬）把杀人当成乐趣。（对于）那些喜欢杀人的人，一定不会完成称霸天下的志向。因此，有喜庆的好事时把左边当成是尊贵的象征，有残暴的坏事时把右边当成是尊贵的象征。不支持战争的将领在左边（表示吉祥），支持战争的将领居在右边（表示凶险），简言之就是要用葬礼的仪式来对待（战争）。（战争中）杀死很多人的时候，（我们）要用（葬礼中）悲伤的心情参与其中。打了胜仗，也要用葬礼的仪式来对待（死去的人）。

读解心得

这一章河上公取名"偃武"，此章谓兵者不祥之器，不可以为常也。老子生在春秋末年诸侯争霸的战乱时代。春秋战国时代，中国社会正发生着翻天覆地的大变革。"春秋之中弑君三十六，亡国五十二，诸侯奔走不得保其社稷者不可胜数。察其所以，皆失其本也。"当时，周王朝有名无实，诸侯纷纷各自为政，互相攻伐

上篇 第三十一章

一二九

兼并，社会混乱，民不聊生。在这样的社会政治背景下，老子极为关注战争对于百姓生计和经济发展的负面影响。他反对战争，抨击统治者的暴政，竭力主张人道主义，倡导小国寡民式的和平安宁生活，由此形成了他自己独特的战争观。这一章，老子谈到战争，认为战争应该是不得已而为之。因为战争除了穷兵黩武，就是家破人亡、妻离子散。杜甫著名的"三吏""三别"就是真实形象的写照。为什么会发生战争？大多数时候是因为一个"利"。古代为了争夺权力、土地，中国长达几千年的历史，时时硝烟弥漫，合合分分，分分合合，你方唱罢他登场。老子通过对历史上兴亡更替的深刻考察，充分认识到战争对人类社会带来的巨大破坏，对战争持反对态度。老子认为用兵是不得已，即使战胜也不值得庆贺，只能用丧礼的仪式去处理。一旦敌人战败，失去抵抗意志及力量，居于弱者地位，处境可怜，出于对死者的哀悯而给予生者的宽大，乃人之常情。战争是流血的政治，每当战争进行之中，常使人丧失理智，暴力泛滥，很容易使人误入歧途，所以宽恕对于战争至关重要。老子说："杀人之众，以悲哀泣之，战胜，以丧礼处之。"以这样的态度处理战争，即是对正义的最好诠释。老子反对战争但并不害怕战争。基于对战争巨大破坏力的认识，老子主张慎战。"夫天下神器也，非可为者也。为者被之，执者失之"（《道德经·二十九章》），"强梁者不得其死"（《道德经·四十二章》）。这两句话用在战争上，老子就是要告诫天下人，战争是不可以妄为的，妄为者必定失败，并且不得善终！所以，"善为士者不武"（《道德经·六十八章》），"是以圣人无为故无败，无执故无失"（《道德经·六十四章》）。现代社会，还有少数好战分子，他们披着维护和平、帮助发展、共同繁荣的外衣，干着侵略、掠夺、破坏和平的行径。殊不知，战争是一把双刃剑，不能固执，不可迷恋。发动战争的人，最终会被埋葬在战争的废墟之中。

经典故事

非　攻

　　战争是一把双刃剑，古今有识之士都在竭力阻止战争的发生。在古代有一位思想家墨子，"非攻"就是其核心思想之一。他凭借自己的智慧，成功地阻止一场即将发生的战争。

公输班是一位能工巧匠，他为楚国制造了许多用来攻打城池的云梯。经过一番辛苦的劳作，云梯制作完成，楚王准备用云梯去进攻宋国。这件事传到了墨子的耳朵中，于是，坚决反对战争的墨子准备去阻止这场战事。经过了一番思考，墨子从鲁国出发，昼夜兼程，走了十天十夜后终于赶到了楚国的都城，见到了自以为是的公输班。于是，两人间就展开了下边的对话：

公输班首先发问：墨子先生，你有什么指教的呢？

墨子看了看公输班，不紧不慢地说：北边有一个人侮辱了我，我想让你帮助我杀了他，以解心头之恨。公输班是一个聪明人，一听就明白了，这不是借刀杀人吗？心里很不乐意。于是，脸上就彰显出一丝不快。墨子见状，马上说：我多给你钱。公输班一听更生气了，说：我从不杀人！

墨子见自己的劝说初见成效了，于是，不慌不忙地站起身，向公输班郑重地行了礼，然后坐下说：那就让我说说这件事吧。我在遥远的北方就听说你制造云梯是为了攻打宋国。宋国有什么地方得罪过你吗？楚国幅员辽阔，有很多的土地。可是这宽阔的土地上却没有人民来耕种。战争会死人的，为什么要用不足的人口去争夺有余的土地，这可是一件非常愚蠢的事情呀。听到这里，公输班有些疑惑了。他不知道墨子还要说什么。墨子见公输班望着自己，于是接着又说：宋国没有过失，我们却要攻打他，这是件违背仁德的事情啊。你现在知晓了这样的道理而不去劝说楚王

● 墨子

停止进攻，这也是不忠的表现。你是一位民众，楚王是一国之君，如果你不能成功地劝说楚王，那么你就不是一个坚强的人。按照你的思维逻辑，你连一个人都不想杀却要通过楚宋之战杀死更多的人，这不能说明白事理。

见公输班被自己说服了，墨子问他：现在可以停止了吗？公输班却回答道：不可以。我已和楚王说了这件事。墨子听后说，那么就向楚王引见我吧。

见到楚王，墨子先给他讲了一个故事：现在有一个这样的人，自己有华丽的车子，他却偷了邻居家一辆破车；自己有华丽的衣服，他却把别人的破粗布衣服偷来了；自己有美味佳肴，他却要偷吃别人家的糟糠。大王你说这是一个什么样的人呢？楚王回答道：一定有偷窃的毛病。

墨子看了看楚王说道：你就是一个这样的人。接着说出自己的理由。楚王无话可说，想了又想，就把自己攻打的理由推在公输班的身上。指着公输班说：他为我制造了云梯，我只能攻打宋国。见自己不能阻止楚王，墨子又心生一计，他要与公输班在楚王面前模拟攻城的过程。经过一番推演，墨子赢取了胜利。楚王见攻打宋国没有成功的希望，只好无奈地说：那好吧，我们不攻打宋国了。

第三十二章

题 解

　　道是永恒的自然法则，故曰常；道没有任何属性可指，没有任何形式可称，故曰无名；道是宇宙万物滋生的原始材料，故曰朴；道至精至微，幽昧不可见，故曰小。王侯守道，则物服气和民化，就像阴阳二气互相融合，久旱之后降下甘霖，滋润万物，这就是所说的天地人皆融于道。道化成万物，于是就有了各种名字，但是我们又怎么能舍本求末因为各种名字而忘记了"道"呢？大江大海是天下之水的起源与归宿，山川峡谷只不过是水流经之处，虽然流经之处不同，但终将归于大海。正所谓"水流千遭归大海"，殊途同归。

原 文

　　道常无名①，朴虽小②，天下莫能臣也③。侯王若能守之④，万物将自宾⑤。天地相合以降甘露⑥，民莫之令而自均⑦。始制有名⑧。名亦既有，夫亦将知止，知止可以不殆⑨。譬道之在天下，犹川谷之于江海⑩。

注 释

　　①**道常无名**：道是永恒长存的。常，永恒。冯达甫《老子译注》："道是永恒的自然法则，故曰常。道没有任何属性可指，没有任何形式可称。故曰无名。道是宇宙万物滋生的原始材料，故曰朴。"

　　②**朴**：指"道"纯朴，平常。**小**：指"道"精微。

　　③**莫能臣**：没有谁能让它臣服。莫，否定代词，没有谁。臣，名词使动用，使……服从。

④侯王：指在上位的统治者。守：坚守，保有。

⑤自宾：主动臣服于"道"。宾，动词，服从。《尔雅·释诂》："宾，服也。"

⑥天地相合：天与地相互交融，这里指阴气与阳气相互交融。

⑦民莫之令而自均：没有人命令它，雨水也会不偏不倚地滋润大地。自均，自然均匀。均，平等。

⑧始制有名：万物兴起，于是便产生了各种名号以便加以区分。

⑨不殆：没有危险。殆，指危险。

⑩"譬道"二句：意为天下万物同"道"的关系，就如同小河小溪和江海，天下之水最终汇于大海。

译 文

"道"没有固定的外在形态，它质朴的特征微小到几乎看不到，世间没有能让它臣服的人。君主若能够坚守"道"的原则（治理天下），万事万物将会自己向它臣服。天与地的（阴阳二气）相互交融，就会下雨，没有人命令它，雨水也不会偏不倚地滋润大地。万物兴起时，就开始有了各种外在的名称。（名称确定下来）这时，它们的局限性就会显示出来，（如果）知道弊端和局限，就能远离危险。（如果）用比喻的形式来阐述"道"和天下万物的关系，就如同小河小溪和江海的关系。

读解心得

这一章河上公取名"胜德"，此章言守道则可常也。这一章在进一步肯定"道"为天下万物主宰的基础上，阐发"无为而治"的原则，强调处事必须顺其自然，适可而止，谦虚谨慎，以争取民心，最终达到大治。从理论上说，既然"道"是自然万物的主宰，它的存在与运动变化又是自然无为的，那么作为效法"道"而治的"圣人"或"君王"在治国理政方面也应该采取"无为"的方法。即所谓"道常无名，朴虽小，天下莫能臣也。侯王若能守之，万物将自宾"。这里所说的"万物"是人与现象事物的总称，"自宾"则指每个个体都自动地宾服皈依于"道"。这段论述是告诉执政者施行无为而治的益处，奉劝他们以"无为"之道管理政事才能符合人性、人心的需要，释放百姓的自我创造性。而从时代内涵上说，老子生活的春秋末年，正值社会转型时期，一方面，随着新兴封建制度的兴起，大批奴隶获得了人身解放，上升为平民或自由民；另一方面，新兴封建制度作为一种剥削制度，它仍旧保留了以前旧制度的专制性、贪婪性和强作妄为的干涉性。老子说的"民之饥，以其上食税之多，是以饥；民之难治，以其上之有为，是以难治"，以及说"法令慈彰，盗贼多有"等，即表明他的"无为而治"具有反压迫、反剥削、反干涉的时代内涵。由此，老子认为以前执政者所惯用的极端有为的掠夺模式是用不得的，因为"天下神器不可为也；为者败之，执者失之"。倘若继续使用它，只能招致政败国亡的下场。故老子以"道"为究竟，把"无为而治"作为理想的统治模式："我无为而民自化，我好静而民自正，我无事而民自富，我无欲而民自朴。"这里的"好静""无事""无欲"都是对"无为"思想的写状，并分别是针对统治者的扰民干涉、烦苛政令、放纵意欲而发的，其目的在于通过"无为而治"约束一下统治者的手脚，让百姓过上平安富足、自由和谐的生活。可见，老子"无为而治"思想的正面价值是应当肯定的。

在这一章里，老子提到了"有名"和"知止"。所谓"名"，就是事物的名称及其所代表之物所具有的可以让人感知和分辨的特征或界限，通俗地讲，就是"名字"和"名分"。"名字"和"名分"便是身份、地位及其活动范围的象征，每个人在自己名分所规定的范围内行事，保持应有的状态和秩序，不逾越，便是"知止"。"知止"是指知道"道"之所止，亦指"守道"。要求人们按照"道"的规范行事，知道自己可以做什么、应当做什么，不可以做什么、坚决不能做什么，为自然之"道"。"保此道者，不欲盈。夫唯不盈，故能蔽而新成。"遵从"道"的人做事不贪求圆满，知道适可而止，所以才能够历久而常新。

经典故事

以"道"治天下的"贞观之治"

李世民是一位令人称颂的君主。他的年号"贞观"出自《易·系辞下》一文，是"天地之道，贞观者也"一句的节选。"贞观"的意思是以正道示人，事实也的确如此。李世民的政绩历来为后人传颂。

人民不堪忍受隋炀帝暴虐无道的统治，终于在忍无可忍的情况下爆发了大规模

的起义。据学者研究，隋朝之前的北周曾经给隋朝留下六百多万户人口，因为没有战乱，物资积蓄又数不胜数。可是由于隋炀帝的残暴统治，隋朝的人口锐减，到了唐朝的时候，只剩下了二百余万户人口。人口锐减的原因，表面看是隋朝的统治，实质上则是连年不断的战乱。随着唐朝的建立，这一局面得到了缓解。在李渊的领导下，唐朝消灭了隋朝，平定了北方。李世民参与了这一过程。因其目睹了隋朝的兴亡与战争给人民带来的疾苦，他认识到农民对巩固唐朝统治的重要性，于是总结了隋炀帝失败的经验、教训，警诫自己及下属，调整政策，纠正隋炀帝的弊端。在厉行节俭的

●唐太宗虚心纳谏

政策引导下，百姓得以休养生息。这样的民生政策，既缓和了阶级矛盾，又稳定了社会生活，恢复了经济增长，增加了国家综合实力。

　　唐太宗非常关注吏治。他选贤举能，唯才是举。大兴科举，选拔各种各样的治国人才，不计出身，不计恩怨，就连做过铁匠的尉迟恭也得到重用。为了使自己免受蒙蔽，唐太宗鼓励部下进谏。谏臣魏徵的劝谏次数达二百余次。见贤思齐焉，又有魏徵这样的忠臣劝谏，唐朝终于有了"贞观之治"这样令人瞩目的成绩。

第三十三章

题　解

俗话说"人贵有自知之明"，能了解、认识别人的人是聪明、有智慧；能够自我认识，摆正自己位置的人才是真正的英明。王弼有言："知人者智而已矣，未若自知者超智之上也。"严复也说："智如烛，明如鉴。"可见"自知"比"知人"更为重要可贵。战胜别人，使他人屈从依附于自己，靠的只是血气之勇。因此，以力胜人，不是人们所崇尚的。能够战胜自己，超越自我，才是真正拥有力量。故知足常乐，身体力行，自强不息，外物就不能改变自我的志向。能够自知自强，就不会失其本心。人虽有生死，但道是不随生死而改变的。"形虽死，而性不亡。"

原　文

知人者智①，自知者明②。胜人者有力③，自胜者强④。知足者富⑤，强行者有志⑥，不失其所者久⑦，死而不亡者寿⑧。

注　释

①**知人者智**：能够了解、认清别人的人是聪明、有智慧。知，指了解，认清。

②**自知者明**：能够认识自我、摆正自己位置的人才是英明。

③**胜人**：战胜他人，使他人屈从于自己。

④**自胜者强**：能够战胜自我、超越自我，才是真正的强者。

⑤**知足者富**：知道满足的人就是富有之人。俗话说知足常乐、人心不足蛇吞象，就是这个道理。

⑥**强行**：坚持实践的人。

⑦**不失其所者久**：不丧失"道"的人就能顺利长久。

译 文

能够认清他人的人是聪明、有智慧，能认清自己的人是英明。能够战胜他人的人拥有一定的力量，能够战胜自己的缺点和弱点的人才是真正的强者。懂得满足的人是富有的人，坚持不懈地实践的人是志向高远的人。不失去道的根基的，就能顺利长久；没有了生命却（因为留下了"道"）被人们记住的人，才是真正的长寿。

读解心得

这一章河上公取名"辩德"，能够自知，智慧也就来了。这也应了古人所说的"人贵有自知之明"。现实中的人常常很苦恼，因为有太多的欲望无法满足，再有可能就是缺乏自知之明。人生在世，面对五彩斑斓的世界，人人都会有无穷的欲望，这个很正常，但如果想把种种欲望都变成现实，那就是不现实的。古代的帝王，他们拥有至高无上的权力。"普天之下，莫非王土；率土之滨，莫非王臣。"他们吃尽美食，享尽美色，穿尽华服，这一切都实现了，可他们还想江山永驻、长生不老。于是嬴政给自己取了"始皇"的名号，希望自己的子孙能够二世、三世地把江山传下去。他更是到处寻求仙丹妙药，以求长生不老，但人终归是要死的，哪管你是皇帝还是百姓，这就是"道"。作为普通人，我们无法跟帝王相比，我们有太多的欲望无法实现。这已经让很多人无比痛苦，而更加痛苦的是，他们缺乏自知之明。别人的几句夸奖、赞美，就让他们飘飘然，觉得自己好伟大，完全没有考虑在这些话的背后，说这话的人的目的是什么。一旦这种美梦被打破，他们的人生就是一地鸡毛。

喜欢听好话，是人普遍的心理，关键是听了好话之后如何对待这些好话，尤为重要。这时就显出了人的智慧，所以说"人贵有自知之明"。《战国策·齐策》中的邹忌就很有自知之明，没有被旁人的吹捧搞昏了头脑，他说："妻子美我者，私我也；妾之美我者，畏我也；客之美我者，欲有求于我也。"这里，他把吹捧者的内心揭示无余，因此也就不会被"妻""妾"和"客"所欺骗。吴王夫差也是一个喜欢听好话的人，他的身边又恰巧有一个善于说好话的伯嚭。可怜这夫差，听了好话就信以为真，他以为越王勾践真的臣服了，以为西施真的就只有美貌而已，以为伍子胥老糊涂了，结果不但丢了江山，还丢了性命。还有喜欢听好话的乌鸦，狐狸夸它有美丽的歌喉，它就信以为真了，最后是到嘴的美味被狡猾的狐狸骗走了。人生不易，既要知人、胜人，更要做到自知、自胜，这样才有可能成为人生的赢家。

管鲍之交

在这一章的论述中，老子旨在强调"道"的永恒存在和如何根据"道"的要义去为人处世。而"管鲍之交"则正好能够说明这样的内容。故事的具体内容是这样的：

管仲与鲍叔牙都是非常著名的谋士。管仲又叫管夷吾。尽管他有才能，但其家境贫寒，正如古语所云"君子固穷"所讲的那样。有一天，管仲与鲍叔牙成了朋友。通过彼此的交往，鲍叔牙发现管仲很有才。但在彼此的交往中，管仲却喜欢侵占鲍叔牙的一些财产。鲍叔牙也因其窘境贫穷，一直忍让管仲，从不抱怨。当两人成年之后，管仲与鲍叔牙选择了自己不同的辅佐对象：鲍叔牙选择的是齐国的公子小白，管仲选择的是公子纠。众所周知，公子小白与公子纠不合。于是，在小白成为齐桓公之后，公子纠就被他杀害了，作为谋士的管仲也因此而被囚禁在监狱里。当鲍叔牙知晓此事之后，就极力向桓公保举管仲并把管仲

● 管仲

的才能说给桓公听。于是，桓公决定任用管仲。在管仲的精心辅佐下，齐桓公大展宏图，成了一代霸主。

在谈及自己与鲍叔牙的交往时，管仲颇有感慨地这样说：当我处于贫困的时候，曾经和鲍叔牙一起做生意。但每次分利的时候，往往我都多要一些。鲍叔牙总是得到很少的一部分。尽管如此，鲍叔牙也不认为我是一个极其贪婪的人。因为，他了解我的贫困。后来，我为鲍叔牙谋划事情，结果却又事与愿违，往往会使鲍叔牙处于一个尴尬的境地。即使这样，鲍叔牙也不认为我是一个愚笨的人。因为他知晓，成功源自天时、地利、人和，缺少其中的一样，都不能获取最佳的效果。我除了辅佐公子纠，还辅佐过其他的人。但是，我却多次被这些人辞退。可是，面对多次失败的我，鲍叔牙却不认为我无能。因为，他知道我那是时运不济。我参加过多次战争，但我在战争中却多次退却，可鲍叔牙却不认为我是一个胆小鬼。因为他知道我家中的老母需要我奉养。当公子纠被小白杀死后，众多的同僚都以自杀终结了自己的一生，可是我却在监狱里苟活。因为鲍叔牙知晓我不拘小节。生我的人是我的父母，了解我的人是鲍叔牙啊！

管仲被重用之后，鲍叔牙的官职位于管仲之下，但鲍叔牙不抱怨，不后悔。因此，鲍叔牙的后代都在齐国享有俸禄，这样的情况一直延续了好几代人。鉴于这样的情况，后代的人一般都不怎么称颂管仲的才干，而是称颂鲍叔牙能够识别管仲的才能。这就有如韩愈在《马说》中对伯乐的渴望一样，没有伯乐，与千里马一样的人才很难有用武之地。

第三十四章

题 解

老子强调"道"是无意识的，这一章指出"道""常无欲"。"无欲"就是无欲望。"常"就是永恒，因此"道"不是一般的无欲，而是永恒的无欲。这说明"道"是没有任何意识行为的自然的客观存在，而且"道"是不以人或其他什么意志为转移的独立存在。它也不发布任何命令，而是一切听其自然，但对万物它是"万物归焉而不为主"，这表明"道"本身也是无意识的。所以说"道"是自然无为、客观、无意识的存在，它的存在、发展、变化是一个纯粹的自然过程。从"道"不做万物的主宰，始终处于无欲无念状态这一属性看，"道"可以被称为渺小卑微。从万物都归附于"道"这一点看，"道"又可以称之为博大。从不以伟大自居，这恰好成就其伟大。

原 文

大道氾兮①，其可左右②。万物恃（shì）之以生而不辞③，功成不名有④，衣养万物而不为主⑤。常无欲⑥，可名于小⑦；万物归焉而不为主，可名为大。以其终不自为大，故能成其大⑧。

注 释

①氾：泛滥，水向四面乱流。这里用来形容"道"普遍存在，无所不至。

②左右：指"道"无所不在，左右逢源，在天地之间无限延伸。

③不辞：不言语，不声响，意为不予干涉。

④功成不名有：成功之后，却不据为己有、自居其功。

⑤衣养：抚养。不为主：不自命为（万物）的主宰。

上篇 第三十四章

一四一

⑥**常无欲**：指从来没有欲望。

⑦**可名于小**：可以称为渺小。

⑧**故能成其大**："道"从不以伟大自居，反而最终成就了它的伟大。

"道"的存在非常普遍，天地间无所不在。万事万物都凭借它（的供养）生长，但是"道"对万物却从不干涉，成功之后，成就了事业，却不自居其功，养育万物但是却不自视为万物的主宰。"道"从来没有欲望，非常的渺小，但是让万物臣服却又不主宰万物，它又是非常的伟大。也正因为它不自大，才能成就它的伟大。

读解心得

这一章河上公取名"任成"，成光大之德者，皆由于法道。老子认为，世间的万事万物都是由一个"道"所衍生出来的，遵从"道"，"无为而治"，也就成就了大德。"无为"可以用于为政，也可以用于为人。用于为政，即是顺其自然，不是刻意标榜自己，也无意去表现自己，更不是为了一个私人目的而去作为；没有任何炫耀，也不带任何个人目的，只是为做事而做事，只是为治世而治世，不掺杂任何个人因素，也不刻意夸大和炫耀自己的政绩形象。用于为人，则是无我无私的精神境界，一种退身、忘私、公而忘己的治世态度，是一种以无私的胸怀对待苍生民众的豁达情怀。基于这种远大胸怀，老子心目中的理想人格是"成功遂事而弗名也，万物归焉而弗为主"，它生长万物、扶助万物、化生万物而不占有，滋养万物而不去主宰，功成名就而不居功自重，成就万物而不据为己有，这更是一种大人格、大境界。同时，正因为"无为"才能成其大"为"，所以老子主张"贵以贱为本，高以下为基"，失去统治之本、地位之基，执政者的统治也难以长久稳定。因而，位高者应该把"贱""下"作为成就大业的基础和根本，从"毫末"做起，进而形成"九层之台""百仞之高"。老子理想中的政治是"无为"而"自化"，老子将自己的政治理想熔铸在一种"无为"的治世原则下，从而体现出一种至大、至高、至远的政治抱负和政治视野。

淡泊明志，宁静致远

伯夷和叔齐是中国古代两位著名的贤人，他们都生活在孤竹国。由于相同的兴趣爱好，两个人经常在一起讨论、学习。一天，伯夷对叔齐说：我听说有一个得道之人生活在遥远的西方，我们应该去向他探讨一些问题。叔齐听后也很兴奋，于是两人决定前去拜访这位高人。

正当两人经过岐山的时候，叔齐与伯夷的事情被武王听说了。于是，武王就让自己的弟弟周公旦去挽留他们，不仅和叔齐、伯夷结盟，还要给他们两人加官晋爵。

伯夷与叔齐两人感到很奇怪，于是笑着对周公旦说：这不是我们要寻找的"道"。早在神农氏的时候，他就领着部下按时祭祀，尽力寻求他们的护佑，以期实现风调雨顺、五谷丰登；对于百姓而言，神农氏也极力鼓励他们参政，从事治理天下的重任，从不在别人危难之际取得自己的胜利，从不因为别人处于危难之中就落井下石，从不因有机遇就图谋不轨。

周公

易繫文解詩歌德音
道隆德盛聖誠赤心

● 周公旦

现在的周国人怎么看到殷商政局不稳就想趁乱消灭他们呢？用发动战争的方法来取得殷商的天下，这不是我们所追求的。现在周人的做法已经违背了"道"，已经损害到了自己的"德"。因此，我们不如逃离周国，去保持自己的纯洁。

于是伯夷与叔齐两人就来到首阳山，在那里不吃不喝，最终饿死在山上。伯夷与叔齐饿死的故事告诉我们，具有高尚气节的人不会同世俗同流合污，即使不能自得其乐，他们也要以死明节。这就是"道"的作用啊。

第三十五章

题　解

　　无象之象，故曰大象；大象无形，大音希声。大象犹大道。掌握大道之人，能够体会到道，并且顺从于道。"道"是天下万物的起源，万物天生就有"道"，就像孩子天生就依附母亲一样。人如果心存私心，就会对万物造成伤害。只有圣人能够忘却自我，心存诚意，所以物我两不相伤。庄子说：圣人处物不伤物。人不伤物，物亦不能伤人。这样普天下就能平和安定。如果不能掌握大"道"而只拘泥于小"道"，就像动听的音乐和美食，也能让过客停下脚步，也能让路人驻足片刻，但终会曲终人散。庄子说"蘧庐止可以一宿"，说的就是这样情况。大"道"虽然空蒙无色无味无声，但人们却可以得到它，它的作用也是无穷无尽的。

原　文

　　执大象①，天下往②。往而不害③，安平太④。乐与饵⑤，过客止。道之出口，淡乎其无味，视之不足见，听之不足闻⑥，用之不足既⑦。

注　释

　　①执大象：掌握大"道"。大象，指无形之象，大象无形，指老子思想中的"道"。河上公注："象，道也。"成玄英注："大象，犹大道之法象也。"

　　②天下往：普天之下都来归顺他。往，向往、归顺。

　　③害：妨碍之意。

　　④安平太：于是安定和平。安，于是。

　　⑤乐与饵：音乐和美食。

　　⑥"视之"二句：意思是"道"的本质，如果用眼睛看，用耳朵听，是看不见、

听不到的。

⑦ **用之不足既**："道"虽然看不见、听不着，无色无味，但它却是无处不在，它能发挥的作用是无穷无尽的。既，用尽、完结的意思。

译 文

谁掌握了"道"，天下的人们便都来投靠他。在投靠的过程中并不互相妨害，呈现出安泰、宁静的状态。在路边安放音乐和美食，过路的人都为之驻足。用言语来表述"道"，是平淡而无味的；用眼睛看"道"，是看不见的；用耳朵聆听"道"，是听不见的。而它的作用，却是取之不尽，用之不竭的。

读解心得

河上公曰"仁德"，在这一章节的论述中，老子主要阐释了自己的政治主张。在此老子以"象"喻"道"，基于当时纷争的社会现实，辩证而形象地表达了自己对政治的思考。

在阅读这一章"象"喻"道"的政治见解时，有以下几方面的问题值得读者关注：首先，"道"是凝聚天下人的核心力量。正可谓"得道者多助，失道者寡助"，有且只有统治者按照"道"的规律去实施自己的统治，天下的人才会归顺他。关于这一点，老子的观点与孟子的观点颇为相似。因此，才会有这样的事情发生："寡助之至，亲戚畔之。多助之至，天下顺之。以天下之所顺，攻亲戚之所畔，故君子有不战，战必胜矣。"对于战争是这样，对于其他事情也是这样。只要统治者能够"以天下之所顺，攻亲戚之所畔"，就会取得成功。其次，"道"的实现是一个持续的过程。只要统治者能够按照"道"的要求去实施自己的统治，那么天下人就归顺他，但是并不意味他的成功。对于这些前来归顺的人还要持续按照"道"的要求去实施自己的统治行为，否则，暂时的归顺也会出现"亲戚畔之"的行为。因此，"道"会体现统治者全部的统治行为之中。所以说，归顺是一件事，归顺的和平安泰又是一件事，但这些所有的事情却都与"道"密切相关。最后，"道"的影响是无限的。"道"虽然无形，但可以感知。但这凭借感知而存在的道却有着深远的影响。因此，如何感悟道，如何践行道，应该是所有统治者的必修课。

神秘的"道"

　　"道"是不可言说的，但是它却是可以体悟的。因此，很多人都想知道"道"的内涵，可又有许多人讲不清"道"的内涵。下边的这则故事就形象地诠释了这样的道理。

　　古代有一个很聪明的人，叫作"智"。有一天，他来到了玄水的边上，碰巧遇到了另一位名人——无为。一阵寒暄之后，智准备向无为请教自己心中的困惑：什么是道？或者说，道是什么？对于这个问题，他已思索了很久，始终没有一个正确的答案。因为不知道什么是"道"，我们就无法在日常生活中遵循"道"，去以"道"的标准来约束自己的行为。无为也没有想到智会问自己这样的问题，于是，他深思不语。看见无为深思不语，智很是着急，于是就一而再，再而三地问。但是无为始终没有回答他，于是智就知趣地走了。当走到白水河岸边的时候，他在一座小山上遇到了另一个名人——狂屈。于是，智就把自己遇到无为的经过告诉了他。因为始终想不明白"道"是什么，智就又向狂屈提出了相同的问题。狂屈想了想说：我也不知道怎么回答你，虽然我知道"道"是什么，可是想说的时候，又无法表达自己的意思了。这时，黄帝过来了。听了两人的谈话后，黄帝说，只有不假思索才能回答什么是"道"，只有无所作为，才能符合"道"的要求。"道"，就是这样啊。智想了想，似乎明白了。于是，他又向黄帝问了另外一个问题：那么无为与狂屈两个，哪一个是更接近"道"的人呢？黄帝看了看智，没有回答就走了。

　　智望着黄帝的背影，想了很久，终于明白无为与狂屈两人的区别：虽然无为看似没有回答自己的问题，但他却是一个知道"道"的人；而狂屈虽然向自己解释了"道"，让自己好像明白了一些道理，但他却只是一个接近"道"的人。这就是黄帝要告诉自己的内容。

第三十六章

题　解

老子对辩证法的论述生动形象。"柔弱胜刚强"，这是老子重要的策略思想。在老子看来，事物都是处在不断变化、周而复始的变化状态之下。盛极而衰，弱而转强，这是自然的法则，因此水滴石穿、绳锯木断，柔弱能够战胜刚强。想要它，就先让它强大，这样做的目的，是让事物盛极而衰，走向反面；想要废除它，一定要先让它兴盛；想要夺取它，就一定先给予它。因为甘心处于柔弱的一方，最终能够战胜刚强的一方。事物在走向极盛的同时，已经有衰败的因素包含在里面，走到了顶点，也就是走到了尽头。鲜艳的花朵从绽放那一刻起，便已聚集了所有的精华。短暂的绽放之后，就是凋零和枯萎。

原　文

将欲歙之①，必固张之②；将欲弱之③，必固强之④；将欲废之，必固兴之⑤；将欲夺之⑥，必固与之⑦。是谓微明⑧。柔弱胜刚强⑨。鱼不可脱于渊⑩，国之利器不可以示人。

注　释

①**将欲歙之**：想要使它收敛。歙，关闭、收敛之意。

②**固**：通"姑"，姑且。**张**：扩大、扩张。

③**弱之**：形容词使动用法，使……削弱，即弱化。

④**强之**：形容词使动用法，使……强大，即强化。

⑤**兴之**：形容词使动用法，使……兴旺，即振兴。

⑥**夺**：取得。

⑦**与**：给予。

⑧**是谓微明**：这是洞察细微之处的明智。引申为极其微妙的谋略。

⑨**柔弱胜刚强**：甘心处于柔弱的一方，最终能够战胜强大的一方。以弱胜强是老子重要的思想之一。在老子看来，任何事物都处在不断的发展变化之中，盛极而衰，物极必反，所以由弱转强是自然的法则。

⑩**鱼不可脱于渊**：鱼儿不能离开水，否则很快就会死亡。借以说明人们时刻不能离开"道"，否则也会处处碰壁，最终失败。

译 文

如果想要收拢它，一定要先扩大它；如果想要削弱它，必先加强它；如果想要废弃它，一定要先振兴它；如果想要夺取它，一定要先给予它。这就是事物自身微妙的征兆。柔弱终将战胜刚强。就好像鱼不可以脱离池渊而生活，国家刑法等政教制度不可以随便向他人炫耀一样。

读解心得

这一章河上公取名"微明"。"此章示消息盈虚者，理之常。而守柔弱者，不入其极也。"老子将任何事物都分成了矛盾的两个方面，如阳和阴、高和低、积极和消极、肯定和否定等，它们是相互对立的。这种矛盾现象遍及天地万物，包括自然界、人类社会、精神世界等。事物矛盾的两个方面虽然是对立的，但也是相互依存、相互依靠的。"天下皆知美之为美，斯恶矣；皆知善之为善，斯不善矣。有无相生，难易相成，长短相形，高下相盈，音声相和，前后相随。"如果矛盾的一方不复存在的话，那么它的另一方也就自然消失了，但如果矛盾的一方产生的话，那么它的另一方也就一起出现了。因此，天地间没有单独的矛盾的一方或者是另一方，而始终是矛盾的双方共同存在。更重要的是，矛盾的对立双方不仅是共同存在的，而且也是相互转化的。在转化之中，事物从自己变成了其对立面。"曲则全，枉则直，洼则盈，敝则新，少则得，多则惑。"事物的发展之所以如此，是因为它自身作为矛盾的展开表现为一个过程，也就是从开端到终结，又从终结到开端，如此循环不已。

老子非常重视事物的转化，并认为它是事物发展过程中的必然。当一个事物最终走向否定性的时候，却最先呈现其肯定性。"将欲歙之，必固张之；将欲弱之，必固强之；将欲废之，必固兴之；将欲取之，必固与之。是谓微明。"这里的"欲"并不是人的主观愿望，尤其不是人的欲望，而是事物变化的趋势。因此，这里所论的肯定或否定的变化，不是人的阴谋，而是事物的规律。在否定性之前的肯定性，老子认为是事物自身微妙的征兆。这在于事物自身的肯定性包括了否定性，而否定性也包括了肯定性。但老子更强调事物发展中的阴性、消极性和否定性，而不是阳性、积极性和肯定性。这是因为前者是事物的开端，而后者则是事物的结局。然而，老子认为"道"的存在即虚无的本性，事实上并没有一般矛盾的对立，因此，人们必须放弃固守矛盾的任何一端，而超出矛盾。"是以圣人处无为之事，行不言之教；万物作而弗始，生而弗有，为而弗恃，功成而弗居。夫唯弗居，是以不去。"圣人的言行是没有矛盾的。他不是克服事物已经存在的矛盾，而是远离任何矛盾，不会产生任何矛盾，最终达到没有任何矛盾的"道"本身。

经典故事

柔弱胜强

在老子的辩证法思想体系里，以柔弱胜刚强是一个值得我们思索的理念。在《淮南子·缪称训》里有一个老子自身经历的故事，它的主题就验证了老子的这一思想。

相传老子向一个叫作商容的先生求学。在讲习的过程中，有一天商容忽然生病了。作为一名学生，老子理应去探望生病的老师。看到学生来探望自己，商容就决定抓住这次机会，于是商容问站立在病床前的老子：人是先有牙呢，还是先有舌头？这是一个很简单的问题，稍有常识的人都能回答。于是老子就说：先有舌，后有牙，这是都知道的啊。这时，商容张开了嘴让老子看。老子看了又看，始终也没有看见商容的牙。见到老子有些疑惑，商容就问老子，你看到我的牙了吗？老子如实回答，早已掉光了。舌头呢？商容又问。老子说：还在。商容继续问老子：那你知道这是为什么吗？老子摇了摇头。商容说：牙比舌头硬。因为它过于刚强，所以牙就先脱落了。舌头因为自己柔软，所以它依然还在。在人的口中，舌头与牙齿的关系是这样，在世间，万事万物也是这样。于是后来老子把这次的感悟缩略成"满齿不存，舌头犹在"，并时常地把这个故事告诉自己的学生。

这个故事到此还没有结束，有人把这个故事的主人公换成了孔子与老子。老子在故事里扮演着"商容"的角色，而孔子也俨然成了另一个老子。虽然还是重复"舌头"与"牙齿"的故事，但在又一次的重提中，柔软克刚强的道理更加容易使人明白了。这正可谓"大道无形，道在口中"。用故事讲"道"，用"道"来演绎故事，这是圣人的高明之处。

羊祜故事

在《三国演义》中也有一则以柔克刚的故事，这个故事是一百二十回中的主要内容，原题为"荐杜预老将献新谋　降孙皓三分归一统"。

魏国终于消灭了它的心腹大患——蜀国。为了安抚那里的百姓，羊祜被国王派去襄阳镇守。襄阳是一个军事重镇，它可以防备东吴对魏国的侵犯。陆抗是东吴的一位大将军，他也正准备趁魏国立足未稳之机，夺取襄阳。因而此时的羊祜可谓是奉命于危难之间，于是接到圣旨后，他就立即率部下占领了襄阳，当获知陆抗前来攻打自己的消息后，他就做好了迎击的准备。

羊祜是一个很有心计的大将。他不但具备杰出的军事才能，而且还很会治理地方政务，所以很受襄阳百姓的爱戴。当听说自己辖区内有吴国的降将、士兵准备回到吴国后，他就很自然地放走了这些降兵、降将。虽然备战，但羊祜也不忘生产。他一边减少巡逻的士兵，一边扩大农业生产，一年之后，他的战备军粮就非常充足了。羊祜也经常穿着便装到处巡视，与士兵建立了很好的关系。

一日，侦察兵来报，吴国的士兵防守懈怠，是一个可以乘机消灭陆抗的机会。听到报告后，部下的许多将士都纷纷要求上前线，准备消灭吴国的军队。可羊祜却不以为然。

●羊祜

道德经

他笑着说：你们太小看陆抗了，陆抗也是一个足智多谋的人。面对众人的不解，羊祜就讲起了陆抗的趣事。最后羊祜说，消灭陆抗不是一件容易的事情，这需要等待时机。见到主将有自己的想法，众将领退下后，各自都忙自己的事去了。

又过好多天，羊祜带领自己的部下去打猎，看见对面也来了一队打猎的人。仔细瞅瞅，原来是吴国的陆抗和他的部下。羊祜要求自己的部下不要越界打猎。见到羊祜如此地约束自己的军队，陆抗暗暗地佩服。于是，两国的将领各自回去了。

回到营地后，羊祜命令部下仔细检查所获的猎物。如果有吴国军队先射伤的，就要归还给吴国。吴国军士见到对方送回了自己的猎物，非常高兴。陆抗听说后，也觉得奇怪，于是就想乘机打探一下羊祜的情况。他召来送猎物的士兵，问道：你们的将军——羊祜喜爱喝酒吗？士兵回答：他只好喝好酒。陆抗看到了机会就托送猎物的士兵给羊祜带回了一壶自己酿造的好酒，以谢他归还猎物的情谊。对此，大家都不理解，于是陆抗告诉大家：羊祜对我们这样友好，我们也理应这样对待他。

士兵回来后，羊祜让众人喝陆抗送的酒。众人都担心酒里有毒，谁也不喝。羊祜哈哈大笑，然后说：陆抗不是那样的人。不必怀疑，大家喝吧。羊祜和部下一起喝了陆抗送来的酒，从此就揭开了两个敌对军队之间相互交往的序幕。一天，羊祜听说陆抗病了，就派人给陆抗送去了自己配制的药。陆抗的部下也担心药的安全，坚决不让陆抗服用。可陆抗的观点与羊祜一样，他也认为羊祜不会使用这样的手段来害自己，于是就服下了羊祜送来的药。不久陆抗的病就好了。面对前来探望自己的部下，陆抗很有感慨地说：羊祜施行恩德而我们却要通过战争的手段来攻打他们，这就是我们的不对了。如果时间长了，羊祜就会通过这样的施德手段来战胜我们。于是命令自己的部下，再不要过多与羊祜的部下接触。

第三十七章

题 解

老子的"道"，有天道，也有人道。遵从天道，就要顺其自然，不妄自作为，看似无为，结果却恰恰是任何事情都可以做成，水到渠成，一切遂愿。遵从人道，则是摒弃各种私欲，无欲无求。依据"道"的理念看世间万事万物，其生长、发育都是自然而然的事。天地万物如此，人的思想行为方式也应该如此。人要按照"道"的"自然"和"无为"的本性，保持"清静无为"状态，把握好自己的思想情绪和行为尺度，遵从事物发展的客观规律，而不以自己的主观意志横加干涉，使之最后出现"无为而无不为"的局面。天下之事物极必反，阴极生阳，阳极生阴。成事之人，常以柔弱自处，大智若愚，反而成就他千古流芳。

原 文

道常无为而无不为①。侯王若能守之②，万物将自化③。化而欲作④，吾将镇之以无名之朴⑤。无名之朴，夫亦将无欲⑥。不欲以静⑦，天下将自定⑧。

注 释

①**无为**：遵循自然规律，不妄为。**无不为**：没有不能成功的。

②**守之**：即遵守"道"的原则。之，代词，这里指"道"。

③**自化**：自我生长，不受外界的干预和影响，完全出于自然的本性。

④**欲作**：私欲萌生。欲，指人的欲望。

⑤**吾将镇之以无名之朴**：我将用"道"来压抑、控制各种私欲。朴，质朴，为"道"的特征。无名之朴指"道"。

⑥**夫亦将无欲**：不再有各种欲望。

⑦**不欲以静**：无欲而安静。不欲就是无欲，无欲便无求。以，连词，相当于"而"。

⑧**天下将自定**：天下便自然而然达到稳定、安宁的状态。

译文

"道"经常是顺其自然的，但是没有一件事是它做不到的。王侯如果能根据"道"为政治民，天下万物将会自我化育、自生自长。此后如果产生贪欲时，我就要用"道"来控制它，就不会产生贪欲之心了。消除贪欲、守静处事，天下便自然而然达到稳定、安宁的状态。

读解心得

这一章河上公取名"为政"。"推天道以明人事。"对于自然世界，老子反对对万物加以干涉，提倡随顺万物自性发展。那么落实于统治阶级为政，老子自然也反对上者强作妄为，肆意任为，主张清静无为，淡然而为。道化成万物，但其"生而不有，为而不恃，长而不宰"，即道虽生育万物，但却并不据物为己有，占物为己私。老子认为，上者应当效法"道"，即上者虽处上位，但不能留意于功名，执着于利禄，更不能有点功绩就沾沾自喜，而应知悉自己的责任只是"辅万物之自然"而已。上者若从一己之私意出发，逞私智而用，那就是背道而行，违背了天地运行的根本原则。故只有清心寡欲，清静恬淡，上者才能恪守天道，行"无为"之政。因此，只有以"自然"为用，行"无为"之政，方能使百姓安居乐业，其乐融融，实现社会的长治久安。

老子提倡"无为而治"，是针对现实"有为而治"的政治状况而言的。如何理解老子思想中的"有为"？这是理解老子"无为"思想的关键。人们一般从为政者的干涉、妄为的角度来解读"有为"，但若仅仅从这一层面理解老子的"无为"思想，是远远不够的。在老子的思想中，除了外在的干涉、妄为，还有内在的干涉、妄为。"民之饥，以其上食税之多，是以饥"，赋敛之重，这是外在的干涉。"民之难治，以其上之有为，是以难治"。此处的"有为"就是"以智治国"。而其"智"非正"智"，乃是世俗之"智"，若其"智"任用泛行，则流于巧诈、骄矜，"以智治国"就意味着将己意奉为圭臬，强行推之于世，以之为判断善恶、对错的标准，使天下之意归于一，一归于己。这就是内在的干涉。表面上看，为政者都在努力于治国安邦，但南辕北辙，这些行为在老子看来，恰恰是乱国扰民的行为。因为这违背了人性的根本。一物有一物之性，一人有一人之性。人和物只有在本性之中，才能自在、适意，成为其自身。如果为政者确立统一的标准，强行去改变人和物的本性，那就是一种人为的干预。聪明的为政者抛弃己意，顺应民意。只有在这无所干预中，每个人才能各遂其性，任性而行。

经典故事

大禹治水

大禹治水的故事最能诠释这一章节中老子的观点。只有不违背自然规律，才能实现自己的目的。在看似无为之中实现自己有为的目的。

据传说可知，尧在位的时候，黄河水患就让人苦不堪言。于是，尧准备治理这条母亲河。尧首先考察了黄河泛滥成灾的事实。他一路走来，满目所见均是被河水冲毁的房屋，被河水淹没的农田，被河水淹死的普通民众。尧一边擦着眼角的泪水，一边思考如何治理黄河水患的问题。思来想去，他想到了一个治水的能人——鲧。鲧是一个勤劳的人，他毫不犹豫地接受了尧布置的治水任务，开始了漫长的治水之路。一年四季，鲧都奔走在治水的路上。他一边考查水患的情况，一边和自己的部下研究治水对策。在风雨中，在烈日下，鲧和自己的部下不知疲倦地工作着。时光匆匆，一次次地治理，一年年地失败。一晃九年过去了，黄河的水患仍然没有治理好，但鲧自己却老了。面对治理过的

● 封禅大禹

地方，再次遭受水患的袭扰，鲧痛心疾首，尧心生怒气。为了惩戒鲧的失误，更是为了彻底治好黄河水患，尧杀了鲧，以儆效尤。

没有人治理水患是不行的。为了早日治好黄河，禹继任了父亲的工作。他认真地总结了父亲失败的缘由，觉得应该采取疏浚的方式。于是，他组织了一批人，在考察地形的基础上，一改自己父亲围堵治水的方法。依据水流的方向，他让自己的手下疏通原本被阻断的河床；依据地势的高低，他把原本存在于高处的积水成功导流到地势低洼处。依据水患形成的不同缘由，他灵活地采取不同的疏浚方法。

禹治水的工作开始初显成效。在总结经验的基础上，禹坚定了自己的信心，确定了自己的治水原则，开始了漫长的治水之路，他三过家门而不入被历代人称颂。据传说，当禹的儿子启诞生之时，正好是禹初过家门之日。虽然他从门外听到了启的哭声，但为了不耽误治水，禹过门而不入。第二次过家门的时候，启已经能够喊他爸爸了。听着儿子的呼喊，禹又只能向启挥手而别。因为，禹要治理水患。第三次过家门的时候，启长得更高了，他飞快跑了出来，直奔自己的父亲。可禹又头也不敢回地离开了……

大禹治水成功了。从大禹治水的过程中可知，他之所以要采取疏浚河道的方法治水，那是因为他了解了水患形成的自然规律。他之所以能够成功治水，那是因为在遵守自然规律的同时，还有坚忍不拔的工作态度。

上篇 第三十七章

下 篇

第三十八章

题 解

河上公曰"论德"。在传统的研究中，从三十八章之后到全书的结束，被称之为《德经》。本章是《德经》的开始。在具体的论述中，"德"的论述是与"道"的论述和谐统一在一起的。没有对"道"的理解就无从感悟"德"的内涵，没有对"德"的把握也不可能感悟"道"的存在。

在具体的论述中，"道"的阐释侧重于客观内容的说明，而对于德的说明则侧重于"主观"感悟的阐释。因此，"道"具有自然的本性，而"德"则是人的主观修为。故有"上德"与"下德"之分，"有德"与"无德"之别。

原 文

上德不德①，是以有德；下德不失德②，是以无德③。上德无为而无以为④；下德为之而有以为⑤。上仁为之而无以为；上义为之而有以为。上礼为之而莫之应，则攘（rǎng）臂而扔之⑥。故失道而后德，失德而后仁，失仁而后义，失义而后礼。夫礼者，忠信之薄而乱之首⑦。前识者⑧，道之华而愚之始⑨。是以大丈夫处其厚⑩，不居其薄；处其实，不居其华。故去彼取此⑪。

注 释

①**上德不德**：德行高的人，不刻意表现出德行高。

②**下德不失德**：德行低的人，刻意表现德行，所以无法体现真正的德行。

③**无德**：不具备真正的德行。

④**无以为**：不刻意做事。

⑤**有以为**：有意作为。

⑥**攘臂而扔之**：伸出手臂，拉着别人，强迫人家服从。攘臂，指伸手臂。扔，随意甩臂的动作，这里指用力拽拉。

⑦**薄**：衰落。**首**：指开端。

⑧**前识者**：先知的人，即能预测未来的人。

⑨**华**：繁盛，这里指浮华。

⑩**厚**：诚实敦厚。

⑪**去彼取此**：放弃错误而选择正确的，这里指舍弃衰薄礼而崇尚无上的"道"。

译　文

德行高的人，不刻意表现出德行高，这才是真正的德行高；德行低的人，刻意表现德行，所以无法体现真正的德行。德行高的人顺应自然（不刻意做事），做什么事都能成功。德行低的人刻意做事。仁爱的人做事总是在无意间成功，正义的人做事总是有意为之。最讲礼的人总讲尊卑，但却没有人响应他，就强求别人不停地拱手作揖反复练习。因此，"道"消失后才出现德行，德行消失后才出现仁爱，仁爱消失后才出现正义，正义消失后才出现礼乐。因此，崇尚守礼，是忠信衰败的产物，这也就是社会动乱的源头。有先知的人，意识到的不过是"道"的虚华，而这就是人们产生愚昧的开端。因此，大丈夫立身处事敦厚、朴实，不仅仅追求衰薄礼（应有更高的追求）。脚踏实地，不崇尚虚华。因此，才能放弃错误而选择正确（舍弃衰薄礼而崇尚"道"）。

读解心得

在传统的理解中，因为这篇的内容以"德"开始，故又叫作《德经》。在《道德经》的原文中，或者更确切地说是在其作者老子的阐释里，"道"与"德"并非是彼此截然分开的。因此，理解"德"不能脱离"道"，谈及"道"又不能抛开"德"。

根据这样的探究思路，对于本章内容的理解有如下几点感悟可以分享：

首先，"德"有上、下之分。所谓的"上德"是指"德"的最高境界，所谓的"下德"是与"上德"相对而又次之的一种境界。如何区分"上德"与"下德"的不同，标准只有一个，那就是"德"与"道"的融合及其具体的外在表现形式。在作者看来，"德"与"道"虽然彼此统一，但因为两者相互融合程度的不同而会有两种不同的外在表现。对于上德之人而言，他会在"德"与"道"的统一中顺应自然，从而表现出无为而为的特征；对于下德之人而言，他则会因为要实现"德"与"道"的人为整合而表现出因为要顺应自然，从而故意为之的特征。

其次，"道""德"与"仁""义""礼"之间的相互关系。在后世的研究中，有研究者把"道""德"与"仁""义""礼"之间的关系分成了两个类型与五个层次。所谓的两个类型是指"有为"和"无为"。通过阅读本章节的内容可知，"道"与"德"是"无为"的体现；而"仁""义""礼"则是"有为"的体现。所谓的"五个层次"则是指"德"与"道"处于较高的层次，而其他依次为"仁""义""礼"。因为前者是"无为"，而后边的"仁""义""礼"则都与"有为"密切相关。

虽然以上两种类型与五个层次的区分能够使读者更加容易地理解"有为"与"无为"之间的关系，但却需要读者明确一个基本的前提，即这里所强调的"德"乃是上边提到的"上德"。因为，在"上德"与"下德"的区分中，"下德"是有为的结果。

再次，"智"与"愚"。所谓的"智"就是文中所提及的"前识者"，而"前识者"即"道之华"者。因此，就会导致"愚"的产生，正可谓"聪明反被聪明误"是也。而与"前识者"相反的则是"大丈夫"。之所以称之为"大丈夫"，则又是因为这些人身居敦厚、心存朴实。这就把"智"与"愚"和"道"与"德"联系在一起了，从而使读者在明确"德"，特别是"上德"的过程中，结合对"德"与"道"关系的思考，正确而客观地把握了"智"与"愚"的关系及其表现。

"道"是"德"在人类生活中的体现，通过对人类生产、生活规律的把握，人类就可以实现无为而治的理想，从而在人类改造自然的过程中实现最高的追求——"上德"之"德"。

经典故事

孟尝君招贤纳士

作为"战国四公子"之一的孟尝君是一位因招贤纳士而出了名的历史人物，据说其当时的门客多达上千人。无论是各诸侯国的能人，还是因为犯罪而潜逃的人，只要有一技之长都会被他招入到自己的府中。

后来，孟尝君被国王派到秦国。秦王因为听说孟尝君贤明，故而想要让他当秦国的宰相。但因为有臣子进言说其来自齐国，一定会先替齐国打算，然后才会为秦王谋事，于是，秦王就放弃了让他当宰相的想法，准备让其返回齐国。可是，这时又有另一位臣子进言，说孟尝君此时已对秦国的情况有了详细的了解，故不利于秦国。因此，秦王又准备杀之。于是在孟尝君逃回齐国的过程中就有了"鸡鸣狗盗"的成语故事。

● 孟尝君

燕昭王礼贤下士

"燕昭王礼贤下士"的故事源自《战国策·燕策》：燕昭王登上王位后，为了报齐国破燕杀父之仇，他礼贤下士，广招天下群雄。因此，郭隗先生建议燕昭王：帝者与师处，王者与友处，霸者与臣处，亡国与役处。即：通过以贤者为师使自己成为创立帝业的国君；通过以贤者为友成就自己的王业；通过以贤者为臣成就自己的天下霸业，尤其是作为一位即将灭亡的国君，他更要以贤者为仆役。

遵照这样的旨意，燕昭王开始招贤纳士。于是他通过选聘买千里马的人才开始了自己的选贤纳士之旅。当燕昭王的一个近侍花费了三个月的时间并用五百金买回了一匹千里马的骸骨后，燕昭王暴怒不已。但这位近侍却这样说："大王尚且肯花五百金买死马，更何况是买活马啊？因此，天下人一定都会以为大王您擅长买马，千里马很快就会有人送到面前了。"事实也的确如此，没过多久，燕昭王就获得了

道德经

很多千里马。买千里马尚且如此，招贤纳士也是如此。因为燕昭王善待这位买马的近侍，因而也感动了很多有才之人投奔他。

在对比的视角下，这两则故事可以给人以如下的启示：孟尝君的招贤纳士正如后来王安石的评价那样，他只是注重招贤纳士的名声而没有关注招贤纳士的本质。因此，他所选到的所谓的"贤才"只具有一些微不足道的本领，或者更确切地说是一些鸡鸣狗盗之徒罢了。这些人并不能使齐国成为其他诸侯国的霸主。可是燕昭王与此不同，他能够真正地礼贤下士，于是在善待为他买马的近侍的同时，还招来了乐毅、邹衍、剧辛等各国的能人，并最终在这些人的辅佐下打败了齐国。从另一个层面上讲，分析孟尝君与燕昭王招贤纳士的不同，《道德经》中的"是以大丈夫处其厚，不居其薄；处其实，不居其华。故去彼取此。"这句话恐怕是最好的说明。

第三十九章

题解

河上公曰"法本"。其基本的观点是"贵以贱为本，高以下为基"，对此还可以简缩为"贵以贱为本"。"本"是"根本""根基"的意思。因此，这个观点就可以这样理解："贱"是"贵"得以存在的根本，如果没有"贱"的存在，"贵"也就无从谈起。甚至也可能在另一个层面上对这句话这样理解："贱"是"贵"形成的必备要素，或者说，"贱"是可以转化为"贵"的。

原文

昔之得一者①，天得一以清，地得一以宁，神得一以灵，谷得一以盈，万物得一以生，侯王得一以为天下正②。其致之③，天无以清，将恐裂④；地无以宁，将恐发⑤；神无以灵，将恐歇⑥；谷无以盈，将恐竭⑦；万物无以生，将恐灭；侯王无以贵高，将恐蹶⑧。故贵以贱为本，高以下为基。是以侯王自称孤、寡、不谷⑨。此非以贱为本邪？非乎？故至誉无誉⑩。是故不欲琭琭如玉⑪，珞珞如石⑫。

注释

①**昔**：过去。**得一**：这里指得道。一，道的别称。《韩非子·扬权》："道无双，故曰一。"《说文》："一，惟初太始，道立于一，造分天地，化成万物。"

②**以为天下正**：让王侯为天下的首领。正，首领。

③**其致之**：以此推而言之，这里指反向推论。致，推论。

④ **天无以清，将恐裂**：天（没有获得"道"）不能达到明朗，就会崩塌。裂，指天地崩塌。

⑤ **地无以宁，将恐发**：地（没有获得"道"）不能保持安宁，就会废弃。发，通"废"，废弃。

⑥ **歇**：休息，这里指神明失去神力，而不能显灵。

⑦ **竭**：枯竭、干涸，失去生机。

⑧ **蹶**：指倒台，遭到失败。《孙子兵法·军争篇》："五十里而争利，则蹶上将军。"

⑨ **孤、寡、不谷**：这里均是君主自称。孤，指幼年失去父母的人，君王自称指孤德少仁之人。寡，失去丈夫的人，君王自称指寡德薄仁之人。不谷，说自己是不善良、不仁厚的人。

⑩ **至誉无誉**：高尚的荣誉不必赞美。前一个"誉"，名词，荣誉。后一个"誉"，动词，称赞。

⑪ **琭琭**：稀少珍贵，这里指美玉。

⑫ **珞珞**：形容石头坚硬的样子。

译文

过去获得"道"的事物，上天获得它会变得明朗，土地获得它会变得宁静，神明获得它会变得灵验，山谷获得它会变得充盈，万物获得它会茁壮成长，王侯得道而成为天下的首领。反而言之，天（没有获得"道"）不能达到明朗，就会崩塌；地（没有获得"道"）不能保持安宁，就会废弃；神明（没有获得"道"）不能显灵，就会休息；山谷（没有获得"道"）不能保持充盈，就会枯竭；万物（没有获得"道"）不能茁壮成长，就会灭绝；王侯（没有获得"道"）没有天下首领的地位，就会倒台。所以，卑贱是尊贵的基础，下等是高尚的基础。因此，君王自称为"孤""寡""不谷"。这不就是把卑贱当成基础吗？不是这样吗？所以得到最高的荣誉无须赞美称誉。因此也就不要像闪耀的宝玉和坚硬的石头一样。

读解心得

在这一段的论述中，老子基于辩证的思想着重阐释了"道"的普遍性和"德"

的重要性。对于前者而言，所谓"道"的普遍性有两个层面上的含义：在第一个层面上，它是指"道"的普遍存在；在第二个层面上，所谓"道"的普遍性是指"道"对世界万事万物的影响。为了验证"道"的普遍性，老子首先列举了自然界中的"道"，无论是天还是地，都要受到"道"的影响。然后老子又列举了人类社会之"道"，无论是个人能否具有"灵性"，还是王侯将相巩固自己的统治，一切都取决于他们对"道"的驾驭。

"道"与"德"是统一的。因此，世界上的任何事物都要在"道"与"德"的和谐统一中完成对"适者生存"的诠释。在自然界，天不得清明而要崩裂；地不得安宁要震溃；在人类社会里，人不葆灵性要灭绝，王侯不葆首领的地位，他所统治的王朝就会被颠覆。然而，天也好，地也罢；人也好，王侯也罢，要实现自己的"生存"，其前提就是对"道"的把握与在把握过程中对如何实现自己修为的感悟。于是，在这样的语境中，老子向读者明示了自己的思考：故贵以贱为本，高以下为基。

"贵以贱为本，高以下为基"，这是一个以事实为论据，阐释一种辩证思想的论述。在这里，所谓以"事实为论据"是指在人类的社会里，"贵"要以"贱"为根基，"高"要以下为"基础"。因此，没有贱就没有贵，没有下就没有高。所谓一种辩证的思想就是指，对于第一句话里"贵"和第二句话里的"高"而言，它们在被视为是"贱"与"下"的对立面的同时，它还被视作是一个意动用法的词语。即，所谓的"贵"是"以……为贵"，所谓的"高"是"以……为高"的意思，所以，这两句话就可以理解成"以'贱'为贵，以'下'为高"的意思。这也就是说，正确的做法应该是指把自己主观故意行为中的"贱"视作是一种"宝贵"的修为，把自己主观故意为之的"下"看作是一种提升自己处境的修为，所以才有了文中那些侯王们称自己为"孤""寡""不谷"等这样的事情。正是根据这样的解析，对于"贵以贱为本，高以下为基"的理解，既可以把其视作是一种客观事实，又要把其看作是一种思想、一种观点。

水能载舟，亦能覆舟

"水则载舟，水则覆舟"，语出《荀子·哀公》篇，是荀子讲述孔子与鲁哀公的一段对话。但是这句话令我们最熟悉的是发生在唐太宗与魏徵之间的故事。唐太宗李世民是历史上的明君之一，他在位期间励精图治、知人善用，开创了"贞观之治"的盛世局面。

武功赫赫文德洋洋
比连汤武庶几成康

唐太宗

● 唐太宗

唐太宗目睹了隋朝衰落的全过程，也亲身感受到了隋末农民起义的强大威力。他经常以亡隋为戒，在政治上整饬吏治、任用人才；经济上，薄赋尚俭，为政谨慎；尤其善于任用人才，从谏如流。他也会经常与大臣探讨治国之道。有一次，唐太宗问魏徵："隋朝灭亡的原因是什么？"魏徵回答道："是失去了民心的缘故。"唐太宗又问："那么百姓和皇帝之间应当是什么关系？"魏徵回答道："皇帝就像一只大船，天下的百姓就好像是汪洋大水。船只有在水中才能乘风破浪；但是，水能载舟，亦能覆舟。百姓能够拥戴皇帝，同时也有力量推翻他。太上皇（李渊）高举义旗推翻隋朝统治就证明了这一点。所以，作为帝王就要时刻引以为戒。"

唐太宗和魏徵，都深深懂得人民的力量的伟大，强调了依靠人民力量的重要性。历史也不断地证明：水能载舟，亦能覆舟。所以凡是施行仁政、顺民心、修德于天下的君王，都能使国家兴隆昌盛，百姓也能安居乐业；反之，逆民心者最终必然走向灭亡。

第四十章

题　解

河上公曰"去用"。在这一章中，老子含蓄地表达了自己的宇宙观：有生于无。天下事物生于实有，而实有则源于虚无，这是事物诞生与发展变化的基本过程，但宇宙万物的这一演变规律，其实质则是在诠释着物极必反的内涵。

原　文

反者道之动①，弱者道之用②。天下万物生于有③，有生于无④。

注　释

①**反者道之动**：对立面的存在，正反双方的互相转化、周而复始是"道"运动变化的基本条件和主要特征。反，既有相反、对立的意思，也有互相转化、循环往复的意思。

②**弱者道之用**：柔胜刚，弱胜强，柔弱无为是"道"发生作用的主要表现形式。

③**有**：指有实体形态的事物。

④**无**：指无实体形态的事物，与"有"相对。

译　文

周而复始的变化，是"道"的运动规律；微妙柔弱的变化，是"道"作用的结果。天下万物产生于有实体形态的事物，有实体形态的事物又产生于无实体形态的事物。

读解心得

本段文字可以简单地分为两个层面：在第一个层面上，老子用极其简练的语言描述了"道"与"德"的关系：反者道之动，弱者道之用。其核心意思是指在"道"

的作用下，事物在其自身的发展历程中都逐渐向自己的反面发展。而事物这种物极必反的转化，既是"道"的具体的作用，也是"道"的具体体现。对于前者而言，事物的反向发展是事物自身规律性的体现，而现实的发展过程中，这种规律性又以一种"柔弱"的特点表现出来。在第二个层面上，它是作者对有无问题的思考。在老子看来，"无是事物诞生之源"。即，有无相生，无中生有。

对于本段的文字可以结合现代哲学的理念进行解析。"有无相生，无中生有"是有条件限制的。只有在一定适合的条件下，"有无"才可以"相生"。可惜的是在当时的学术发展状态里，并非所有的人都能够有这样的认识。但是，在老子的表达中，还有另外一种观点值得我们关注：弱者道之用，即事物以柔弱的方式进行自身的演变。关于这一点，在教育上它体现为"因材施教"的内涵，根据学生自身的潜在素质去完成对他的教育，无疑是最好的教育方法。

"弱者道之用"是一个颇具争议的观点。在某些研究者看来，老子似乎没有注意到事物的另一种发展方式。以教育为例，对于一个学生的改变，既可以在充分发挥其潜在能力的基础上，通过因材施教的方式来促进其自身的发展，也可以通过施教者或者外界环境的影响来改变一个学生的固有发展历程，甚至是在强大力量的影响下完成对其性格的塑造。在我看来并非如此。在前边的论述中老子曾经提及了"有为"与"无为"的关系及其内涵。而在此他所强调"弱者道之用"，应该是其对"无为"的继续说明，只不过他没有在此提及"有为"而已。

经典故事

弱者道之用

因材施教是我国古代教育思想的精髓，它出自《论语·先进篇》。当时，两个不同性格的学生来向孔子问相同的问题，作为教师的孔子却做出了两个完全不一样的回答。这两个学生分别是子路和冉有。子路是一个逞强好胜的人，而办事欠周全；冉有与之相反，他比较谦逊，办事思虑周全。他们两个人同时问孔子：当我听说一个正确观点的时候，是否应该马上就去实践呢？孔子要求子路去问一问父亲、兄长，然后参考他们的意见再去决定。然而当冉有也问同样问题的时候，孔子却告诉他应该马上就去实践。事后，孔子这样解释自己的不同回答："求也退，故进之；由也兼人，故退之。"翻译成现代汉语就是：因为冉有行事过于谨慎，为了鼓励他形成办事果敢的性格，我要求他马上就去做；而子路逞强好胜，所以我要求他多听听别人的意见之后再行动。

这则教育案例就很好地体现了"弱者道之用"的特点，即根据不同学生的不同性格特点，选择能够充分发挥其潜能的教育方法，在潜移默化中完成对其性格的塑造。但是，这也是有前提条件的，那就是要求任课教师充分了解每一个学生的性格特点，然后才能结合具体的生活事件，培养学生的性格。从而使教育之道，在教育实践中以"弱者道之用"的方式发挥自己的作用。

● 子路

第四十一章

题　解

河上公曰"同异"。本章节的内容旨在讨论现象与本质的关系。在其作者老子看来，现象与本质之间具有如下的关系：夫唯道，善贷且成。也就是说，道是本质，但作为事物本质的"道"在日常生活中却有不同的表现。为此，老子在这一段的论述中列举了很多看似矛盾的事物并以其为事物的表现来例解现象与本质之间的联系。

原文

上士闻道勤而行之①，中士闻道若存若亡②，下士闻道大笑之③。不笑，不足以为道④。故建言有之⑤，明道若昧⑥，进道若退⑦，夷道若颣⑧，上德若谷⑨，大白若辱⑩。广德若不足⑪，建德若偷⑫，质真若渝⑬；大方无隅⑭，大器晚成⑮，大音希声⑯，大象无形⑰，道隐无名⑱。夫唯道善贷且成⑲。

注　释

①**上士闻道勤而行之**：上士，上等的士人，优秀的人物。勤而行之，积极地去实践"道"的原则。严复《老子〈道德经〉评点》："夫勤而行之者，不独有志也，亦其知之甚真，见之甚明之故。"

②**中士闻道若存若亡**：似有似无。中等士人对"道"的态度是将信将疑。

③**下士闻道大笑之**：下等士人认为"道"虚无缥缈不切实际，因而对"道"加以嘲笑。大笑之，大笑为嘲笑之意。

④**不笑，不足以为道**："道"如果不被无知浅薄的人嘲笑，也就不能称其为"道"了。

⑤**建言有之**：古代流行的格言有这样的说法。

⑥**明道若昧**：光明之道，表面看却好像是黑暗的。

⑦**进道若退**：前进的道，表面看却好像是后退的。

⑧**夷道若纇**：平坦的道，表面看却是崎岖不平的。

⑨**上德若谷**：真正崇高的德，就像山谷一样卑微。

⑩**大白若辱**：纯白像被污黑了一样。

⑪**广德若不足**：最博大的德，表面看却好像是不足。

⑫**建德若偷**：刚健的德行好像有所懈怠。偷，懈怠、疲敝的样子。

⑬**质真若渝**：质朴纯良又似不够坚定。渝，变节、不坚定。

⑭**大方无隅**：最方正的东西，反而没有棱角。隅，角落，这里引申为棱角。

⑮**大器晚成**：最贵重的器物，总是到最后才制成。

⑯**大音希声**：最大的声音，反而是没有声音。

⑰**大象无形**：最大的形象，反而是没有形象。

⑱**道隐无名**："道"隐藏起来，没有自己的名字。

⑲**善贷且成**：善于施与、推动万物，使之达到成功。

译文

　　上等士人听了"道"的理论，会努力去践行；中等士人听了"道"的理论，似有似无，将信将疑；下等士人听了"道"的理论，哄堂大笑。不被讥讽的理论，不会成为真正的"道"。因此，古代流行的格言有这样的说法：光明的"道"充满黑暗，前进的"道"会有后退，平坦的"道"布满崎岖，崇高的品性好像峡谷，纯白好似被黑色污染。广博的德行好似有所缺失；刚健的德行好像有所懈怠；质朴纯良又似不够坚定；最方正的东西，反而没有棱角；最贵重的器物，总是到最后才制成；最大的声音，听起来无声无息；真正宏大的形象，看起来没有形状。大"道"深藏不露，没有外在的名称。只有真正的大"道"，善于施与、推动万物，使之达到成功。

本章节是对事物现象与本质及其关系的哲学性描述。虽然现象与本质之间的联系是一种客观的存在，但是因为现象具有复杂性，因而，如果要想透过现象去看本质，那将是一件非常困难的事情。

首先，复杂的现象之后是同一本质在发挥作用。为了验证这样的观点，老子列举了三类人对"道"的不同理解与践行。面对相同的"道"，上士努力地去践行，中士则要先去进行烦琐的考证，而下士则是在嘲笑声中忽视了"道"的存在。然而，无论是上士的践行，还是中士的考证、下士的忽视，"道"依然是"道"，它仍然不容置疑地存在。

其次，现象有真假之分、真伪之别。在这一章节的第二部分，老子专门对难以分辨的现象作详细的论述。在论述现象真假难分、虚实难别的时候，他列举了一系列的矛盾现象：一个堪称光明的"道"，在众人看来却是暗昧的；一个堪称是前进的"道"却被世人误解为后退；一个貌似崎岖的"道"却实则平坦无比。崇高的德行看似山谷因而无人了解；就连那看似最为洁白的东西，其表面也会被污垢所覆盖。因此，为了探求到最为真实的本质，人们应该对这些现象的复杂之处有所认识，有所感悟。

再次，"道"的唯一性。正如老子在文中论述的那样，大"道"虽然没有名称、潜藏不露，但它却能始终如一。这也就是说，虽然事物的表现多种多样，但决定这些现象根由的"道"却是始终不变的。因此，我们要善于发现事物表面的假象，透过现象看本质，理解"道"，感悟"道"。只有把握了"道"，才能善始善终。所以，任何一个人都要"走自己的路，让别人去说吧"。

眼见不为实

颜回煮饭的故事最能体现透过现象发现本质的重要性。据说在孔子周游列国的时候，被困在陈国、蔡国之间的一处空旷地带。孔子一行人已多日没有粮食可吃，于是颜回在孔子休息的时候独自外出去讨米做饭。当孔子一觉醒来的时候，颜回的饭已快做好了。但孔子在不经意间却发现这位"一箪食，一瓢饮，在陋巷，人不堪其忧，回也不改其乐"的人正在做一件不可思议的事情：颜回正在抓取锅里已经做好的饭，偷偷地吃。可是，孔子当时并没有揭穿这件事，只是把它记在心里。

过了一会儿，孔子面对前来送饭的颜回说："刚才我梦见了先君，现在你准备好饭食，咱们先去祭祀他吧。"颜回却摇头说："不行了，因为灰尘落进了饭锅里，饭粒已被灰尘沾染。可是这沾染灰尘的饭粒又不能白白地扔掉，于是就被我放在嘴里吃了。所以，这样的饭食不适合祭祀用。"此时，孔子才恍然大悟，原来自己冤枉了自己的学生。在这个故事里，颜回"偷吃"是孔子所见的表象，而颜回"吃饭"的表象背后却是他对粮食的珍惜与爱护。

世人都说眼见为实。但是，有的时候，眼见却也不一定为实。因此，当我们看见了某一表象，然后再根据这样的表象去主观臆断事情的真伪，其实是一件非常可怕的事情。

●孔子

黔之驴

黔之驴的故事也可以诠释这一章节的核心观点。古代的黔地没有驴，有一个喜欢多事的人用船运去了一头驴并把它放置在山脚下。面对这个陌生而又庞大的动物，就连老虎也不知所措。于是，刚开始的时候，老虎就远远地躲在远处观察驴子，生怕这个庞然大物吃了自己。又过了不久，老虎发现这头驴对自己的威胁好像没有想象中的那样大。于是，老虎就试探着来到了驴的跟前，但驴的叫声又让它惊恐不已，远远地逃走了。随着彼此接触时间的增长，老虎又熟悉了驴的叫声。于是，老虎继续再来近距离地熟悉驴子。可是，面对老虎的羞辱，这头驴只能用蹄子踢它。当老虎发现驴子没有能够吃掉自己的本领后，就果断地把这头驴吃掉了。

在故事里，老虎之所以最终敢于吃掉驴子，那是因为它从表象看到了驴的本质：

驴子没有威胁到自己的技能。于是，这个寓言故事的作者柳宗元这样评价故事的内涵：驴的外形庞大，好似有德行，声音洪亮，好像有能耐。但是，如果没有当初驴用蹄子踢老虎的动作，那么老虎即使再凶猛，它也不敢吃掉自己面前的这头驴。这也就是说，如果老虎不能发现驴的本质，那么它最终也不敢吃掉它。可见，透过现象看本质对于生活而言是多么重要。

下 篇 第四十一章

第四十二章

题　解

　　河上公曰"道化"。在这里，从语言学的层面上讲，"道化"是一个主谓性短语。即，在"道化"一词里，前边的"道"是一个名词性的词汇，后边的"化"是一个动词性的词汇。因此，本章节的内容就可以理解为是对"道"及其变化的阐释与说明。正如前边所叙述的那样，虽然"道"是一种客观存在，但"道"却被隐藏在诸多的事物表象之后，因而，它无名。所以，"道"也不可以用精准的语言去表述。可是，从事物自身所表现出来的诸多表象却是"道"的表现形式，即"道化"的具体结果。因此，理解"道化"的关键是从事物的表象去感悟"道"的存在与"道"的变化。

原　文

　　道生一①，一生二②，二生三③，三生万物。万物负阴而抱阳④，冲气以为和⑤。人之所恶，唯孤、寡、不谷，而王公以为称⑥。故物或损之而益，或益之而损。人之所教，我亦教之。强梁者不得其死⑦，吾将以为教父⑧。

注　释

　　①道生一：道开始于一。一，指原始、混沌的宇宙整体。由于道是独一无二的，因此用数字一表示。

　　②二：指阴气、阳气。是由混沌的整体分化裂变而来的。

　　③三：指阴气、阳气相互作用产生的中和之气。老子认为中和之气促使万物生成。这几句主要讲述宇宙及万物的生成，是一个由简单到复杂的过程。

④**负阴而抱阳**：背对着阴气，面朝阳气。负，背靠着。抱，本指用手臂围住，这里指面朝着。意为万事万物都存在阴阳对立的两个方面。

⑤**冲气以为和**：指阴阳二气在不断的矛盾中达到和谐。冲，互相矛盾、冲突。

⑥**以为称**：用这些字眼作为自称。

⑦**强梁者**：专横跋扈之人。**不得其死**：指人死无其所，不得善终，俗话所说不得好死。

⑧**教父**：教授时最主要的原则和纲领。父，本原，这里指原则、规矩。

译 文

"道"产生于原始、混沌的宇宙整体，原始、混沌的宇宙整体又派生出阴阳二气，阴阳二气相容产生中和的第三种气，中和之气又演化出万事万物。万物总是背朝着阴，面朝着阳，阴阳二气在不断的矛盾中达到和谐。人们最厌恶的就是失去父母成为孤儿，失去妻子丈夫成为鳏寡以及品行不端正成为不谷，但是王公大人们却用这些词语来称呼自己。因此，一切事物，有时想削减它反而会增加，有时想增加它反而会削减。别人教授我的道理，我也用它去教授别人。过于强横的人往往不得善终。我将把这个作为行事的原则。

读解心得

"道化"是一个具体的过程，也是一个客观的存在。因此，对于前者而言，作为一个具体的过程应该探索"道化"产生的原因，"道化"过程的具体表现；对于后者而言，作为一个客观的存在，还要探索"道化"的具体结果。因此，这一章节的阐释涉及四个方面的内容："道化"产生的原因、"道化"的具体表现、"道化"产生的客观结果以及"道化"的复杂表现。

首先，"道化"产生的原因。在辩证的哲学思想体系中，所谓的因果是一个辩证的范畴。因为运动是绝对的，静止是相对的，所以，原因与结果之间也具有了辩证的特性。即，原因是结果，结果也是原因。因此，在谈及"道化"的时候，老子认为世界上的万物都是阴阳的统一体。因为阴阳的和谐统一，万事万物得以存在，因为阴阳和谐统一状态的失去而发展演变。因此，"道化"的产生原因是其自身阴阳及其存在状态的改变。

其次，"道化"的具体表现。"道化"是一个具体过程，"道化"表现为无有相生。这也就是本章伊始老子所谓的"道生一，一生二，二生三，三生万物"。这也就是说，当阴阳失和的时候，事物就会发生变化。世界上的万事万物，从无到有，从一到多。因此，"道化"的表现就可以归纳为两个方面：一个是有无相生的过程，另一个是从一到多的过程。虽然道化有如此这般的两重表现，但其实质却是唯一的，即，无中生有。

再次，"道化"产生的客观结果。"道化"产生的结果可以简单地概括为新事物的产生。从无到有是新事物的产生，从一到二、从二到三、从三到万物也是新事物的产生。

最后，"道化"的复杂表现。"道化"是一个系统的过程，其产生的结果也具有多样化的特点。因而，"道化"具有复杂性的特点。正如文中老子所言的那样："故物或损之而益，或益之而损。"对于不同的事物而言，"道化"的表现也是不尽相同的。对于某些事物而言，如果减损它却反而得到的结果是增加，如果增加它却反而得到了减损的结果。这就正如"舍得"一样，没有舍，也没有得，舍即是得，得即是舍。舍在表面看来是一种数量上的减少，但在其实质上则是一种收获的增加。

经典故事

失之东隅，收之桑榆

"失之东隅，收之桑榆"是一个与"塞翁失马"具有相同哲理的故事。从字面看，"失之东隅，收之桑榆"中的"隅"是"角落"的意思。因此，这句话的本义是讲，当我们失去"东隅"的时候，还可以收获"桑榆"。所以，从内容上看，"失之东隅，收之桑榆"的意思是告诉我们有失就有得。

这句话出自范晔的《后汉书》中的《冯异传第七》一文。据传，被尊称为"光武帝"的刘秀建立政权之后，他开始把自己的注意力集中到了赤眉起义军的身上。此时的光武帝刘秀认为赤眉起义军对自己的政权构成威胁。于是他派出自己的精锐部下围住了长安城内的赤眉起义军。赤眉起义军的首领是樊崇，他审时度势，决定自己应该和部下一起转攻城邑。可事与愿违，转攻城邑失败了，樊崇只好率领自己

●汉光武帝刘秀

的部下返回长安。可惜的是此时的长安已被刘秀的部将邓禹占据了。于是双方在长安展开了激战，赤眉起义军破釜沉舟式的一战，终于重新夺回了长安。但赤眉起义军却未能解决自己的少粮问题。于是，在12月的时候，只能转战东进。刘秀闻讯，派出重兵，精选良将，从中截断了赤眉军的东进之路。

第一个与赤眉军交战的将领是刘秀手下的冯异。两军你来我往，一连激战了两个多月。见取胜无望，刘秀又派出部将邓弘与冯异合兵一处，共同剿灭赤眉军。然而，这貌似强大的军队又被赤眉军打败了。但天有不测风云，赤眉军在崤底一战受到刘秀部下的重创，迫不得已，樊崇等人最终向刘秀投降。

见到樊崇向自己投降，刘秀下了一道诏书，其中有"始虽垂翅回溪，终能奋翼渑池。可谓失之东隅，收之桑榆"这样的语句。

这个故事就正如《道德经》的第一章所讲解的"无中生有"一样。如果把"失"看作是一种"无"，那么赤眉军"失之东隅"就是"无"；如果把"得"看作是"有"，那么赤眉军成功收复长安就是"收之桑榆"，就是"有"。然而，从最终的结局来看，赤眉军的"有"又变成了"无"，因为，他们最终被刘秀消灭了。无论是从赤眉军的角度看，还是从刘秀的层面上讲，"失之东隅，收之桑榆"都是一种哲理的概括，而在这哲理背后则又是神秘的"道"的作用。

第四十三章

题　解

河上公曰"遍用"。所谓遍用就是普遍适用的意思。本章的核心思想是讲述以柔克刚的道理，这也就是说，以柔克刚是一个普遍适用的道理。为人处世可以以柔克刚，征服自然界可以以柔克刚，甚至在武力争夺的过程中，以柔克刚也仍然是条制敌取胜的策略。所以，如何以柔去克刚就是一个需要众人思考的话题。

原 文

天下之至柔，驰骋天下之至坚①。无有入无间②，吾是以知无为之有益③。不言之教，无为之益，天下希及之④。

注 释

①驰骋：马奔跑的样子。引申为战胜、控制、驾驭。

②无有入无间：无形的力量能够穿透没有间隙的东西。无有，指无外在形态的事物。无间，没有空虚。王道《老子亿》："天地之气本无形也，而能贯乎金石；日月之光本无质也，而能透乎蔀屋。无有入于空间者，此类是也。"比喻柔弱可以战胜刚强。

③无为之有益：无为所带来的种种好处。

④希及之：几乎没有什么能赶得上"不言之教""无为之益"。希，通"稀"，少。

译 文

世间最柔弱的东西，能够战胜世间最坚硬的事物。无形的力量可以穿透没有间隙的事物，因此，我们知道了无所作为的好处。无言的教导作用，无所作为的好处，世间几乎没有什么能赶得上。

【读解心得】

　　以柔克刚是一个非常值得众人品味的事情。但在彼此的品味中，不同的人会有不同的理解。

　　首先，以柔克刚是一个为人处世的策略。竞争是一种广泛的存在，面对生物界里的弱肉强食，达尔文提出适者生存的观点。这也就是说，面对强大的竞争者，矮小、瘦弱的动物并不一定会失败。只要其在竞争中能够选择一个科学的策略，那么它就一定会是竞争中的赢家。换而言之，竞争中的输赢取决于竞争的策略，而以柔克刚就是一则这样的策略。动物界如此，自然界也同样。面对坚硬的石块，锲而不舍的水滴却能洞穿它；面对坚硬而又毫无缝隙的鸡蛋，空气却能穿透它的外壳。

　　其次，以柔克刚具有哲学的意义。所谓哲学意义就是指以柔克刚在我们的日常生活中具有普遍性的指导作用。这也正如前边强调的无为与有为一样。如果把有为视作是"刚"，那么无为就是"柔"。在这样的前提下，就会出现以柔克刚的结果。既然以柔克刚可以和无为与有为之间进行上述的探讨，那么，以柔克刚就会在生活中的诸多领域里有所表现。例如，在教育界有无言教育之说。即，身教胜于言教。后来，这一教育观点被深入拓展，于是就有了我们今天"榜样的力量是无穷的"的说法。

　　再次，以柔克刚具有辩证性。现实中，人们往往把"以柔克刚"中的"柔"与"刚"看作是一个相对的范畴，特别是某些人更加简单化地把这对具有矛盾性的术语理解为是力量层面上的一种对比。其实不然，在"以柔克刚"这个观点里，所谓的"柔"是与"刚"相对的一个范畴，它既可以指彼此双方中力量较为薄弱的那一方，也可以指向只是与"强"相对的一个范畴。即，相对于甲方而言，乙方可能是表现柔弱的一面，但是在与丙的比较过程中，乙方则又可能表现出相对刚强的一面。因此，柔与刚的区分应该坚持辩证的观点。

　　最后，柔与刚可以相互转化。正如水滴石穿一样，水与石比较，水本具有柔的特点，但是持之以恒的努力却转化了它自身的柔弱，从而滴穿了坚硬的石头。从另一个侧面讲，也正是柔弱与刚强的转化，才使以柔克刚变成了一种现实。

《过秦论》

在历史的长河中，朝代的更替大多是以刚克刚的结果，关于这一点可以从秦统一六国的历史事实中得到例证。然而，强大的秦帝国却又在瞬间消逝而去了。因此，著名的文学家贾谊以叙议结合的方法写了一篇历来被后人称颂的名作——《过秦论》。在这篇文章的写作过程中，作者借古讽今，含蓄而又委婉地表述了自己对秦之"刚"的见解。在这个意义上，也有研究者认为《过秦论》名为"过秦"，实则是"诫汉"，告诫汉朝的统治者不能实施过于"刚硬"的统治策略，而是要采取刚柔相济的统治原则。下边就结合这篇文章对"秦之刚"的具体表现阐释如下：

首先，刚硬的强制政策。所谓刚硬的强制政策是指秦王为了巩固自己的统治，他实施了比以往任何一个朝代都刚硬的统治措施。对此，文章这样写道："于是废先王之道，焚百家之言，以愚黔首；隳名城，杀豪杰，收天下之兵，聚之咸阳，销锋镝，铸以为金人十二，以弱天下之民。然后践华为城，因河为池，据亿丈之城，临不测之渊，以为固。良将劲弩守要害之处，信臣精卒陈利兵而谁何。"这也就是说，秦王在其统一六国之后，为了加强自己的统治地位，他废除了古代帝王治世的正确主张。为了禁锢世人的思想，他强令焚毁诸子百家的书籍。他不仅毁坏高大的城墙，而且还杀掉各路英雄豪杰，甚至收缴所有的兵器，在咸阳铸造十二个铜人，借以削弱百姓的反抗力量。为了巩固国防，秦王以华山为城墙，以黄河为城池，并增派将领手执强弩，守卫在军事要害，那些披坚执锐的士兵盘问过往的行人。

其次，刚硬的享受方式。在秦二世的时候，为了突出享受的质量，他采取了刚硬的享受方式。为此，贾谊这样描述："二世不行此术，而重以无道：坏宗庙与民，更始作阿房之宫；繁刑严诛，吏治刻深；赏罚不当，赋敛无度。天下多事，吏不能纪；百姓困穷，而主不收恤。然后奸伪并起，而上下相遁；蒙罪者众，刑戮相望于道，而天下苦之。自群卿以下至于众庶，人怀自危之心，亲处穷苦之实，咸不安其位，故易动也。"这也就是说，秦二世不仅破坏宗庙，行无道，而且还作阿房之宫；繁刑严诛，吏治刻深。从而使国民生活在穷困之中。不仅百姓如此，群卿也是同样，人人自危，从而使秦的统治基础极为薄弱。贾谊之所以这样论述，那是基于后来的陈胜、吴广起义的思考。众所周知，陈胜也好，吴广也罢，他们都没有古代贤王那样的能力与思想，但他们却凭借自己柔弱的力量震动了秦朝的统治基础，而这正是以柔克刚的具体体现。

再次，刚硬的国事管理。人非圣贤，孰能无过。秦王也是普通的一员，他在管理国家、治理百姓的过程中也难免会出现这样或那样的失误。但是，秦王却不知改过。对此，贾谊这样说："秦王足己而不问，遂过而不变。二世受之，因而不改，暴虐以重祸。子婴孤立无亲，危弱无辅。三主惑而终身不悟，亡，不亦宜乎？"也就是说，秦王在其统治的过程中有许多错误的统治措施，但是他却死活不肯改正，而且这种错误的统治理念，被一代一代传承，无论是秦始皇，还是更加有过之而无不及的秦二世，他们始终都不肯承认并改正自己的错误。因此，秦朝的灭亡就成了一件情理之中的事情了。

第四十四章

题　解

　　河上公曰"立戒"。结合当今的生活，"立戒"一词可以从多个层面上理解。无论从哪个层面上理解，本章节的核心内容都只有一个，那就是要克服自己的缺点与毛病。并以这样的方式去完善自己的修养，从而彰显人间正道。换而言之，这"立戒"是一种完善自身修养的手段，而彰显人间正道则是这手段作用于世人生活的最终结果。

原　文

　　名与身孰亲①？身与货孰多②？得与亡孰病③？是故甚爱必大费④，多藏必厚亡⑤。知足不辱⑥，知止不殆⑦，可以长久。

注　释

　　①**名与身孰亲**：名声与生命相比，哪一样更重要？名，指名声、名望。身，身体，此处可理解为生命。亲，亲近，引申为重要。

　　②**身与货孰多**：生命与财富相比，哪一样更重要？货，指财富。多，不是"多少"的多，而是"轻重"的"重"，即重要。

　　③**得与亡孰病**：拥有名利与失去生命相比，哪一个更有害？病，有害。

　　④**甚爱必大费**：过分吝啬必定会导致更大的破费。甚，过分。爱，吝啬、吝惜。费，破费，指付出代价。

　　⑤**多藏必厚亡**：过分贪恋财富就必定会招致惨重的损失。厚亡，指惨重的损失。

　　⑥**知足不辱**：知道满足，就不会受到屈辱。

　　⑦**知止不殆**：懂得适可而止，就不会遇见危险。殆，危险。

译 文

名声与生命相比，哪一样更重要？生命与财富相比，哪一样更重要？拥有名利与失去生命相比，哪一个更有害？因此，过分吝啬必定会导致更大的破费，过分贪恋财富一定会导致更惨重的损失。知道满足，就不会受到屈辱；懂得适可而止，就不会遇见危险，才可以一直保持平安。

读解心得

"立戒"之"立"具有立志、立刻之义；而"立戒"之"戒"则是一个多义词，在古代它具有行为、习惯、品德义。在佛教中，所谓的"戒"是一种行为规范，因此，根据这样的意思，古代之"戒"就是一种思想品德。随着时代的发展，古代之"戒"又具有了现代的含义，即"戒除"的意思。即，一个人通过自身的主观努力去克服自身的缺点和错误，从而在完善自身修养的过程中形成良好的品德。因此，根据这样的理解，对于本章节的内容可以从以下几个层面上去理解：

首先，戒除缺点是完善自身修养之路。人生在世，谁没有七情六欲？为了满足自己的私心，不同的人会采取不同的手段，不同的人会有不同的言行。因此，很多人就会失去本心。

在文中老子列举了多种对比，告诫世人立戒的重要。老子把人生的虚名与人的生命进行对比，把人索取的物质利益与人的生命相对。这也就是说，无论是对于精神层面上的虚名而言，还是结合物质层面上的所得来说，生命都应该被所有的世人视为最为宝贵的财物。这也正如现代人所说，人的健康是数字 1，其他的所得都是数字 1 后边的 0。因为，如果人一旦失去了健康——毁灭了生命，那么一切都会失去现实的意义。无论是精神上的收获，还是物质上的满足，都没有生命重要。因此，每一个人都应该戒除自己不合理的欲望。无论是物质上的索取，还是精神上的过分追求，它们都会成为毁灭生命的基因。因此，要想完善自己的修养，每一个人都应该自觉地走上"立戒"之路。

其次，"立戒"提升思想品德之行。因为"戒除"在现实的生活中可以通过两种不同的方式来完成：第一种方式是面对自己的错误言行及其缺点，我们可以通过"戒除"的方式来完善；第二种方式是指通过树立良好的品行来避免错误行为的发生。然而，无论是哪种方式，其最终的结果都是一样，即，提升自己的思想品德。

对此，老子还在其他的论述中提到过类似的观点。老子曾经

●烽火戏诸侯

说："甚爱必大费，多藏必厚亡。"这句话的意思就是说，对于某一具体事物过分地贪恋，势必会要付出巨大的代价；对于某一事物过多地获取势必会导致很快地失去，因此每一个人都不能以身试法，都不能以命相搏。面对身外之物应该持有知足常乐的观点，也就是说对于事物的追求，人应该适度，否则就会乐极生悲。因而世界上的事情才有了得不偿失的说法。付出巨大，所获得的东西并不一定能够长久拥有，所以，老子简单的几句话就把追名逐利的危害形象地告诉了后来的读者。世上这样的事例有很多。例如，商纣王为了过分的享乐，很快就亡国了；再如，西周末年的周幽王为了博得褒姒的一笑，他不顾众位大臣、爱卿的反对，竟然无故地数次点燃用以报警的烽火，使各路诸侯军队长途跋涉前来救援。当这些诸侯军队得知这只是周幽王的玩笑之时，气愤不已。为此，周幽王最终也为自己的愚蠢行为付出了惨痛的代价，在他遇到真正危险的时候，再也没有任何人来帮助他了，最终导致了周王朝的灭亡。这就是"烽火戏诸侯"给予我们的启示。

再次，"立戒"的核心是适可而止。大哲学家朱熹在其《四书集注》一书中，对于适可而止进行了这样的注释：适可而止：无贪心也。贪心就是过分地追求，一种得不偿失的追求。把"立戒"与"适可而止"等同就是说，做任何事情都要掌握一个度，既不能过，也不能不及，而是要恰到好处。换句话说，只有适可而止，恰到好处，才能知足常乐。从哲学的意义上讲，这正是道家所强调的阴阳平衡。在现实生活中，阴阳平衡又有许多外在的表现：痛苦与快乐，幸福与灾难，得到与失去，

凡事都在对立中求得平衡。

立戒更应警诫

　　猪八戒是《西游记》中的一个典型形象，虽然他那愚蠢的言行一贯被世人所鄙视，但恰恰是其愚蠢的言行给予了我们诸多生活的感悟。

　　首先，对猪八戒成长经历的感悟。猪八戒的成长经历颇令人深思，而且随着思考的深入，感悟到的内容也就越多，越深入。猪八戒是神话小说《西游记》里一个虚构的人物角色，又名猪刚鬣，后来他被唐僧收为弟子，法号悟能。在小说的故事里，能力稍逊于他的师兄孙悟空，只会三十六变。其常用武器是九齿钉耙，但这钉耙颇具来历，是玉皇大帝所赐。在小说里，猪八戒的面貌丑陋，但他的前世却非常风光。他曾是执掌天河八万水军的天篷元帅，后因调戏霓裳仙子而被贬入人间，错投猪胎，故而相貌特殊。在观音的点化下，他投到去西天取经的唐僧门下，成了他的第二个徒弟。但是在西天取经的路上，他尽显自己的贪婪本色，无论是对于金钱财物，还是漂亮女色，他无不充满了留恋，而每一次的贪婪也都使他饱尝恶果，最终历经曲折使他有所感悟。在完成了取经的任务后，他受封为净坛使者，修成正果。从猪八戒的经历中，我们可知，即使一个具有猪八戒一样诸多的缺点、毛病的人，如果能够从中吸取教训，他也能够修成正果。这也就是说，修成正果的前提是对自己缺点与毛病的戒除。只有不断地摒弃自己的缺点，人才能不断地进步，哪怕你是一个不可救药的人。这就正如俗话所说，浪子回头金不换。

　　其次，名字里的感悟。《西游记》中的猪八戒，不仅通过其自己在取经路上的诸多表现向世人诠释着"立戒"的益处，而且还通过自己的名字向世人暗示着"立戒"的影响。在小说中，净坛使者——猪八戒的名字非常耐人寻味。据说，在佛教里，"戒"是指对其教徒起到约束作用的戒律。所谓的"八戒"一般是指"五荤三厌"。"五荤"是指佛教徒在其生活中不能食用的五种食物，即，五种辛味蔬菜，例如韭菜等；所谓的"三厌"是指在日常生活中，教徒不能食用雁、狗、乌龟三种动物。因为，在佛教看来，雁有夫妇之伦，狗有护主之谊，乌龟有君臣忠敬之心。这也就是说，在日常生活的饮食之中，对于植物性的食物而言，"五荤"是一种约束，对于动物性的食物而言，雁、狗、乌龟等这三样动物不能食用。然而，在小说里，所谓的"八戒"的含义又被拓展了，它具体是指：不杀生，不偷盗，不淫欲，不妄语，不饮酒，不眠坐华丽之床，不打扮及观听歌舞，正午过后不食等诸多含义。这也就是说，作为一个教徒，猪八戒的修行应该从这些方面进行约束自己的言行，从而完成自己的佛教理想。这也正如上边理解感悟中分析的那样，不同的人有不同的"立戒"方式。对于猪八戒这样缺点颇多的人而言，努力克服自己的缺点、错误是其"立戒"的关键所在。

再次，从效果显现的层面上分析，猪八戒在小说里通过他的言行告诉世人一个这样的道理：主观上的"立戒"是最重要的。这就正如哲学上所说，外因通过内因起作用一样，没有主观的努力克服，"立戒"就会是一种形式，就不会产生人们所追求的最终结果。对于一个出家人而言，猪八戒本应该不近女色，可是在小说《西游记》中，猪八戒却在多个情节中有失败的表现。从"高老庄娶亲"这个情节开始，猪八戒就一直以贪恋女色的形象出现在了读者的眼前；其后经历的"四圣试禅心"这一情节更加验证了读者的判断，面对"美女"的诱惑，猪八戒那贪恋女色的性格得到了淋漓尽致的展现。这样的贪恋也让猪八戒在后来尝尽了苦头，在"盘丝洞受辱"这一故事中，虽然他进入盘丝洞是为了救师父唐僧，但他却因为贪恋女色而饱受妖精的折磨。在盘丝洞里，猪八戒不仅被七个女妖用丝绳绊倒在地，嘴里满是泥巴，还被这七个女妖的干儿子变出无数虫怪，前叮后咬，备受苦痛。

如果猪八戒不是一而再、再而三地贪恋女色，他也不会有如此这般的苦难经历。对其苦难的经历进行追根溯源，或许我们读者就会发现一个这样的事实：猪八戒虽然知道"立戒"，但却不知应该如何遵守"立戒"，他没有对此给予足够的重视，从而来自外界的约束都对其自身的约束失去了作用。我们说，"立戒"的关键是主观的努力，否则即使知道如何"立戒"，它也不会对自身的修养提升产生积极的作用。

第四十五章

题 解

河上公曰"洪德"。在老子的理论体系中，德源自于"道"。因此，洪德的本身就是对"道"的追求。每一个阅读《道德经》的人都知道，"道"与"德"之间的关系常常会表现为体与用的关系。因此，虽然河上公把本章的题目归结为"洪德"，其实质仍然是在谈论"德"与"道"的关系。或者更确切地说，本章所讨论的内容，其实质仍然是在感悟道的基础上，对道与德关系的思考。从另一个层面上分析，道与德的关系就是内容与形式的关系，就是现象与本质的关系。

原 文

大成若缺①，其用不弊②。大盈若冲③，其用不穷④。大直若屈⑤，大巧若拙⑥，大辩若讷⑦。躁胜寒⑧，静胜热。清静为天下正⑨。

注 释

①**大成若缺**：最完美的东西好像都有缺憾。大成，最完美的东西。缺，缺憾、缺陷。

②**其用不弊**：它的作用不会衰败。弊，破损，衰败。

③**大盈若冲**：真正的充盈好像很空虚。冲，虚无，不丰满。

④**其用不穷**：它的作用永远不会穷尽。穷，穷尽、竭尽。

⑤**大直若屈**：最直的东西表面好像弯曲的样子。屈，弯曲、不直。

⑥**大巧若拙**：最灵巧的东西表面像笨拙的样子。拙，笨拙。

⑦**大辩若讷**：最能言善辩的人，表面好像语言迟钝、笨拙。讷，语言迟钝、笨拙。

⑧**躁胜寒**：急速运动能抵御严寒。躁，快走，急速运动。

⑨**清静为天下正**：清静无为才是治理天下的准则。正，准则。

道德经

译 文

　　最完美无瑕的东西好像有所残缺，但它的作用不会衰败；最充盈丰满的东西好像有所虚无，但它的作用也不会穷尽。最直的东西表面好像弯曲的样子；最灵巧的东西表面好像笨拙的样子；最能言善辩的人，表面好像语言迟钝、笨拙。急速运动能抵御严寒，沉静能克服酷热。（所以）清静无为才是治理天下的准则。

读解心得

　　"洪德"是一个系统性的实践。在这个实践之中，我们应该看到以下几方面的事实，或者说应该从以下几方面的事实中感悟到真正的"道"，并在其指导下提升自己的思想修养。

　　首先，辩证思想是指导实践的科学思维。在老子看来，成就与缺欠并存。这就正如他在文中所举的事例：大成若缺，即任何一个伟大的成就都好像有其固定的缺欠一样。对此，或许可以概括得更为直接些，即成就与缺点同存。曹操是一代英雄，在他的领导下，国家的军事与政治迅速发展。即使面对诸葛亮那样的指挥者，他也能在巩固自己势力的基础上，逐渐扩大自己的影响。然而，在小说《三国演义》里他却被塑造成了一个奸诈之徒。在作为传统文化优秀成果之一的戏剧里，曹操的脸谱被画成了具有奸诈象征的白色，但所有这些缺点并不影响曹操真实的历史功绩，特别是他在《观沧海》一诗里所提及的"老骥伏枥，志在千里"，更是让世人对其刮目相看。所以说，成就与缺点同存本是一个客观的事实，因

● 曹操

此，大成若缺也就更无须否认了。

人类社会如此，自然界也同样。在那看似毫无生机的沙漠上，竟然会有绿洲的存在；在苦涩的海水包围之中，竟然会有甘泉的存在。晴空万里，如果没有点点白云的点缀，它会稍失美丽。平顺的人生，没有磨难的存在也就难以彰显拼搏的情趣。

其次，相辅相成。在老子看来，事物的对立面具有彼此相辅相成的关系。尽管成就与缺欠同在，但它们彼此之间具有相辅相成的关系。这也就是说，没有成就，也就没有缺欠；没有充盈，就没有欠亏。没有冷，也就没有热；没有清静就没有扰动。

再次，"洪德"是转化。"德"与"道"并存，"洪德"就是对"道"的转化，因此，"洪德"的关键就是转化"道"的影响。如果能够把丰满充盈以细小视之，把富裕充足以不足居之，再配合以如屈、如拙，自然就会使其产生无穷的效果。需要注意一个事实，那就是为了实现"道"与"德"之间的相互转化，必须先认识"道"。为了实现成就与缺点的转化，那就必须先明确自己的缺点是什么。

经典故事

邹忌讽齐王纳谏

在《战国策》里有一则这样的故事，它最能体现老子关于"洪德"的论述。

古代的时候，有一个美男子，他的名字叫邹忌。邹忌身材高大，而且容貌英俊。一天早晨，他穿好衣裳，戴好帽子，不停地照镜子，当觉得一切都收拾好了之后，便问他的妻子说：我和城北徐公相比，哪一个更漂亮些呢？他的妻子对邹忌说：当然是你漂亮了。城北的徐公哪能和你相比呀。当时的人都知道，城北的徐公是全国公认的一个美男，用现在的话说，那简直是帅呆了。于是，当有些不自信的邹忌再次问及自己的妾同样的问题的时候，她的妾也用与妻子一样的话回答了邹忌。但是，这两个人的回答并没有使邹忌充满自信。于是，在第二天家里来客人时，邹忌又向客人问了同样的问题：我和徐公相比，哪一个人更漂亮些？想不到，客人的回答与妻、妾的回答如出一辙。但是，邹忌是一个聪明人，他知道自己远不及徐公美貌。于是，他开始反思妻、妾、客人的回答，这些究竟是为什么呢？思来想去，他终于弄明白了：妻子认为自己漂亮，那是妻子偏爱自己；小妾说自己漂亮，那是因为她害怕自己；而客人赞美自己，那是因为客人有事求自己帮忙。

● 齐威王

后来，邹忌上朝拜见齐威王的时候，向齐威王讲述了这件事。并借自己对这件事的感悟委婉地劝谏齐威王：如今齐国疆域广阔，方圆千里，拥有众多的城池，宫中妃子、近臣每一个人都偏爱大王，朝廷上的大臣都惧怕大王的威严；全国的百姓又都有求于大王。因此，在这样的环境里，大王就会受到诸多的蒙蔽了。

齐威王从中感悟颇多，就下达了这样的命令：无论是大小官吏，还是普通百姓，只要能够当面指出我的过错，就给上等的奖赏；无论是大小官吏，还是普通的百姓，只要是肯上书告诉我缺点错误的人，就给他们中等的奖赏；对于那些能够在公开场合议论我过错的人，只要是被我听到，我就给他们下等的奖赏。在这个命令刚刚下达之时，前来进谏的人聚集在宫廷上就如集市一般。几个月过后，进谏人就没有那样多，只是偶尔还有人来。过了一年之后，即使有人想获取进谏的奖赏，也没有什么可进谏的了。这也就是说，在众人的进谏之后，齐威王的缺点、错误都被他一一改正了。再后来，这件事被当时的燕、赵、韩、魏等国的国王听说了，他们都前来齐国朝拜齐威王。这就起到了不必用兵就战胜了敌国的目的。

在这个故事里，有两个人值得我们关注：首先是邹忌。面对妻、妾及客人的赞美，他却没有被冲昏头脑。通过对这些回答的分析，他了解到这些人各自不同的称赞目的。其次是齐威王。面对邹忌的以身设喻，他及时地发现了自己的缺点。在此基础上，针对自己的缺点，他开始请大臣、百姓向自己提意见，然后根据这些意见去改正。齐威王改正自己过错的做法是极其聪明的，但这极其聪明的做法却好像最为愚笨。因为，大臣、百姓都知道齐威王自身有缺点，但他自己还不知道，这使齐威王看似愚蠢，实则不然。这就是本章所讲的大成若缺、大巧若拙。

第四十六章

题　解

河上公曰"俭欲"。"俭欲"的本义是收敛人的欲望。从这个意义上讲，贪得无厌就是"俭欲"的反义词。每一个阅读过《道德经》的人都知道一个这样的事实：在老子看来，贪得无厌是有害于人的品德修养的。然而，在现实生活中，几乎每一个人都有贪欲，但因为个人身份、地位的不同，其贪欲给予社会的影响也会有所不同。无论是因贪而生的罪过，还是因为贪而遭受的苦难，都是因为人不知满足。因此，"知足常乐"一词可谓是本章的核心观点。即，一个人只有知足，他才会感到满足。

原　文

天下有道，却走马以粪^①；天下无道，戎马生于郊^②。祸莫大于不知足，咎_{jiù}莫大于欲得^③。故知足之足，常足矣。

注　释

①**却走马以粪**：战马就会退到田间耕地。却，返回。走马，奔跑的马，指驰骋战场的马。以，用来。粪，耕作、治田。《孟子·滕文公》："凶年粪其田而不足。"赵岐注："粪治其田。"

②**戎马生于郊**：战马会在野外的战场产下小马，这里指连年征战不得休养生息，以致征用怀了马驹的母马，结果在郊外的战场上产下小马。戎马，为战争而训练的战马。郊，野外。

③**咎**：罪过、过错。《说文》："咎，灾也。"**欲得**：想要得到。有贪得无厌之意。

若按照"道"的原则治理天下，战马就会退到田间耕地。若不按照"道"的原则治理天下，战马就会在野外的战场产下小马。最大的祸害就是不知足，最大的过错就是贪得无厌，不知满足。因此，懂得满足的人知道到什么地步就该满足，才能一直获得满足。

读解心得

既然"俭欲"对人有百利而无一害，那么人们就应该思考如何收敛自己的欲望。在老子看来，为了收敛世人的欲望，首先应该让世人认识到贪欲给予其生活的影响。为了描述世人那贪婪的欲望，先贤创造了诸多的词语。例如，用"垂涎欲滴"来形容世人那令人作呕的贪婪之样，用"眈眈逐逐"形容人对某物的急于攫取，用"东食西宿"来表现人的唯利是图，用"豺狼之吻"来展现官吏的贪婪，用"狼贪虎视"来形容人们那无底洞似的贪欲。虽然在此不能穷尽所有相关的语汇，但上边的列举却足以展现贪欲的广泛存在，从普通的百姓到占据统治地位的官吏，从对物的窥探到真正的攫取，都有与之相关的语汇。这就足以说明贪欲对世人的生活有着广泛的影响。

其次，"道"与"无道"的区分就是知足与不知足的区别。在这一段的叙述中，老子认为世人对于知足与不知足的区分至关重要。只有区分了知足与不知足，人们才能体验到知足常乐的幸福。因此，这就涉及了一个区分标准的问题。即，根据什么样的理念去区分知足与不知足呢？那个标准或者说那个理念就是"道"。只有理解了"道"的真正含义，才能把握"道"。只有把握了"道"，才能知晓怎样做是"有道"，怎样做是"无道"。所以，"道"的有无关系到知足与不知足的把握。

再次，"俭欲"重点在于收敛，而不在于"欲"。这也就是说，在老子的眼中，人可以有欲望，但对于自己的欲望却不能不加以限制。因此，"俭欲"是一种人为的节制而非一般人眼中的"禁欲"。人生在世，谁没有七情六欲？但是，圣人与普通人的区分就在于他能够正确地管制自己的欲望，使之处于一个合理的状态之中。为了把自己的欲望控制在"道"的范畴之内，那么任何一个人都会面临着相同的问题，即"俭欲"。

最后，在"俭欲"这一章节里，老子还谈及了事物的转化问题。贪欲对于人而言，有百害而无一利。但是，如果一个人能够知晓如何"俭欲"，那么他就可以成功地实现化害为利。这也就是说，如果一个人能够充分地发挥自己的主观能动性，那么他就可以转化因为贪欲而产生的危害。对此，老子在文中这样说：静胜躁，寒胜热。面对躁动不安的贪欲，如果你能够保持清静，那么清静就可以战胜因贪欲而产生的躁动。对于人类生活而言是这样，对于自然界而言也同样如此。面对炎热酷暑的难耐，人们可以运用寒冷来调节。所以，面对过分的贪欲，我们应该通过"俭欲"来调节。

经典故事

俭欲以克贪念

"人心不足蛇吞象"常常被用来表示因为贪欲而招致的祸害，而且还有一个传奇的故事形象地诠释了它的理性内涵。这个传奇的故事是这样说的：

据说古代的时候，有一个打柴的人。他孤苦伶仃，没有父母，也没有兄弟姐妹。每天都独自一人上山打柴，并以卖柴为生。虽然他生活贫苦，但他却内心善良。有一天在打柴的路上，他看见一条受了重伤的蛇，于是他就善心大发，小心翼翼地用自己的衣服把蛇包好，带回家为其疗伤。从此，这条受伤的小蛇就成了这位打柴人的宠物。闲暇时，打柴人与这条痊愈的小蛇聊聊天，说说话，尽管它不能听懂打柴人的话，但长此以往的闲谈，使这条小蛇初识了人性。彼此之间的情感也越来越深厚了，打柴人与小蛇到了谁也离不开谁的地步。

时光荏苒，春去秋来，一晃几年的时间就过去了。小蛇变成了大蛇，它的食量也随着身体的增长而不断地增长，这可难坏了打柴人。因为自己的贫穷，他无法满足蛇的食物。思来想去，他决定把蛇放归大自然。于是，在某年某月的某一天，打柴人恋恋不舍地对自己的伙伴——这条蛇儿说："你长大了，已经能够在野外生存了，况且我也养活不起你了。你还是回归自然吧。我已在山上为你找了一个安全的山洞，我可以领你到那里去生活。但是，以后需要你自己生活了。"说到这里，打柴人流下了伤心的泪。面对朋友的伤心，蛇也无奈地点点头，表示同意主人的安排。看着不住点头的蛇，打柴人又叹了一口气，说道："放心吧，我会定时去山洞看你……"并约定了彼此见面的暗号：在洞口跺上三脚。

又过了十年，打柴人凭借自己的努力终于娶上妻子，但他却仍然以打柴为生，而且他也没有忘记自己和蛇的约定，时常去看望自己的老朋友并和它聊一聊自己的生活琐事。蛇一年一年地长大，打柴人也一年一年地老去。在他年迈体衰爬不动山的时候，打柴人把儿子叫到自己的跟前，向他交代了自己与蛇的约定并叮嘱儿子一定要定时去看望老朋友，即那条住在山洞里的蛇。

斗转星移，春去春又来，又过去了许多年，打柴人的儿子又有了自己的儿子。但是不管时代如何变换，打柴人的后代始终秉承祖训，定时去看望这条蛇。而此时的蛇已今非昔比，它的修炼已有了结果，它变成了一条会翻云吐雾的巨蟒，颇具法力。

再后来，打柴人的后代中有了一个叫作"象"的人。这位叫作象的人仍然依赖打柴谋生。然而有一天，他听说本地一位员外的千金小姐得了一种怪病，遍寻名医，终无结果。当她奄奄一息的时候，又来了位怪医，看过脉，问过情况之后，这位怪医为这位小姐开了一个神奇的药方。说其神奇并不是因为这方子的用药奇特，而是药引子特别。据这位怪医说，要想医好小姐的病，需要一个奇怪的药引——四两蟒蛇肝。否则，即使喝了他开的药，小姐也会死去。这下可难坏了员外。于是，在别人的开导下，这位员外在城里四处张贴告示招聘能够为其寻到药引子的人，并许诺女儿的病好之后，不论这人年龄大小，不论其贫穷与富有，他都会把女儿嫁给他。

这个消息被叫"象"的这个人听到了。他认为自己出人头地的日子到了。于是，象就喜出望外地到员外家许下了寻找药引子的诺言并付诸实践。他来到蛇居住的洞口，接连跺了三脚，当那条蛇出来后，象就说出了这次的来意。面对这看似非分的要求，这条蛇毫不犹豫地答应了。然后蛇张开自己的大口，让象钻进去，找到自己的肝脏并用随身携带的刀子割下了一块。此时，虽然蛇感到非常疼痛，但它为了让象从自己的腹中出来，它仍强忍着疼痛努力地张着自己的口。象出来后说了几句感谢而又抱歉的话，满怀希望去员外家了。

员外的小姐终于治好了自己的病，员外也履行了自己的诺言。象终于拥有了与祖辈不一样的新生活。从此他再也不打柴了，而且还骡马成群，牛羊满圈。正可谓是"前人栽树，后人歇荫"。在祖辈与蛇的帮助下，他过上了前所未有的幸福生活。一个打柴人的命运就在传奇中发生着传奇的变化，令人难以置信。对此，享受幸福

道德经

生活的象也颇为得意。

　　随着时间的消逝，象越来越渴望富有，象的生活也越来越奢侈。然而，世界上的事情却巧得很。多年之后，又有一位皇帝的女儿病了。而且这位皇帝女儿的病与这位员外女儿的病几乎一样，宫里的御医都没有办法了。于是，当皇帝听说象的故事之后，又请到那位怪医，而那样怪医又开了同样的药方，同样的药方又需要同样的药引，即四两蟒蛇肝。这位皇帝又开出同样的条件：谁能弄到药引子并治好女儿的病就招谁为驸马。看到皇榜后，象又怦然心动，贪念骤起。于是，象又想到了那条蛇。于是他揭下皇榜，在向官员炫耀了一番旧时经历之后，他又忐忑地来到了山洞前连跺三脚。果

● 人心不足蛇吞象

然蛇又出来了，于是他颇为尴尬地向蛇说明了这一次的来意。然而，这条蛇却又毫不犹豫地答应了象的无理要求，张开自己的大口让手握尖刀的象再一次地钻到了自己的腹中去割自己的早已残缺不全的肝。当摸到蛇的肝脏后，象狠心地用力割下了一大块，然后急忙地掉头往外钻。可是当象钻到蛇的喉咙时，由于过于疼痛，蛇在全身一阵痉挛之后，永远地合上了嘴。蛇死了，象再也没有出来。于是，就有了"人心不足蛇吞象"的故事。

　　在这个故事中，蛇是一个感恩的形象。为了报答象的祖辈给予自己的帮助，它宁愿自己失去性命也让象来割自己的肝脏。然而，作为一个普通的人，象的欲望却在一天一天地不断膨胀。他不仅用蛇的肝脏来换取自己的幸福，而且还一而再地想换取更大的幸福。从一个平民到员外的女婿也就罢了，他还想成为一个名利双收的驸马。于是，他终于为自己的贪婪付出了生命的代价。

　　象失踪了，但人们都知道他为什么失踪。于是，"人心不足蛇吞象"就成了一个颇为耐人寻味的典故。

第四十七章

题 解

河上公曰"鉴远"。"鉴远"是一个认识论的基本观点。老子在这一章节的论述中提出了"不出户知天下"的观点，但这个观点后来受到了一些研究者的批判。对此持有批判观点的研究者认为，老子的这一观点体现的是唯心主义理念；也有一些研究者认为事实并非如此。虽然老子在此强调的是一种看似主观唯心的先验论，但这句话的内涵应该在本书的大语境里去理解和把握。因此，如何平息这些研究者之间的争论，其关键就在于如何把握这一章节的大语境。

原 文

不出户知天下①，不窥牖见天道②。其出弥远，其知弥少③。是以圣人不行而知④，不见而名⑤，不为而成⑥。

注 释

①**不出户**：双脚不走出大门。户，即门。

②**窥牖**：从窗户暗中观察。窥，暗中观察。《说文》："窥，小视也。"牖，窗户。**天道**：日月星辰运行的自然规律。

③**其出弥远，其知弥少**：走得越远，经历的事情越多，知道和了解的东西就越少。

④**不行而知**：不行动、不实践就能知道天下的事情。

⑤**不见而名**：不用观察就能了解其中的奥妙。名，明也。明白清楚之意。

⑥**不为而成**：无所作为但却能够成就一切。即"无为无不为"。

译 文

不踏出家门，就可以知晓天下间发生的事情。不观察窗外，就能够了解自然运行的规律。有的人奔波得越远，他所知晓的道理就越少。因此，圣明的人不必远行也能知晓天下的事理，不必暗中窥探也能了解自然运行的道理，无所作为也可以有所成就。

读解心得

"鉴远"是一件非常困难的事，但也不是不可能的事情。所以，不同的人有不同的方法。但老子在此谈及的"鉴远"却引起了诸多的争议。对此，我们可以这样理解：

首先，"鉴远"是一件可能的事情。之所以说"鉴远"是一件可能的事情，那是因为世界上的万事万物都要按照自己的规律进行演化与发展。这也就是说，道是影响事物演化、发展的关键所在。因此，只要人们掌握了这个规律，那么"鉴远"就是一件非常可能的事情。然而如何才能掌握事物自身内在的规律性呢？方法是多种多样的。在老子看来，人们的自身内省就是恰当的方法。所以他在这一章里这样强调：不出户知天下，不窥牖见天道。在表明这个颇具争议观点的同时，老子又强调了另外一点，即"足不出户就可晓天下事理"与"不向窗外望就能知晓日月星辰运行的自然规律"一样，是"圣人不行而知"。即，上边所谈及的方法都是圣人所为。如果自己不是一个有丰富知识的人，不是一个有极高修养的人，是达不到"不出户知天下，不窥牖见天道"这样的境界的。

其次，"鉴远"有不同的方法。如果你是一个圣人，你就可以不出户而知天下，你就可以不向外望而明白日月星辰的运行规律。如果你不是圣人，你也可以像圣人一样知晓日月星辰的运行规律，但是，要知晓这样的规律，你必须通过自己的实践。正所谓实践出真知，没有实践就不能主观臆断。

再次，老子的观点应该在特定的语境下进行分析。老子的观点之所以引起后人的争论，那是因为后代的研究者忽视了老子说这句话时的语境。在现代语言学的研究中，语境是影响语言表达的重要因素。相对"不出户知天下"这句而言，它的语境应该有广义与狭义之分。在广义的层面上，整个《道德经》的文本都是这句话存在的语境。因此，分析这句话的内涵是否正确，不能忽略这个大语境的存在。因为，在《道德经》的文本中，一章节只是一个组成部分。在狭义的层面上，理解"不出户知天下"这句话的内涵不能脱离这一章节的论述。"不出户知天下"的大部分意义也会受到后边语句的影响。特别是在"是以圣人不行而知，不见而名，不为而成"这句话的参与下，"圣人"的存在似乎成了"不出户知天下"的关键所在。即，"不出户知天下"这种情况只适合于圣人而非普通的世人。

最后，对于认识论而言，研究者应该持有辩证的观点。现代的唯物主义认识论认为，人类的认识，究其来源可以简单地分为两类，一类是间接认识，另一类是直接认识。对于前者而言，间接认识一般是通过"不出户知天下"这种途径获得的；直接认识是通过亲力亲为而获得的。在获取知识中，这两种方式同样重要。因为，人类的知识不可能全部来自他的亲身实践。

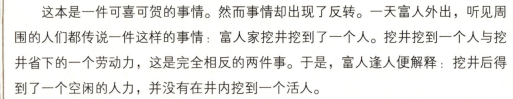

经典故事

穿井得一人

在《吕氏春秋》中有一则名为《穿井得一人》的故事：

在古代的宋国，有一个非常富有的人，于是他雇用了许多人来照顾自己的生活。因为他生活的地方非常缺水，所以他就在这些雇用的人里，挑选了一个非常精明且可靠的人专门负责打水的事情。

他挑选的这个人非常勤劳，每天都能及时把生活用水准备好。然而随着时间的推移，这位专门负责打水的人年纪也越来越大了。这位富人决定打一口水井，一来可以缓解生活用水的困难，二来也不必再去费心地挑选打水的人了。

经过一番努力，富人家里的水井终于打好了。喝着从井里打上来的甘甜的水，富人逢人就说："我家打水井得到一个空闲的人力。"听到这句话的人，也逢人便讲，富人家因为打井得到了一个空闲的人。

这本是一件可喜可贺的事情。然而事情却出现了反转。一天富人外出，听见周围的人们都传说一件这样的事情：富人家挖井挖到了一个人。挖井挖到一个人与挖井省下的一个劳动力，这是完全相反的两件事。于是，富人逢人便解释：挖井后得到了一个空闲的人力，并没有在井内挖到一个活人。

天下的事情是非常复杂的。只了解其中一点很容易，但是要想真实了解事物的真相却是很困难的事情。因此，对于大多数事情而言，我们都不能道听途说，更不能依据别人的传说来断定事情的真实情况。因为，这样的主观臆断是不能发现道之本质的。

明确老子所说的"道"比告诉别人"穿井得一人"的真实情况还难。只有通过现象看本质，不断地体悟，才能感悟到"道"的内涵。像故事中这样以讹传讹，还不如我们什么也没有听到。我们既然知道了"道"的存在，就要努力去探寻"道"的内涵，这就是阅读这则故事的启示。

下 篇 第四十七章

第四十八章

题　解

　　河上公曰"忘知"。这一章节讲授的是道与学的关系。学是获取知识的方法，而道也是获取知识的方法。在老子看来，日积月累的学习虽然也能起到丰富知识的目的，但是，随着知识的积累，人的欲望也会逐渐递增。而对于道来说，它要求人们在清静无为中感悟事物深化的内在规律性。这对于普通百姓而言，这种为道方式可以减少随着知识的递增而产生的欲望；对于统治者而言，这样的为道方式才可能不会发生繁苛政举骚扰民生的事情。

原　文

　　为学日益①，为道日损②。损之又损，以至于无为③。无为而无不为④。取天下常以无事⑤，及其有事，不足以取天下⑥。

注　释

　　①**为学日益**：追求学问的人，他的学识每天都在增长。日益，每日都在增加。

　　②**为道日损**：追求"道"的人，他的欲望则会日渐稀少。河上公注："道谓自然之道也。日损者，情欲文饰，日以削损。"

　　③**无为**：无所为，不妄为。

　　④**无为而无不为**：不妄为，就能水到渠成做成一切。

　　⑤**取天下常以无事**：治理天下要经常保持无为的状态。取，指统治，治理。无事，这里指"无为"。

　　⑥**及其有事，不足以取天下**：等到处处妄为，就无法治理天下了。及，等到。

译文

追求学问的人，他的学识每天都在增长；追求"道"的人，他的欲望则会日渐稀少。不断地减少，最后就会达到"无为"的境界。达到"无为"的境界后，就会有所作为。想要掌管统治天下，要以"无为"的原则为主（不要以一己私欲扰乱民生），若是经常为所欲为，就不能统治好天下。

读解心得

"忘知"不是忘掉知识，而是忘掉了知识与欲望之间的关系。因此，理解这一章的论述应该从知识与道之间的相互联系谈起。首先，在老子看来，道与学之间是反比例关系。然而，在现实的生活中，众人却把它误认是一种正比例关系。因而使自己的欲望随着知识的增长而增长，从而忽略了知识与道的相互影响。

其次，日积月累本是知识获取的一种方式。为了强调这种方式的重要性，俗语以"水大泡倒墙"进行形象化的说明。然而，对这句通俗的解说，却又有很多人只看到其强调"水大"的积极作用而忽略它对"墙"的影响。也就是说，如果在此把"水大"的过程看作一种知识的积累，那么由它弄坏的墙就可以被视作传统的"道"。即，随着知识的积累而伤害了人们对道的追求。

再次，知识有两个方面的作用：在第一个方面上，可以把知识看作感悟道的媒介。如果一个人积累了丰富的知识，那么他就可以从多个层面上去感悟道的存在，分析道的影响。因此，知识与道的感悟之间存在着正比例的关系。在第二个层面上，知识可以看作一种谋生的手段。随着知识的增加，人们的谋生手段也随之而增加。因此，掌握知识的人就可以获取更加丰厚的经济利益。在这以物质回报为核心的经济利益背后，就是欲望的增加。

最后，知识就是力量。正因为知识有以上两个层面的作用，因此，有位哲人就强调"知识就是力量"。但是，如何运用知识的力量去改变自己的命运，拥有不同知识的人会有不同的策略与方法：像老子一样的人就会运用自己的知识去思考如何感悟道，把握道的问题；而世俗意蕴深厚的人就想如何运用自己的知识去获取更多的物质利益，从而满足自己那无止境的欲望。

淡然处之的陶渊明

陶渊明因不满意官场而辞去了彭泽县令，重新过起了他梦寐以求的田园生活。

在自己的家乡，陶渊明亲自开荒种地，自给自足。早晨他扛着锄头像农民一样去田间劳作，傍晚再回来。面对这样平淡的生活，他写出很多充满生活情趣的诗句："暧暧远人村，依依墟里烟。""采菊东篱下，悠然见南山。""种豆南山下，草盛豆苗稀。"

在田间耕作劳累的时候，他一抬头就看见远处那隐约的村庄，望着那盘旋而上的炊烟，他的心中充满了欢愉；在东篱下采摘菊花的时候，他不经意间又看到了远方的南山。这其中的情趣，虽然想说又说不清，但它却真实地让陶渊明体会到生活的快乐。因此，即使自己种下的豆田里长满了荒草，他也不感到失望。于是，他一日复一日地去耕作。一句"但使愿无违"，说得让很多人感到惭愧。

●陶渊明采菊图

田园生活是惬意的。繁重的劳作没有让陶渊明感受到辛苦，因而他说"不言春作苦"。春天是播种希望的季节，于是，他不辞劳苦地播种希望。在劳作的间歇，他手不释卷，一句"好读书不求甚解"让人羡慕。在简陋的居所里，他自娱自乐。穿一件破棉袄，面对箪瓢屡空的生活，他安然自若，著书立说。一首首田园诗作里把自己淡然处之的品质表现得淋漓尽致。于是，他在回顾自己先前的生活时，这样说：误落尘网中，一去三十年。

第四十九章

题　解

河上公曰"任德"。这是一篇以圣人之心谈为人之道、为政之道的文章。在圣人看来，他自己不能像普通人一样具有多变的主观意愿。面对纷繁复杂的社会，他总会以自己的诚信去感化别人，而不是要求别人如何的诚信，然后再通过"无为"的方式实现"有为"的治理。

原文

圣人无常心，以百姓心为心①。善者吾善之，不善者吾亦善之②，德善。信者吾信之③，不信者吾亦信之，德信。圣人在天下，歙歙焉④，为天下浑其心⑤。百姓皆注其耳目⑥，圣人皆孩之⑦。

注释

①"圣人"二句：圣人没有单一的欲望私心，总是把百姓的意愿当成自己的意愿。是说圣人最能了解百姓疾苦，他们处处为百姓着想，所以能"以百姓之心为心"。

②"善者"二句：善良的人，我善待他。不善良的人，我也能够善待他。"善者"的"善"是形容词，指善良；"善之"的"善"是动词，指善待。

③信者吾信之：守信用的人，我信任他。信，"信者"的"信"是形容词，指守信。"信之"的"信"是动词，指信任。

④歙歙焉：指无所偏执的样子。

⑤浑其心：使天下之人都能有纯朴之心。浑，动词，使……纯朴。

⑥百姓皆注其耳目：百姓都使用自己的智谋，生出许多事端。

⑦皆孩之：让百姓都恢复到童真的状态。孩，动词，让……回归童真。

译　文

圣人没有单一的欲望私心，而是以平民百姓的意愿为自己的意愿。善良的人，我善待他；不善良的人，我也善待他，（使不善良的人懂得善待他人）这是善良真谛的体现。重信用的人，我信任他；不重信用的人，我也信任他，（使不重信用的人懂得诚实守信）这是守信真谛的体现。圣人治理天下的时候总是无所偏执，圣人为完成百姓的意愿而让自己的意愿归于纯朴，平民百姓都专注于自己的眼看耳听的事物，圣人却使他们重返童真纯朴的状态。

读解心得

"任德"是一项最能体现老子无为之治的施政策略。首先，对于一个统治者而言，他不能在自己的施政实践里融入自己的私心。而要达到这样的施政目的，其核心的措施就是以百姓的意愿为自己的意愿。百姓想什么自己就想什么，与所有的百姓保持一致。其次，诚信是相互的。在圣人看来，诚信是一种执着，要以一种执着的诚信去看待这个纷繁复杂的世界。百姓认为是诚信的事件，圣人毫不怀疑；百姓认为不诚信的事件，圣人也毫不怀疑。但这两种看似相同的"诚信"却会起到不同的作用：第一种诚信是圣人没有私心的表现，也是其实现权为民所用，情为民所系，利为民所谋的前提；对于第二种诚信而言，这样的诚信是圣人"无为而治"的一种实践。这些圣人要通过自己的诚信教化那些不诚信的人，进而实现共同诚信的目的。因此，这样的思路被教师广泛地运用于自己的教学实践并用一句概括性极强的话进行了总结：榜样的力量是无穷的。最后，"任德"是一种追求。在老子看来，诚信是与生俱来的。因此，作为普通的百姓总是关注别人对自己的影响，强调榜样的力量，注意环境的影响。一句"近朱者赤，近墨者黑"看似是对一种客观事实的陈述，但它却忽略了对人性本善的思考。因此，圣人总是强调人都应该回到婴孩般纯朴的状态。而实现这一目的的方式就是"闭目塞听"，即尽量减少外界对自己的影响。

诚信是金

　　商鞅是一位改革家，他曾以"立木为信"强力推动自己的改革进程。在战国七雄之中，秦国的综合国力并不在群雄之首，为了尽快提升自己的综合国力，秦孝公即位后重用商鞅，改革弊端，强化国力。然而，百姓早已习惯了原来的统治，面对商鞅精心制定的改革政策，谁也不相信秦王朝统治者的改革决心。于是，大家持观望的态度而不参与商鞅的改革实践。因此，商鞅的改革政策面临着前所未有的窘境。

　　商鞅冥思苦想，终于想到一条妙计并用之来向百姓昭示改革的决心。于是，在一个风和日丽的日子里，他派人在咸阳的南门口立上了一根长约三丈的木头，并在其旁边张贴了一张告示。上边写道：若有能把此木扛至北门口者，赏黄金十镒。搬运木头给赏钱这无可厚非，人人都会相信。但是，这次的赏金太多了，无人敢相信。因为谁都不知道这事是不是真的。用百姓的话来讲，这葫芦里究竟卖的什么药，谁也不知道。因此，前来看热闹的人越来越多，人们的议论也越来越多，更没有人相信这件事了。于是，你看看我，我看看你，谁也不去扛这根赏金丰厚的木头。事情陷入了僵局。商鞅听说这件事后，静心一想，就告诉自己的部下，不断地上涨赏金，直到有人把木头扛到北门为止。面对巨大的金钱诱惑，终于有一人忍不住了，决定冒险一试。于是，这个人

● 商鞅立木为信

犹豫地扛起木头，半信半疑地来到了北门口。想不到的是，他最终真的获得了官府的奖金。跟在他身后的人也由议论这件事转向了对"诚信"的讨论。从此一个执法如山的秦朝获得了百姓的认可。因此，商鞅的改革也得到百姓的支持，秦朝的国力在大家的支持之中不断地强盛起来。

　　在这则故事里，以商鞅为代表的官府凭借自己的诚信终于赢得了百姓的信任，而百姓的信任又为国家的强大提供了有力的支撑。

第五十章

题 解

河上公曰"贵生"。所谓的"贵生"就是以生为贵的意思。因此，在论述的过程中，对人的生与死的情况进行了说明。特别是中间提及大多数人因为骄奢淫逸、营养过剩而死和因自己言行不慎而造成的殒命的情况值得所有人的警惕。

原 文

出生入死①，生之徒十有三②，死之徒十有三③；人之生，动之死地亦十有三④。夫何故？以其生生之厚⑤。盖闻善摄生者⑥，陆行不遇兕虎⑦，入军不被甲兵⑧。兕无所投其角，虎无所措其爪，兵无所容其刃。夫何故？以其无死地⑨。

注 释

① **出生入死**：诞生下来就为生，最终长埋地下就为死。出，离开。入，进入。

② **生之徒**：长寿的人群。徒，类，这里指某类人。**十有三**：十分之三。

③ **死之徒**：短命的人群。

④ **人之生，动之死地**：在生存的道路上，意外走向死亡的人群。

⑤ **生生之厚**：过分享受了物质的奉养。前一个"生"，动词，使……生存。后一个"生"，名词，生命。

⑥ **摄生者**：善于生存的人，即养生的人。摄，指保养。

⑦ **兕**：似犀牛等有角的动物。

⑧ **入军不被甲兵**：战争中也不会遭受武器（的伤害）。

⑨ **无死地**：这里指没有进入死亡的界限，没有自寻死地。

译 文

人诞生下来就为生，最终长埋地下就为死。长寿的人群占总数的十分之三，短命的人群占总数的十分之三；在生存的道路上，意外走向死亡的人，也占总数的十分之三。这是为什么呢？这是因为过分享受了物质的奉养。据说，善于生存的人，在陆地上行走，不会遇到犀牛和猛虎（的攻击），在战争中也不会遭受武器（的伤害）。犀牛在他身上找不到可以用角顶的地方，老虎在他身上找不到可以用爪子抓扯的地方，武器也不能刺入他身体的任何地方。这是为什么呢？因为他没有进入死亡的范围，没有自寻死地。

读解心得

本章以"贵生"为题，通过生与死的几种情况的阐释颇能令人深思：首先，生与死虽然看似一对永远不可调和的矛盾，但它们却是人生之正常现象。有生就有死，有死就有生，生生死死构成了人类社会的历史进程。其次，虽然生与死是人类社会的正常现象，但是，相对而言，死是可以通过人类的自身修为进行调控的。然而，在这种调控的过程中，由于人的无知，由于调控的错误，大多数人都死于非命。即，在不正确的保养、修为中，因为自身的错误而无端地死去了。因此，每个人，无论你是做什么的，无论有什么样的学识修养，都应该考虑"贵生"的问题。而且在"贵生"的实践中，应该重点关注两件事：第一件事，如果你的条件优越，你的营养丰富，那么就应该注意不能因为骄奢淫逸而死；如果你的条件不尽如人意，你的学识欠缺，那么你就应该谨言慎行，不能因为自己的莽撞而招致灾祸，从而使自己死于无端的事由之中。再次，在两种让人死于非命的现象之中，无论哪一种现象都应该引起我们的关注。随着社会的发展，财富的增加，当今的人们都会面临这两种情况。面对这样两难的选择题，无论你选择哪一个，也无论你是单选，还是全选，它都会给我们的生命带来意想不到的后果。因此，对于生活在财富富足社会里的我们而言，更应该了解到"贵生"的重要性，更应该明确如何才能贵生。

谨言慎行

在《三国演义》里记载了一个这样的故事，其题为"杨修之死"。话说在曹操起兵讨伐蜀国的时候，由于诸葛亮的精心算计，使他陷入了两难的境地。于是，曹操屯兵多日不敢进攻蜀国。这对于曹操而言是一件非常无奈的事情。因为，如果进攻，他又没有取胜的把握；如果后退，又助长了蜀人的志气。因此，他非常的尴尬。正当这时，侍卫给曹操端来了鸡汤。当曹操看见了碗里的鸡肋时，感慨颇多。众所周知，鸡肋虽然可以用来煮汤，但是，鸡肋上没有多少鸡肉而会被人厌食。恰巧此时夏侯惇前来请教军中夜晚的巡视口令，曹操就随口而出"鸡肋"。于是，满军营都在传"鸡肋""鸡肋"的声音。

后来这件事被时任曹操军营主簿的杨修知道了。杨修凭借自己的才智知晓曹操的内心所想，于是他命令其他军士收拾行囊，准备撤军。于是，一传十，十传百，全军都准备撤回去了。虽然没有接到主帅的命令，但军中人人都在做回去的准备，这件事让曹操知晓后非常恼火，盛怒之下就杀了杨修。

杨修之死有许多让人深思的地方，虽然此时曹操无计可施，但这并不意味着他将来也没有进攻的机会。可惜的是，杨修凭借自己的聪明破坏了曹操的计划，被杀也就在情理之中了。

但是，对于杨修之死，也有人把原因归结在了曹操的嫉贤妒能上。因为，在此之前，杨修还做过几件看似有趣，实则暗埋杀机的事情：

第一件事情是曹操去验收新建的花园的时候，在门上写了"活"字就离开了。众人不解其意，只好请教杨修。杨修道：

● 曹孟德忌杀杨修

"门内添'活'字，是个'阔'字，丞相是嫌你们把园门造大了。"众人恍然大悟，忙重建园门。后来这件事情被曹操知晓了，大为不快。

第二件事情是有人给曹操送来了一盒糕点，曹操甚是高兴，于是就在糕点的盒子上边写了一个"一合酥"三个字，置于案头。杨修进来发现后，就把它给众人分食了。其理由是"一合酥"如果按照字形拆开就是"一人一口酥"。曹操看见大家在吃糕点，面上虽然笑了，但内心却非常生气。

第三件事是曹操怕被别人谋杀，于是他就吩咐自己的贴身侍卫夜晚也不能到自己的床前，理由是"吾梦中好杀人"，并且，在某一天的某一个夜晚，曹操真的杀死了自己的一个侍卫，以警示其他的人。但是，面对这件事，杨修却说："丞相非在梦中，君乃在梦中耳！"曹操听到后，更是气愤异常。

当然，上边的说法只是小说中的记载。虽然有杜撰之嫌，但故事的本身却在形象化地解说着老子的观点。如果一个人凭借自己的聪明，恃才放旷，那么就有可能招致杀身之祸。在此不论曹操的对错，也不评价杨修的言行，只是就事论事，就足以使我们明确老子的伟大。

"贵生"不仅要谨言慎行，而且还不能骄奢淫逸。在历史上，因为骄奢淫逸而致命的故事数不胜数。

第五十一章

题 解

　　河上公曰"养德"。其基本内容是探讨"道"与"德"给予生命的影响。在老子看来，"道"在缔造生命的过程中起到了不可低估的作用，而"德"则在养育生命的过程中起到了至关重要的作用。因此，无论是"道"，还是"德"，都应该被我们重视。

原 文

　　道生之，德畜之①；物形之，势成之②。是以万物莫不尊道而贵德。道之尊，德之贵，夫莫之命而常自然。故道生之，德畜之，长之育之，亭之毒之③；养之覆之④。生而不有，为而不恃，长而不宰，是谓玄德⑤。

注 释

　　①"道生之"二句：道使天下万物得到生长，德让天下万物得到滋养。生，动词使动用法，使……生长。畜，指养育。

　　②"物形之"二句：具体的形体使万物得到显现，外界的形势环境使万物得到成熟。形，名词活用为动词，使……获得显现。

　　③亭之毒之：使万物生长成熟。亭，生长。毒，成熟。很多版本此处为"成之熟之"。

　　④养之覆之：抚养保护他们。养，抚养。覆，庇佑、保护。

　　⑤玄德：指深远、玄妙的德行。

　　道产生万事万物，德行滋养万事万物，具体的形体使万物得到显现。外界的形势环境使万物得到成熟。所以万事万物都重视道，珍视德。道被重视，德被珍视的原因，就是它们没有遵循任何命令，完全任凭其自然而然地发展。因此，道产生万事万物，品性滋养万事万物，促使万物生长、滋养、成熟、结果，并且抚养庇佑它们。产生万物却不占为己有，滋养万物却不自傲，领导万物却不主宰，这就是深远、玄妙的德行。

読解心得

　　首先，"道"与"德"对生命有着不同的作用。"道"是生命的缔造者。因此，老子在前边的论述提及了"道生一，一生二，二生三，三生万物"的理念。这也就是说，没有"道"就没有生命的开始。因此，人们在生活中都要遵循道的约束。"德"是生命的养育者，如果没有"德"的参与，"道"虽然能够缔造生命，但生命却不一定能够得到维持；如果没有"德"的参与，就会因为这样或那样的原因使生命的延续受到影响，从而产生不应该有的遗憾和懊恼。其次，"道"与"德"是统一的。有"道"才有"德"，有"德"才有"道"。遵道就是崇德，崇德也就是遵道。因此，"道"与"德"不可以偏颇。面对现实的生活，每个人都应该思考如何遵道崇德的问题。最后，在现实生活中，遵道崇德又因各人所处环境的不同，生活状态的差异，而产生不同的表现形式。特别是对于一个占据统治地位的人而言，他更应该明白这样的道理。做事而不喜功，谋事而不贪利，这才是为官之道。

経典故事

诸葛亮给儿子的信

　　诸葛亮是一位大儒，可谓是上知天文，下晓地理。为了报刘备的三顾茅庐之恩，他辅佐刘备成功地与曹操、孙权三分天下。刘备死后，诸葛亮继续辅佐刘备的儿子——刘禅，成了一代贤相。在即将去世之际，诸葛亮回顾自己的一生，给自己的儿子写下一封绝笔信，告诫儿子应该如何持家，如何学习。在这封信里，从诸葛亮的谆谆告诫中可知他对道的感悟，对德的理解。这封信以"诫子书"为题，被选入各种版本的教材中。其信的大意如下：

　　君子一般要依赖于宁静来提升自己的修养，依靠节俭来培养自己的品德。如果一个人不能坚持恬静寡欲，那么他的理想、志向就无法实现；如果一个人不努力排除外界对自己的影响，那么他就无法实现自己远大的目标。因此，学习的时候，必须要静心。才干的增长源自自己坚持不懈地学习。不学习，人的才干就无法增长；才干不增长，他的学业就没有成就。放纵自己，就会懒惰；懒惰就无法振作精神；随着时光的流逝，自己的意志就会逐渐被削弱。不接触社会，不为社会做贡献，他就只能困守在简陋的房子里，到了后悔的时候，他又能如何呢？

　　在这封信里，诸葛亮从三个方面告诫自己的儿子：首先，他告诉自己的儿子应该如何修身养德；然后告诉他学习在修身中的重要性；接着就又讲明了如何学习——惜时。如果反向推理诸葛亮的告诫，我们读者就可以发现：诸葛亮希望自己的儿子珍惜时间，把时间用在学习上，通过学习知晓如何修身，怎么样培养自己的品德。这言外之意就是说：学道就是修德，修德就是学道。明白了"惜时"之道，还要通过养德来提升"道"。

第五十二章

题　解

河上公曰"归元"。这里探讨的核心问题是如何在纷繁的生活中保全自己。保全自己，使自己能够安全地生活，任何人都需要"遵循常道"。这就正如现在的"讲规矩"一样，凡事都要有规矩，没有规矩不成方圆。

原　文

天下有始，以为天下母①。既得其母，以知其子②。既知其子，复守其母，没身不殆③。塞其兑，闭其门④，终身不勤⑤。开其兑，济其事⑥，终身不救⑦。见小曰明，守柔曰强。用其光，复归其明，无遗身殃，是为袭常⑧。

注　释

①"天下"二句：天地万物都有其产生的源头，这个源头就是天地万物产生的本原。母，本原。

②"既得"二句：在了解本原的基础上，认识万事万物。子，这里指万事万物。

③没身不殆：自始至终都不会有危险。没身，终身。

④"塞其兑"二句：堵住嘴巴等孔洞，关上大门。兑，本义指口鼻耳目，这里泛指孔洞。

⑤勤：劳作，承受苦累。

⑥济其事：追求纷繁的世事。

⑦终身不救：一辈子陷于困扰而不得安宁。

⑧袭常：遵循常道。

译文

　　天地万物都有其产生的源头，这个源头就是天地万物产生的本原。若知道了本原就能够了解天地万物。如果了解了天地万物，也就能追溯到天地万物的本原，终身都不会有危险。塞住嘴巴等接触万物的孔穴，关闭接触万物的门窗，终生不会有烦扰之事。如果打开接触万物的孔穴，追求纷繁的世事，终身都不能安宁。能察觉到细微的事物，称作明亮；能够保持柔弱的一面，称作刚强。能够发散光芒，又能用它反照出自身内在的明亮，不会给自己带来灾难，这就是遵循了"常道"。

读解心得

　　凡事都有根源，把握了根源就把握了"道"。首先，人要善于去把握事物的根源。"凡事都有根源"可以这样理解：万物的产生都能追溯到其根源，任何事情得以发展，都是根源作用的结果，而这就是哲学上所说的因果关系，没有无果之因，也没有无因之果。其次，把握因果才能发现核心问题所在。这也是说，只有在因果的联系中才能把握"道"的所在，而把握"道"的所在就能找到解决问题的根本。这就是本章伊始老子所讲的"母子"关系，"母"就是天下之道；"子"就是天下万物。从"道"出发去认识万事万物，这才是根本所在。再次，"知母"与"知子"同样重要。在老子看来，所谓的"知母"就是了解事物的本原——道；"知子"就是知晓"事物"的根本。对于认识而言，从表象到本质的追寻就是一条正确的认识之路。但是，在追寻事物本原的过程中，人不能把自己的偏见附着于追寻的具体过程。因此，既不能主观臆断，也不能聪明误事。特别是后者，聪明反被聪明误的故事屡见于小说故事之中。

经典故事

蒋干难辨"双簧"，曹操错杀得力干将

　　在《三国演义》第四十五回里，作者以《群英会蒋干中计》向读者讲述了一个因为没有明白因果而坏事、误事的蒋干。故事的内容大致如下：

　　当年曹操率兵东伐，向东吴的都督周瑜下了战书。周瑜是主战派，于是他杀死

了为曹操送战书的信使，积极备战。曹操很生气，率领自己的军队到达东吴的三江口一带，准备在此讨伐坚决抵抗的东吴军队，严惩他们的大都督周瑜。然而，周瑜行事谨慎，面对个别战事的胜利，仍然能够保持自己清醒的头脑。于是，夜里独自侦察曹操的水军。当他知晓当年刘表手下的大将蔡瑁、张允正在曹操手下率军作战后，他对蔡瑁、张允两人"深得水军之妙"的本领深感担忧。于是，决定设计除去曹操手下这两员得力的干将。虽然此时曹操有蔡瑁、张允两人的辅佐，但要一举拿下东吴也绝非易事。正在曹操无策之时，突然自己的幕僚蒋干出来毛遂自荐，说他可以去东吴劝降大都督周瑜，而且向曹操说出了自己与周瑜的私交，并以曾经是同学的经历向曹操保证自己一定能够完成任务。因此，无奈之中的曹操也只好一试。

在军中备战的周瑜听说蒋干来访，立即明白了怎么一回事。于是，一个新计谋应运而生。为了迷惑蒋干，周瑜在军中摆酒设宴。在群英会上，定了一条新的规矩，只叙友情，不提军事，借以堵住蒋干的劝降之口。在周瑜的安排下，部下们明里暗里地向蒋干透露兵精粮足的消息，并炫耀自己将遇良主的感恩之荣，从而使蒋干不敢轻易开口谈及劝降之事。一番推杯换盏之后，周瑜又与自己的同学密友抵足而眠，并佯装酒醉不醒，骗得蒋干信以为真，并使之成功盗走了一封伪造蔡瑁、张允降吴的书信。为了使蒋干信以为真，周瑜还让自己的部下演绎了一出"双簧戏"——"江北有人到此"。可怜的蒋干不仅没有识破周瑜的计谋，而且还信以为真，更是添油加醋般向曹操描述他的"眼见为实"。虽然蒋干没能劝降周瑜，但他的发现足以让他向曹操交差了。可怜的蔡、张二将在曹操的盛怒之下被冤杀了，虽然后来曹操恍然大悟，但为时已晚。

● 周瑜

昆峰三分定功成一炬
中君臣同骨肉兄女真
英雄

方城偏作画

道德经

二一八

在这则故事里，周瑜是一个明白人，他知晓蒋干前来东吴的目的，所以他能够顺利地实施自己的反间计。然而，蒋干也好，曹操也罢，他们都没能正确地从因推果，也没有从果推因。否则，曹操就不能听信蒋干的眼见为实，蒋干就不能相信周瑜和将士所演的"双簧"。

下篇 第五十二章

第五十三章

题 解

河上公曰"益证"。虽然人们知晓"大道",但是,在现实的生活中却有许多人走偏了。特别是对于那些位高权重的人而言,他们的所作所为与大道之行相去甚远。因此,老子借生活中的矛盾阐释大道之行的哲理。尤其对于统治阶级而言,本章的内容特别值得深思。

原 文

使我介然有知①,行于大道②,唯施是畏③。大道甚夷④,而人好径⑤。朝甚除⑥,田甚芜,仓甚虚。服文彩,带利剑,厌饮食⑦,财货有余,是谓盗夸⑧。非道也哉!

注 释

①**使我介然有知**:假如我有一点点见识。我,指老子自己。介然,细小的样子。

②**行于大道**:遵循大道而行。

③**施**:通"迤",邪,斜行,歪道。

④**夷**:平坦。

⑤**而人好径**:可是人们喜欢走捷径,走小路。径,指邪路。河上公注:"径,邪不正也。"

⑥**朝甚除**:朝政败坏无纲。

⑦**厌饮食**:饱得再也吃不下。厌,饱足。

⑧**盗夸**:指夸耀。

译 文

若我稍微懂得点真理,在以道为原则的路上行走,唯一担心的是误入歧

途。大道虽然平坦，但人们却喜欢走邪路。朝政败坏无纲，农田里杂草荒芜，仓库也十分空虚。而人们仍喜欢穿华丽的衣服，佩戴着锋利的宝剑，拥有丰富的食物、富余的财宝，这种炫耀权势与财富的行为，是违背了道的原则啊！

读解心得

　　知晓大道却不一定能行之有道。因此，在本章节的阅读中，有如下几点值得仔细品味：首先，"祸莫大于不知足，咎莫大于欲得"，这是老子在第四十六章提及的观点，在此，他又从社会矛盾方面对此进行了诠释。在先秦的著作《礼记》里，有篇讲述"大道之行"的文章。文中的观点与老子的理念有诸多相似之处。在这篇文章中，作者这样描述理想中的社会：在大道实施的社会里，天下的一切都是大家所共有的，既没有谁去把这些财物窃为己有，也没有谁任意地挥霍这些宝贵的财物。在这样的情况下，品德高尚的人、有才的人就会被选拔出来担当重任。老人就会老有所终，幼儿就会顺利成长。于是，夜不闭户的理想社会就到来了。因此，人要知足，不能有过多的贪欲。其次，"朱门酒肉臭，路有冻死骨"，这是杜甫描绘的因社会矛盾而造成的社会惨象。过激、过深的社会矛盾就会产生朝代的更替。然而，纵观历史上的朝代更替，任何一个朝代的更替都是建立在百姓的痛苦之上的。一句"兴，百姓苦；亡，百姓苦"，说的就是这样的情况。

经典故事

陈胜、吴广起义

　　司马迁的《史记》曾经有一篇题为《陈涉世家》的文章，就形象地诠释了"祸莫大于不知足，咎莫大于欲得"的道理。故事的内容大致如下：

　　陈胜原是一位普通的百姓，年轻的时候曾经被别人雇用去耕地。一天，他在劳动的间隙对大家说："如果哪一天咱们富贵了，可不能彼此忘记啊！"但他却因这句话被自己的同伴笑了好久。因为，此时此景，其他的人都不会相信谁会出人头地。于是，陈胜自己感叹道："唉，燕雀怎么能知道鸿鹄的志向呢？"这句话的言外之意就是，大家都不能理解他的志向。

　　秦二世是一个残暴的君主，为了加强自己的统治，他制定了严酷而又无情的法律制度。在二世元年的七月，他派手下调集了许多贫苦的百姓去驻守渔阳。在此次征集的人员里，就有上边提到的这位陈胜和另一位故事的主人公——吴广。当他们的队伍来到大泽乡的时候，遇上了大雨，队伍不能前行。一连几天的大雨，不仅耽误了行军的时间，而且也冲毁了前行的道路。于是，一件更可怕的事情发生了：行军误了日期。按照当时的法律，延误时间，所有人当斩，就算逃跑不去驻守渔阳，按照法律同样也会被斩。于是，陈胜、吴广就和众人商议："现在逃跑是死，起义也是死。同样是死，起义为国事而死，不是更有意义吗？"在众人议论纷纷之时，陈胜又说了一件更能坚定大家起义的事情：秦二世本不应该继承王位，应该继承王位的是爱戴百姓的公子扶苏，秦二世杀了公子扶苏才登上现在的王位。因此，废除刺杀了扶苏的秦二世，或者说此时起义，就是一件顺民心的正义之事了。

为了配合起义，陈胜和吴广两人听从占卜人的意见，在一块绸布上，用丹砂写了"陈胜应该称王"这样的字条，并派人放入一条鱼的肚子里，以便士兵吃的时候发现，从而为自己的起义制造舆论。但是，两人觉得这样做不够充分，于是他们又在夜晚，趁着士兵都睡熟的时候，派人在丛林里学狐狸的叫声，大声地呼喊："大楚将兴，陈胜为王。"

吴广是军队中的一个都尉，他平时非常关怀自己的部下。大家都很喜欢吴广，因此也都愿意听从他的调遣。于是，在某一天饭后，面对早已喝醉的将尉，吴广多次说自己准备逃跑，以此来激怒他们。果然有一位将尉上当了，拿出自己的佩剑要斩杀吴广。这时，在陈胜的帮助下，吴广夺过那位将尉的剑，杀死那些押送戍边队伍的其他军官。陈胜、吴广及这些戍边的百姓就此起义，在起义的大会上，为了鼓舞大家的信心，陈胜等人说："那些王侯将相，难道就是天生的贵种吗？难道就应该是王侯将相吗？"其他人都明白了自己的处境，既然戍边是死，逃跑也是死，还不如随着陈胜和吴广

● 《史记》中对陈胜、吴广起义的记载

起义。为了赢得更多人的响应，陈胜和吴广把自己的队伍称为是公子扶苏、项燕的队伍，替天行道。于是，各地的百姓听说这件事后，都纷纷起义跟随陈胜和吴广。看似强大的秦王朝终于在百姓的起义中覆灭了。

　　在这件事情里，如果秦二世不为自己的私利，制定那些严苛法律，陈胜和吴广也不会率领众人起义。换而言之，即使他们两个想起义，也不会得到众人的响应，更不会在那短短的时间内，快速地推翻秦王朝。作为一个统治者，更应该知足，不能有过分的贪欲，更不能为了维护自己的贪欲，去制定残酷的法律，让那些戍边的百姓处于难以生存的境地。因此，任何一个人都不能违背大道啊！

第五十四章

题 解

河上公曰"修观"。本章节主要以讲述道、德及其影响为主。无论是在人类的繁衍过程中，还是在社会的演变历程里，任何一个人，任何一个社会，都在接受道的作用，秉承德的影响。因此，老子在这里推己及人，再由人推之社会，从共时与历时的层面上，分析道的功用与德的影响。从而警示我们做任何事情都不能脱离道，不能远离德。

原 文

善建者不拔，善抱者不脱①，子孙以祭祀不辍②。修之于身，其德乃真③；修之于家，其德乃余④；修之于乡，其德乃长⑤；修之于邦⑥，其德乃丰；修之于天下，其德乃普⑦。故以身观身，以家观家，以乡观乡，以邦观邦，以天下观天下。吾何以知天下之然哉？以此。

注 释

①"善建"二句：善于经营的人不会被拔除，善于坚守的人不会被夺走。不拔，不被拔除。抱，牢固把持。不脱，不被夺走。

②子孙以祭祀不辍：按照善建和善抱的原则做事，子孙后代就可以世代相传，宗庙得以保守，祭祀不断。辍，断绝。

③"修之"二句：将善建和善抱的原则贯彻到个人身上，这个人的德行就可以保持纯真。真，纯正、纯真。

④余：盈余。

⑤长：久远。

⑥邦：国家。

⑦普：广泛。

　　善于经营的人不会被拔除，善于坚守的人不会被夺走，（如果子孙能懂得这个道理）世世代代的祭祖活动就不会断绝。用这个道理完善自身，他的品德会真实纯正；用这个道理管理家族，他的德行会有所丰余；用这个道理治理乡人，他的德行会长存；用这个道理治理国家，他的德行会丰盛硕大；用这个道理治理全天下，他的德行会广泛普及。因此，通过自身的修养方法来观察别人；通过本家族的管理方法来观察别的家族；通过本乡的治理方法来观察别乡；通过本国的治理方法来观察别国；通过现在的治理方法来观察过去和未来的天下。我凭借什么知道天下的情况怎样呢？就是凭借这个。

　　在阅读本章的过程中，有如下的感悟值得分析和说明：首先，从《道德经》的体系上讲，这一章节是对前边"不出户知天下"的延展性表述。老子认为，"不出户"就可以"知天下"。但是如何知天下，却要从章节的论说里去感悟。其次，这一章节的内容以讲修身立德方法为主。在这里，老子重点提及了一种方法——推己及人。作为一个有建树的人或是有成就的人，都应该坚持这样的方法，推己及人，推人及己。因此，在相互的比照中，才能分析各自的不足，然后有针对性地去改正彼此的不足。在文中老子始终在强调由身及身、由人及人，并把这种思想发挥到了极致——由天下知天下。再次，修身养德，重在根基。这里所强调的根基应该有两个：道与德。有且只有把握了道与德，才能在道的作用下，在德的培育中，完成自己想做的事情。最后，任何一个人都要建立自己的道德信仰，从而才能谈及"善建者不拔，善抱者不脱"的问题。这也就是说，建立自己的信仰是根基，而坚持自己的信仰，才能让道的作用得到彰显，才能让德的影响得到发挥。

谱唱"六尺巷"，路怒"让一让"

　　在这一章节的论述中，老子非常看重"推己及人"的观点。而这个观点又与孔子所提及的"己所不欲，勿施于人"颇为相似。

在清朝有一则这样的故事，很能体现老子的这个观点。故事要从一首诗说起。这首诗一共有四句，而且语言也明白易懂：千里修书只为墙，让他三尺又何妨？长城万里今犹在，不见当年秦始皇。这首诗的作者是清朝康熙年间的一位大学士。当时他家的旁边有一块闲置的土地，但是因为这块地，他的家人与邻居发生了纠纷，于是家人想让其出面干涉处理此事。这种情况下，这位大学士写下了这首诗寄给家人。家人一看就明白了他的意思，于是主动退让一步，让出了三尺宽的地方。而他的邻居见状也主动后退让出了三尺。于是，两家之间就出现了六尺宽的巷子，俗称"六尺巷"。后人为了纪念这段颇具生活哲理的故事，在巷子旁边立上了牌坊，上书"礼让"两个大字，并借此警示后人凡事要礼让为先。这条有名的六尺巷，现存于安徽省桐城市的西南，全长约一百米。

六尺巷的故事非常耐人寻味、引人深思。还有一则与之相反的，以现代"路怒族"为主题的新闻，更能从相反的层面上验证遵道崇德的重要性。

在这个直播的时代里，网络上一则以"广东一车主变道致追尾后多次驾车冲撞对方车辆"为标题的视频新闻引起网友的热烈讨论。这段视频新闻极短，只有三分钟，但它却讲述了一个典型的"路怒"事件：一辆汽车因为另一辆汽车的急速变道而被追尾，而被追尾那辆车的司机，二话不说，下车就直奔追尾那车而去。随即视频里传出了乒乒乓乓的打击声。原来两名司机因为这件事情打了起来。然而，这名动手打人的司机因为不解气，他又把自己的车开到了前边的路口，然后掉转车头，再一次开车冲向与其追尾的车辆，并不停地冲撞。这是一起典型的"以危险方法危害公共安全的刑事犯罪"。任何一名司机都不想与别人追尾，那名被追尾的司机虽然是一名受害者，但他后来的行为，却构成了犯罪，使自己从一名受害者变成了一名施害者。因此，这件事情非常值得众人深思。

在人们的日常生活中，虽然没有"如果"可说，但是如果这名被追尾的司机能够控制自己的情绪，如果那名追尾的司机能够再细心一点，或许所有的事情都不会发生。由此可见，建立人生的道德信仰是一件多么迫切而又有意义的事情啊！

道德经

第五十五章

题 解

河上公曰"玄符"。在这一章节的论述中，作者以形象的比喻和具有哲理性的语句，强调了德的重要性，而德之重要性的显现却是以"和"为中心的。所谓的"和"就是阴阳的统一，就是道与德的统一，就是一切矛盾双方的统一。因此，它也是我们发展和谐社会的理念渊源。

原 文

含德之厚，比于赤子①。毒虫虺蛇不螫shì②，猛兽不据，攫jué鸟不搏③。骨弱筋柔而握固。未知牝pìn牡之合而全作④，精之至也。终日号而不嗄shà⑤，和之至也⑥。知和曰常⑦，知常曰明，益生曰祥⑧，心使气曰强。物壮则老，谓之不道，不道早已。

注 释

①**比于赤子**：可以和刚出生的婴儿相提并论。于，介词，与。赤子，刚出生的婴儿，借指纯真质朴、无知无欲的人。

②**毒虫虺蛇不螫**：毒虫、蝎子、毒蛇等不蜇他。螫，毒虫或毒蛇等用毒腺刺人。

③**攫鸟**：指鹰等一类的猛禽。

④**未知牝牡之合而全作**：还不知道男女之事，却阴茎勃起。而，连词，表转折。全作，指婴儿的生殖器勃起。

⑤**终日号而不嗄**：终日大声啼哭但嗓子却不嘶哑。嗄，声音嘶哑。

⑥**和之至也**：这是元气和气充盈。

⑦**知和曰常**：懂得淳和的道理，就是遵循"常"道。

译文

德行品质至高至尚的人，宛如刚出生的婴儿。毒虫、蝎子、毒蛇等不螫他，猛兽不伤他，鹰也不捕食他，尽管身体柔弱，但是他的拳头却牢牢地握着。他还不知道男女之事，却阴茎勃起，而这是因为他的精气充沛。他整日啼哭，声音却不会沙哑，这是因为他和气充盈。懂得淳和的道理，即遵循"常"道，懂得遵循"常"道，便是智慧的表现，过分地延长寿命，会招来灾祸。争强好胜就是所谓的逞强，事物发展过于强盛就会逐渐走向灭亡，这就是不符合道的原则，不遵循道的原则便会过早衰败。

读解心得

阅读本章节的内容，有以下几点值得细细地品味：首先，"和"是一种强大的象征。在老子看来，"和"是能够保持自身强大的关键所在。作为一个赤子，因为他无欲无求，所以狼虫虎豹不会伤害他，而他也不会去伤害狼虫虎豹。所以，赤子与这些狼虫虎豹之间，是和谐的。其次，柔弱不争是"和"的一种表现。以柔克刚却打破了这种平衡。它可以使矛盾双方向彼此和谐发展，也可以使和谐的彼此产生新的矛盾。因此，为了达到"和"的状态，柔弱不争无疑是另一种切合实际的选择。再次，"柔弱不争"并不是柔弱不可以胜强，不可以战胜强大，在历史上有许多以弱胜强的故事。"柔弱不争"并非柔不能克刚，而是一种处事的策略。最后，和谐是一种人类的追求。虽然和谐是一种理想的状态，但它的形成却是一件非常不容易的事情。按照现代哲学的观点，事物发展的动力是矛盾，但人类社会的发展却是基于对这种矛盾解决的一种追求。

经典故事

破釜沉舟成项羽，顺应民心退齐军

中国古代发展史上有许多以少胜多的战役，特别是发生在秦朝末年的巨鹿之战，更能使人明白"人和"对于战争走向的影响。

秦朝末年，战乱不停，秦军在大将章邯的率领下打败了楚地的义军首领项梁。然后挥师渡过黄河与秦将王离会合，一起攻打赵国。赵国的军队大败，残部逃进了巨鹿城。因此，赵国向楚王求救，但楚国的援军也被打败了，巨鹿城危在旦夕。第二天，楚王又派项羽为将，再次率兵前去救援。据说，在项羽率兵渡过黄河之后，为了向士兵表达自己战胜的决心，他命令士兵砸碎了做饭的锅，烧毁了住宿用的帐篷，然后只带三天的干粮前去攻打巨鹿城。项羽的勇气和决心影响到了他的士兵，于是大家奋勇杀敌，越战越勇敢，最终打败了外围的秦军，成功解了巨鹿城之困。"破釜沉舟"往往被认为是项羽取胜的关键所在。结果楚军打败了秦军，同时也凭借自己的军威吓倒了其他诸侯军。目睹楚军奋勇杀敌的经过，很多诸侯军都被吓破了胆。于是，当楚军打败了秦军之后，各路诸侯军的将领都前来拜会项羽。据说，当这些诸侯军的将领步入楚军辕门的时候，谁都不敢仰视项羽。他们都臣服于项羽，因此他们的军队自然也归为项羽领导了。

●项羽

这是一次决定秦朝生死存亡的关键性之战。在这次战斗中，秦朝的军队约有四十万人，而由项羽带领的军队只有二十万人。两军之间在兵力上约有二十万人差距。在指挥者的层面上看，秦军的将领是章邯、王离，而义军的将领只有项羽一个人。前者是久经战场的老将，而且从他们对巨鹿城的围歼战而言也算是乘胜追击。而项羽则不具备这些条件。战争的性质，可以从两个层面上分析：第一个层面，这是一次秦朝与起义军之间的决战；另一个层面，它是一次以人心归属决定胜败的战斗。对于秦朝而言，百姓之所以起义是因为秦朝残暴的统治。正可谓"劳罢者不得休息，饥寒者不得衣食，亡罪而死刑者无所告诉"，因此，人心向背是决定战争胜负的关键。

巨鹿之战的胜败就如孟子在《得道多助，失道寡助》中所讲的一样，值得所有人深思。孟子说："对于战争而言，天时没有地利重要。占据有利的地理形势，即使没有天时，军队也会胜利；然而，地利没有人和重要。即使占据了有利的地理形势，如果将军和士兵人心不和，他们也照样会失败。一个面积只有三里的小城，包围后攻打它却不能取胜。再次包围攻打它，那么就一定会有占据有利的天时，然而还不能取胜，那就是说，天时对战争的影响没有地利重要。一座小小的城，城墙也不是不高，护城河也不是不宽，士兵的武器装备也不是不好，战备用粮也不是不充足，但是如果这些士兵弃城而逃，那么不能取胜的原因只能归结为人和对于战争的影响是最重要的了。"从孟子的观点反思巨鹿之战，足见其观点的准确。秦朝军队的失败就可以归结为人心不和，而人心不和的原因则是统治者的贪欲。

　　无独有偶，还有一篇文章也谈及人心团结对于战争的重要性。这篇文章题为"曹刿论战"，选自刘向所著的《战国策》。在鲁庄公十年的春季，齐国的军队讨伐鲁国。面对气势汹汹的齐军，鲁庄公也积极备战，准备和来侵之敌拼个你死我活。在这个关键的时刻，鲁国的一个平民百姓——曹刿前来求见。鲁庄公欣然应允。当曹刿问及鲁庄公凭借什么与齐国作战的时候，鲁庄公首先提及了两个条件：一个是把自己的衣食分给众人，希望换取众人的信任。第二个条件是，在祭祀的时候，如实说出自己的各种祭品，从不虚夸，希望借此换取神灵的护佑。然而这两个条件都被曹刿给否定了。在曹刿看来，鲁庄公的这些做法并不能得到百姓的拥护。于是鲁庄公又想到另一个条件："小大之狱，虽不能察，必以情。"大大小小的案件虽然不明察，但一定要根据实情进行审判。曹刿赞同了后者。于是鲁庄公就凭借后者去和齐国军队大战一场。在曹刿的帮助下，鲁庄公打败了入侵之敌。因为在曹刿看来，"小大之狱，虽不能察，必以情"是鲁庄公分内的事情，只有做好了这件事情，鲁庄公才能取信于民，才能获得众人的帮助。

第五十六章

题　解

河上公曰"玄德"。因为本章节是描绘老子的理想社会，因此也有人称之为"玄同"。"玄同"是老子心中的理想社会，在那样的社会里，人们从不谈论别人的长短，也不品评别人的优劣。世人不露锋芒，化解各种危机。收敛荣耀，混同尘世。因此，这样的社会里，没有争名逐利的烦恼，也没有利害贵贱的纷争。

原文

知者不言，言者不知①。塞其兑，闭其门，挫其锐，解其纷，和其光，同其尘②，是谓玄同③。故不可得而亲，不可得而疏；不可得而利，不可得而害；不可得而贵，不可得而贱④。故为天下贵⑤。

注释

①"知者"二句：学识渊博的人不多说话，而随意发表言论的人往往不够博学。另一种解释是，聪明的人不多说话，到处说长论短的人不聪明。王弼注："因自然也。"河上公注："知者贵行不贵言也。"知者，就是智者，有大智慧的人。

②"挫其锐"四句：使他们无法显露锋芒，进而消解他们的纷争；使他们的光彩得到调和，也共同吸纳他们带来的尘埃。

③玄同：无差别的境界。

④"不可"六句：使人难以亲近或疏远；难以使其受害或得利；难以让人鄙视或尊敬。

⑤故为天下贵：为普天下普遍重视、充分尊重。

学识渊博的人不多说话，而随意发表言论的人往往不够博学。堵住眼鼻，封住嘴巴，使他们无法显露锋芒，进而消解他们的纷争；使他们的光彩得到调和，混同他们的尘世，这就是道的玄妙齐同。达到了"玄同"境界的人，使人难以亲近或疏远；难以使其受害或得利；难以让人鄙视或尊敬，所以受到了天下人的尊重。

读解心得

这一章节可以看作是对前一章节的延续，也可以看作是对理想社会的描述。因为在老子的理想社会里，"和"是非常重要的。在阅读这一章节的时候，有如下几点感悟可以分享：首先，在道与德的作用下，人可以养成自己高尚的人格。在遵道崇德的过程中，人们可以达到"挫锐""解纷""和光""同尘"的境界。其次，"和"就是和谐统一。在老子看来，因为有"锐"的存在，那就需要通过"挫锐"去解决这个矛盾。从而通过这个矛盾的解决来实现彼此的和谐。同样，因为"纷"的存在，它就会破坏彼此的和谐。所以，通过解纷的过程去调和这对矛盾，从而在矛盾的调和中实现彼此的和谐。再次，"同尘"最重要。在人世之间，到处都是尘埃。特别是人间的纷争就如那自然界里的尘埃一样多。因此，人生在世没有必要和谁去争一个高低，辩一个谁对谁错。只有化除自己的偏见，抛弃自己的私心，才能做好自己应该做的事情。

经典故事

沉默是金

在这一章节里，老子通过对自己理想社会的描述，既向读者阐释自己的理想追求，也在向读者重申"和"的重要性。

据说在古代有一个很小的国家向一个面积很大的国家进献了三个外形完全一样的金人，可是正当大国的国王欣赏这三个小金人的时候，小国的使臣却提出了一个非常刁钻的问题，他要求大国的国王判断三个小金人里，哪一个最具有价值。这下可难坏了大国的国王，有人建议从小金人的外形去区分小金人的价值，可是大国之内，没有任何一个人能够看出三个小金人外形有什么区别。原来这些小金人都是由一个工匠按照统一的标准进行雕刻的。于是，又有人建议国王从三个小金人的重量上进行区分，哪一个小金人重，哪一个就最具有价值。可惜的是经过工匠的精心称量，三个小金人的重量完全相同，所以这个办法又不可行了。正在国王为难之际，又来一个大臣，进献了一个绝妙的方法，这位大臣请求国王把外国的使臣请来，并让这位使臣把自己的三根稻草，分别插入这三个小金人的耳朵里。使臣遵照这位大臣的吩咐，把三根稻草分别插入了三个小金人的耳朵，意想不到的事情发生了：第一根稻草从这个小金人的另一个耳朵眼里冒了出来；第二根稻草从第二个小金人的嘴里掉出来；最后一根稻草直接进入了第三个小金人的肚子里。于是，大臣说第三个小金人的价值大一些。其理由是：做人要像第三个小金人，谨言慎行，沉默是金，既不能听不进别人的意见，又不能搬弄是非。凡事只有三思而后行，才能成功。而这正是老子在本章里所强调的观点。

　　无论是在国外，还是在国内，都有许多关于"沉默是金"的谚语。第一个谚语：天不言自高，地不言自厚。第二个谚语是：此地无声胜有声，此时无情胜有情。第三个谚语是西方的：说话是银，沉默是金。伟大的西方哲学家维特根斯坦说："对于我们不可以说的东西，我们要保持沉默。"沉默是一种权利，也是一种处事方法。沉默并不代表自己无知，相反，通过沉默却可以化解风险。

第五十七章

题 解

河上公曰"淳风"。在这一章节中，老子继续叙述他自己的治理理念。在老子看来道法自然，人也应该法自然。于是，他无为而治的思想再一次出现于本章节的论述之中。在这一章中，既涉及老子对"出奇制胜"用兵之道的评价，也涉及老子对"治国要正"这种治理理念的思考。因此，辩证法的思想仍然是理解这章内容的关键所在。

原 文

以正治国①，以奇用兵②，以无事取天下③。吾何以知其然哉?以此④：天下多忌讳⑤（huì），而民弥贫⑥（mí）；民多利器⑦，国家滋昏；人多伎巧⑧，奇物滋起⑨；法令滋彰，盗贼多有。故圣人云：我无为而民自化⑩，我好静而民自正，我无事而民自富，我无欲而民自朴。

注 释

①以正治国：用正规的方法（无为之道）治理国家。正，无为、清静之道。

②以奇用兵：用诡诈之术指挥用兵打仗。奇，奇谋异道。

③以无事取天下：用清静无为的手段来治理天下。取，治理。

④此：指下面的话。

⑤忌讳：禁忌、避讳，指各种禁令。

⑥民：百姓。

⑦利器：效能较高的工具。包括生产工具、交通工具、武器装备等。利，锋利、锐利。也有观点认为"利器"指权谋。

⑧**人多伎巧**：指当时出现的冶炼铸造、雕刻建筑、纺织工艺等技术。伎，同"技"。

⑨**奇物**：邪事、奇事。

⑩**我无为而民自化**：我没有欲求，百姓就自然淳朴了。自化，自我化育。

　　用无为之道来治理国家，用奇谋异道来领兵作战，用无所作为来管理天下。我如何知道这个道理的呢？依据下面这些：天下的避讳和要求越多，百姓的生活就越来越贫穷；人们锋利的武器越多，国家就越容易处于混乱和战争之中；人们掌握的手艺越多，新奇古怪的工艺就越造越多；法规律令越是烦琐森严，盗贼越是不断增加。所以圣人常说：我无所作为，百姓就自然顺化了；我追求宁静，百姓就自然安定了；我不滋生事端，百姓就富足了；我没有欲求，而百姓就自然淳朴了。

　　首先是道法自然的重要性。在老子看来，无为而治是最高的境界，也是最为理想的状态。因此，无论是治理国家还是为人处世，都不能过多地进行主观干预。因此，他反对出奇制胜的用兵之道。其次是辩证分析的重要性。古往今来，朝代的更替，留下了许多人为治理的痕迹。可是在这些有为而治的发展历程中，却存在着这样的事情：百姓在这些条条框框的约束下，生活却越来越穷；虽然有许多可以提高效率的器物参与日常生活，可是国家却越来越乱。随着法律、法规的完善，盗贼却越来越多。因此，在老子看来，这就是有为而治的坏处。然而，对于此事而言，虽然也存在着老子所说的事实，但在总体上而言，有为而治也并非一无是处。随着物

● 清静为天下正

质资料的丰富，越来越多的人过上幸福的生活，这也是一个不可否定的事实。因此，关于这一点，应该坚持辩证的思维。再次是正与不正。这一章节的内容是对老子政治思想的阐释，因此，在谈及治国的时候，老子认为"正"是唯一正确的选择。那么什么是老子所强调的"正"呢？从文中可知，所谓的"正"就是"奇"的对立面。也就是老子在文章末尾处所讲的清静无为。那么，什么又是所谓的"奇"呢？"奇"就是诡异。这就正如兵法中所讲的那样"兵者，诡道也"。最后是"无为而治"的局限性。在这一章节中，老子把用兵之道和治国之道并列而谈，或许有自己的思考。由于国家所处的环境不同，或者更确切地说是其所处的国际形势不同，国家的管理者应该采取不同的方法和策略。对于一个没有外敌入侵的国家而言，或者说是对于一个相对安全环境中的国家而言，无为而治或许是一个值得思考的策略。但是，面对日趋复杂的国际形势，"出奇制胜"也不失为一种选择。

经典故事

淳于髡善言谏明君

"无欲则刚"是指只要能够减少自己的欲望，就能把自己的分内之事做好。于是，就有了下边这则故事跟大家分享：

在中国的古代有一位口才奇好的人，他的名字叫作淳于髡。淳于髡生于战国时代，他虽然口才好，但身材矮小，出身贫寒。后来他被国王任命为使者，经常出使各国。由于其杰出的演说才能，他的每一次出使都能完成任务，颇有唐雎不辱使命的风采。

公元前 371 年，楚国大军前来攻打齐国。齐威王无奈，只好派淳于髡身带礼物前去赵国求救。由于经常出使外国，所以淳于髡深知各国国王的喜好。这一次，他深知齐威王礼物给得少了些，但他又不好意思直接说明白。于是，淳于髡在齐威王面前狂笑不止。齐威王觉得情况不对，也发觉礼物给得少了些。于是就直接问淳于髡："是不是我的礼物有点轻？"淳于髡没有直接回答齐威王的问话，而是向他讲了一个自己的所见："今天在我上朝的路上，遇见一个人，他手里拿着一只猪蹄和一杯酒，向土地祈祷，希望土地神保佑他收获满满的谷物，不仅要地里的谷物装满车，而且还要秋后米粮堆满自己家的院子。这是一个多么贪婪的人啊！他给土地神的东西只有一个猪蹄，一小杯酒，他却索要如此多的东西。"说完仍然大笑不止。于是，齐威王就给淳于髡补充了许多贵重的礼物。淳于髡终于带着齐威王的礼物搬来了救兵，解了齐威王之难。

齐威王见自己的危难已除，于是就像往常一样，常常宴饮到深夜。群臣谁也不敢劝说。有一天在宴饮的时候，齐威王问淳于髡一个非常简单的问题："你喝多少酒会醉？"淳于髡的回答却耐人寻味："喝一杯会醉，喝一石也会醉。"齐威王听到后觉得奇怪，于是就继续追问淳于髡那是为什么。淳于髡想了想说："如果是大王赐酒，由于旁边有监督，所以我心中恐慌，喝上一杯就会醉。如果是在我自己家里，招待自己亲近的朋友，我喝上一石也不会醉。"说完淳于髡看了看齐威王，接着又说："特别是当我遇到多年未见的朋友时，和他们一起做游戏，男女混杂在一起，更是无拘无束，喝起酒来惬意得很，怎么会醉呢？虽然说酒酣则乱，物极必反，乐极生悲，但是，我也不在乎。"齐威王终于明白了淳于髡的言外之意。从此，再也不在夜晚搞这样的宴饮了，淳于髡终于成功地劝说了齐威王。

在这则故事里，淳于髡是一个聪明至极的人，他没有直接告诉齐威王要控制自己的欲望。他通过对自己的经历及感悟诉说，终于使齐威王明白了自己的缺点，从而在减少自己欲望的基础上，实现了无为而治的目的。

第五十八章

题 解

河上公曰"顺化"。所谓的"顺化"就是顺应自然之法。从另一个层面上看，本章节的内容也可以看作是老子对"道法自然"观点的进一步说明。在老子看来，虽然世界是纷繁复杂的，事物之中充满了矛盾，但是，如果从纷繁的事物之中悟出了道的本质，那么一切矛盾都会迎刃而解。因此，如何悟道至关重要。那么如何悟道呢？方法也似乎很简单，那就是坚持辩证的分析方法，既看到矛盾的存在，又从矛盾的双方中发现彼此相互转化的秘密。

原 文

其政闷闷①，其民淳淳（chún）②；其政察察③，其民缺缺④。祸兮福之所倚；福兮祸之所伏。孰知其极？其无正⑤。正复为奇，善复为妖⑥，人之迷，其日固久⑦。是以圣人方而不割⑧，廉而不刿（guì）⑨，直而不肆⑩，光而不耀⑪。

注 释

① 闷闷：昏昏沉沉的状态。

② 淳淳：淳朴厚道。

③ 察察：明白、清楚。

④ 缺缺：残缺不全，不满足。

⑤ 其无正：它们并没有确定的标准。其，指代福、祸变换。正，标准、确定。

⑥ "正复"二句：正常的变为反常的，善良的变成丑恶的。正，方正、端正。奇，反常、怪异。妖，邪恶、灾害。

⑦ **"人之迷"两句**：人们迷惑于此，已经由来已久了。

⑧ **方而不割**：方正而不生硬。割，用刀斩断，引申为生硬、勉强。

⑨ **廉而不刿**：棱角锐利而不伤害人。廉，锐利。刿，割伤。

⑩ **直而不肆**：直率而不放肆。

⑪ **光而不耀**：光亮而不刺眼。

译 文

国家施行宽厚清明的政治，它的百姓就淳朴善良；国家施行苛酷黑暗的政治，百姓就会贫苦抱怨。灾祸中孕育着幸福；幸福中隐藏着灾祸。谁知道灾祸和幸福谁先来临呢？这里并没有唯一的标准。正邪转变，善恶异位，人们内心困惑已经很久了。因此，有道的圣人端正善良而不生硬，棱角锐利而不伤害人，直率而不放肆，光亮而不显得刺眼。

读解心得

在阅读本章节的内容时，首先应该明确老子在"祸兮福之所倚，福兮祸之所伏"一句里所表达的辩证法思想。在老子看来，福与祸本是一对相互矛盾的事实，但是在现实的生活中，它却可以实现彼此的转化。好事可以变成坏事，坏事也可以变成好事。因此，遇到坏事的时候不要悲伤，同样，遇到好事的时候也不能冲昏了头脑。因为世界上的一切都在变化之中。所以，立足现在，着眼未来，似乎永远都是一句切合实际的话。其次，老子的辩证法观点源于《周易》中的辩证式思维，但他却另有体悟和思考。因此，老子在辩证思维的视域里，思考德给予社会生活的影响。在前边的叙述中，老子曾经提出了"重为轻根，静为躁君"这样的思想。在此，老子又重申相同观点。可见，辩证思考在生活中的重要作用。再次，福与祸的相互转化还可以做进一步延展思考。即，面对相同的生活环境，不同的人会取得不同的成就。究其原因，是与其主观努力密不可分。人生在世，不如意者十之八九。如果想把这些不好的坏事转化为对自己成长有利的条件，不同的人需要付出不同的努力。俗话讲，乐极生悲。但是，两个人面对相同的事情，如果其中的一个人能够控制自己的情感，那么他所取得的成就会与另一个人完全不同。因为，他通过自己的主观努力改变了自己的客观条件。

塞翁失马

　　靠近长城一带，有一个精通术数的老人。一天，他家里的一匹骏马无故跑到胡人那里去了。人们都觉得他很倒霉，纷纷对他表示安慰，老人却说："谁说这一定是坏事？说不定是福气呢！"过了几个月，那匹马竟带着一群胡人的骏马回来了。众人又都恭喜他，老人却说："谁说这一定是好事？说不定是灾祸呢！"家里有了许多好马，儿子经常去骑射，结果不小心从马上摔下，摔断了大腿。众人又纷纷表示安慰，老人又说："谁说这一定是坏事？说不定是福气呢！"过了一年，北方的胡人进攻，身体强壮的男子都被征兵去战斗。上战场打仗的人，绝大多数都战死了。老人的儿子因为瘸腿，免了从军，父子的性命双双得以保全。

　　"塞翁失马"的故事在民间流传了千百年。这个故事告诉我们人世间的好事与坏事都不是绝对的，都有两面性，在一定的条件下，坏事可以变成好事，好事也可能变成坏事。说明了好与坏在一定条件下会相互转换，所以要用一颗平常心来看待祸福。

　　福与祸的转化，需要一定的条件，不能理解成福与祸的转化是必然的。如：家庭或亲人突遭变故，生活顿时陷入困境，这是祸。但如果能冷静、坚强，在困境中鼓足勇气、与困难抗争，那么，这又不失为一种宝贵的精神财富。当然，在困境中一蹶不振，丧失信心，甚至失去生活勇气，这祸就只能是祸了。所以，要注意把握好转化的条件。

一个鸡蛋的家当

　　《雪涛小说》是明代文学家江盈科的作品，书中收录了一篇名为《一个鸡蛋的家当》的故事，颇能说明老子在这一章节里提及的辩证法思想。

　　故事讲述的是在很久以前，有一位非常贫穷的人。他家里什么也没有，但他从来也不为此担忧，混沌度日。有一天这个人突然捡到了一枚鸡蛋，这让他非常高兴。于是，他小心翼翼地拿着这枚来之不易的鸡蛋，兴冲冲地回到了家，告诉妻子自己的发财梦。这个人首先把鸡蛋藏了起来，然后表情神秘地告诉妻子说自己有家当了。正当妻子一脸迷茫的时候，他才一本正经地从衣服兜里拿出了这枚充满希望的鸡蛋。然后说："再有十年时间我就是一位百万富翁了。"于是，他向妻子讲起了自己发财的具体过程：首先，用这枚鸡蛋孵化出一只小鸡，然后再让小鸡生蛋，依次循环，最后就可以发财了。由于太过于兴奋，这个人又开始思考起如何运用这些还不存在的财富来了。他先用一部分钱，买一件高贵的衣服。俗话说，人靠衣服马靠鞍，有了体面的衣服，才能生活得体面些。说到兴奋处，他还将自己的身体扭了扭，仿佛此时他正在照着镜子试穿自己的新衣。然后，再用一些钱去建一座漂亮的房子，把房子里的东西全都换了。说着，他还用手指了一指那个已经有豁口的饭碗。他越说越来劲，最后，这个人又有了一个更为大胆的想法。他要用这枚鸡蛋赚来的钱，去娶一个小妾。还没有等他说完，妻子一气之下就从他的手里夺过那枚鸡蛋摔在了地上。于是，这个人号啕大哭，因为他发财的本钱——那枚鸡蛋已经不复存在了。

这则故事虽然好笑，但它却蕴含着深刻的道理：在一个贫穷的境况中，这个人虽然只捡到了一枚鸡蛋，但他却看到了自己的希望。这本应该是一件好事。但是，谁知他的欲望随着他的想象逐渐膨胀，直到他的妻子不能忍受。于是，他的那枚鸡蛋终于又失去了。从而，他的梦也就破灭了。

下篇 第五十八章

第五十九章

题 解

河上公曰"守道"。在这一章节的论述中，老子以推理的方式向读者表明了一个这样的道理：吝啬精神的重要性。但是，需要大家注意一个问题，那就是所谓的"吝啬"并非现在意义上的、对于财富的吝啬，而是对于精神而言。有且只有在吝啬精神的基础上，才能感悟道，培养德，才能最终达到"守道"的目的。

原 文

治人事天①，莫若啬②，夫唯啬，是谓早服③。早服谓之重积德④，重积德，则无不克。无不克，则莫知其极。莫知其极，可以有国。有国之母⑤，可以长久。是谓深根固柢，长生久视之道⑥。

注 释

①**治人事天**：治理百姓，侍奉老天。对"天"的解释有两种：一是指身心；一是指老天、自然。

②**啬**：本为吝惜，过于节省。这里指爱惜、保养。

③**早服**：提早遵道而行。服，通"备"，从事、准备。

④**重积德**：不断地积德。重，加厚，不断增多的意思。《说文》："重，厚也。"

⑤**有国之母**：守国安天下的根本原则。有国，保国。母，根本。

⑥**长生久视**：长久地维持、长久地存在。高亨说："久视即久立，久立即久活。"

译 文

治理百姓和敬奉天地，没有比爱惜更为重要的了。正是这种爱惜精神，才能够提早遵道而行，防患于未然。提早遵道，才能不断地积"德"；不断地积"德"，就战无不胜；战无不胜，就无法估量他的极限；拥有了这种无穷的力量，就可以拥有治理国家的权力。掌握了治理国家的根本原则，国家就可以长治久安。国运长久了，就叫作根深蒂固，这才是国家红运连绵、长治久安的王道。

读解心得

　　阅读本章节的内容，应该从以下几个层面上细细感悟：首先，"吝啬"被老子认为是可以达到"守道"的一个有效途径。为了实现"守道"，每一个人都必须吝啬。在现实的生活中，吝啬有两个层面上的表现。在第一个层面上，它是指某一个人对财物的吝啬。而这一点，又往往被世人认为是"节俭"的另一种表达。在日常生活中，"吝啬"就是我们强调的过分节俭。第二个层面上，吝啬是指在精神上的吝啬。所谓的"吝啬"就是保守，保住而不失去的意思。因此，在精神的层面上，它就是指对德的一种积累。因为保守住德，就是使之不失去。而天长地久的不失去就是对德的一种积累。其次，吝啬是一个过程。它需要每一个人长期地坚守。不能仅在某一时、某一事上吝啬，而是要长久地吝啬才会起到积累德的作用。因此，在文中老子这样说："夫唯啬，是谓早服。早服谓之重积德。"这也就是说，积累精神是重要的，但是积累精神要有长期的一个积累过程。一时一朝的积累是没有太大作用的。

经典故事

躬行节俭，弘扬美德

　　在中国的古代，有许多号召人们节俭的名言、警句和故事。"成由节俭败由奢"这句话想必大家都知道。下边就讲一则发生在唐朝的故事，供大家体悟节俭的重要性和必要性：

　　唐玄宗有一个儿子，他的名字叫李亨。后来，他成功地继承皇位，就是有名的唐肃宗。他之所以能够在众多皇子里脱颖而出，那是因为他的节俭受到了唐玄宗的赏识。据说，作为太子，李亨经常陪父亲唐玄宗一起吃饭。有一次，他和父亲一起准备吃一个羊腿。由于羊腿很大，不方便直接食用。于是，唐玄宗就让李亨用手把羊腿撕开，众人分食。于是，李亨就顺从地去做这件事。当羊腿撕开后，李亨发

唐玄宗

● 唐玄宗

现自己的手上沾满了油。于是他就从旁边的碗里取来一张饼，并不停地用这张饼擦拭自己手上的油，边擦拭边看，边看边擦拭。弄得唐玄宗也一头雾水，不知道他到底要做什么。唐玄宗没有说什么，就静观其变。"是不是这样做太浪费了？用一张饼来擦拭手上的油，他到底要做什么？"唐玄宗心里不解地问。想不到的事情发生了。李亨擦拭干净手上的油后，直接把这张饼放到嘴里吃了，而且吃得有滋有味，没有丝毫嫌弃的样子。这让唐玄宗非常高兴。因为，李亨知道幸福的生活来之不易，李亨也凭借自己的节俭终于走上了权力的巅峰。

李亨的节俭不是装出来的，虽然他没有像别人那样享受生活的富足，但是他那与众不同的节俭品质却又感染了另一位唐朝的大将，那就是在平定安史之乱中立下赫赫战功的郭子仪。郭子仪与李亨相比，他的节俭有过之而无不及。因此，有人说这是巧合，其实不然。强将手下无弱兵，节俭元帅下也没有奢将。郭子仪的部下也像他一样节俭。他的部下都知道，郭子仪经常把书边上多余的纸裁剪下来进行积攒。包括各种公文，他也会这样做。然后再把这些积攒下来的纸张用于办公。有一天，负责这项工作的一位部下，发现裁剪用的小刀折了一块，几乎不能再用了。但是，这位部下却用两块小木板把这"不余寸许"的小刀夹起来，继续使用。可见，节俭风气多么的重要。

在中国的传统文化里，节俭是一种美德。不仅唐朝有李亨这样的皇帝，有郭子仪这样的大将，明朝也有这样的皇帝。在民间流传着一首歌谣："皇帝请客，四菜一汤，萝卜韭菜，着实甜香；小葱豆腐，意义深长，一清二白，贪官心慌。"这则歌谣讲的是朱元璋节俭的故事。他不仅这样要求自己，也同样以节俭的方式要求自己身边的人。皇后过生日的时候，他也以这样的标准宴请其他的官员。

第六十章

题　解

　　河上公曰"居位"，讲的是如何治理国家大事的道理。老子以"烹小鲜"为例，形象而生动地告诉读者如何治理国家的道理。在这一章节里，老子似乎在重申他"无为而治"的理念。他要通过无为而治实现"民忘于治，若鱼忘于水"，一切都在自然而然之中实现。因此，这一章的内容尤为重要。

原文

　　治大国，若烹小鲜①。以道莅天下②，其鬼不神③。非其鬼不神，其神不伤人；非其神不伤人④，圣人亦不伤人。夫两不相伤⑤，故德交归焉⑥。

注释

　　①治大国，若烹小鲜：治理国家，就像煎小鱼一样。意思是说，不用经常去翻动，以免弄碎。范应元说："治大国譬如烹小鳞。夫烹小鳞者不可扰，扰之则鱼烂。治大国者当无为，为之则民伤。盖天下神器，不可为也。"小鲜，小的活鱼、鲜鱼。

　　②莅：临，君临、对待。

　　③其鬼不神：鬼也不起作用。神，通"伸"，伸展，引申为起作用。

　　④非其神不伤人：不仅鬼怪显灵伤害不了人。非，不仅。

　　⑤两不相伤：鬼神和有道的圣人都不伤害人。

　　⑥故德交归焉：所有的恩德都交相归附到百姓身上，百姓就可以感受到恩德了。《韩非子·解老》："德交归焉，言其德上下交盛而俱归于民也。"

译文

治理大国，就如同烹饪小鱼。用道来治理天下，鬼神也不显灵作祟了。其实不是鬼神不显灵作祟，而是鬼怪显灵也伤不了人了。不仅鬼怪显灵伤害不了人，有道的圣人行道也不会伤害人。鬼神和有道的圣人都不伤害人，因此，百姓就可以感受到恩德了。

读解心得

在老子的观点里，他既强调无为而治，又强调无为而无不为。因此，如何理解他在"居位"中的表述，应该坚持多维角度。首先，治国不应该伤害人民。治国应该遵行大道，因此它不会对人民产生伤害。其次，在老子看来，烹小鲜要讲究方法。同样是烹饪小鲜，不同的人有不同的方法，不同的方法会产生不同的效果。例如，作为一个厨师，如果在烹饪的过程中不停地翻动小鲜，那么不仅会损坏小鲜，而且也会使烹饪的效果受到较大的影响。因此，即使在做一件看似非常简单的事情，也要精心去做。从另一个层面上讲，做事要讲究方法。为了实现无为而治的目的，针对不同对象，可以采用不同的方法。因为烹饪小鲜，所以不要不停地翻动。但是，这样的方法并不一定适于烹饪"大鲜"。所以，方法的选择应该视要解决的问题而定。观看同样的一座山，不同的角度会有不同的收获。正所谓"横看成岭侧成峰"，见仁见智。

经典故事

东施效颦与邯郸学步

正如上边分析的那样，针对不同的烹饪对象应该采用不同的烹饪方法。对于小鲜是一种方法，对于"大鲜"则应该是另一种方法。下边就讲一则因为方法不对而令人捧腹大笑的故事：

这一则故事就是有名的"东施效颦"。

相传，在古代的越国有一位大美女，她的名字叫西施。而她的邻居也有一位女儿，却长得相当丑。这位长相丑陋的女子叫东施。因为她的家住在西施家东边，所以起了一个这样的名字。因为爱美之心人皆有之，东施也想让自己变得漂亮一些。可惜的是在古代没有美容的技术。于是，这位东施丑女就偷偷地观察西施的一举一动，然后模仿她，并天真地认为这样就可以使自己变得美丽些。有一天，她看见西施从自己家门前走过的时候，皱着眉头。她想也没有想就学着西施的样子去做了。可惜的是，这位东施不仅没有变得漂亮，反而更加难看了。原来，那天西施是因为生了病，才表情痛苦。

● 西施

在这个故事里，东施想让自己变得漂亮些，这件事情本身并没有错。但是，她错在不清楚自己应该学西施些什么。这就如老子的烹饪小鲜一样，如果烹饪的对象换成了"大鲜"，不断地翻腾的方法还是可以用的。

与之相似的还有一个例子，那就是著名的"邯郸学步"。这个故事的内容是这样的：据传说记载，古代的邯郸人走路的样子非常好看。燕国寿陵的少年听说这件事后，就决定到邯郸学习他们走路的样子。这位少年历尽千辛万苦，终于在几番跋山涉水后，来到他羡慕已久的邯郸城。他左瞅瞅，右瞧瞧，邯郸城里每一个人走路的样子都非常好看。于是，他就跟在别人的后边，偷偷地学。可惜的是，当他学到一半的时候，那个人就到家了。他又无法到人家里去说明学习走路的事情。于是，他不得不另选其他的人作为自己模仿的对象。这样，一而再，再而三地跟着不同的人学习走路，以至于这位少年来到邯郸多日也没有学会邯郸人走路的样子。后来，他穷困潦倒，到了不得不回去的时候，才发现一个更加可怕的事情：他忘记了怎么走路了。于是，这位少年不得不爬回去了。

这是一则非常夸张的成语故事，但却表明了一个事实：如果不能选择一个正确的方法，任何事情也做不成。包括就像走路这样的小事情，都会闹出这样的笑话来。因此，老子的话值得当代人仔细思考。

第六十一章

题 解

河上公曰"谦德"。"谦德"是针对国与国之间的战争而谈的一种治理理念。从另一个角度讲，虽然本文是在谈论战争视角下的国际关系，但同样的道理也可以运用于经济贸易保护视角下的国际关系处理。"谦德"的核心是礼让。国家无论大小，只有彼此之间相互礼让，才能使各自的关系和谐，才能使人类社会在和谐礼让的气氛中快速发展。

原 文

大国者下流①，天下之交②，天下之牝。牝常以静胜牡，以静为下。故大国以下小国，则取小国；小国以下大国，则取大国。故或下以取，或下而取③。大国不过欲兼畜人④，小国不过欲人事人。夫两者各得其所欲，大者宜为下⑤。

注 释

①**大国者下流**：大的国家，要甘心处于江河下游以容纳百川之水。国，国家。

②**交**：会集、汇总。

③**或下而取**：有的（小国）由于谦卑而取悦大国。

④**兼畜人**：把人聚集在一起而加以庇护。意为统领小国，网罗他人听命于自己。

⑤**"夫两者"二句**：各自满足自己的心愿，作为大国应该处于卑下的地位。吴澄说："两者皆能下，则大小各得其所欲。然小者素在人下，不患乎不能下。大者非在人下，或恐其不能下，故曰：大者宜为下。"

大国统治要学会像江河一样处于下流，这样才会使天下的百姓都会集在这里，体悟处在雌柔的地位。雌性动物正是以它的阴柔战胜强壮的雄性动物，这也是它居于柔下的缘故。所以，大国用谦卑的态度忍让小国，就能够得到小国的信任和依赖；小国用谦下的态度忍让大国，就可以得到大国的宽容。所以，有的大国对小国谦让而使小国臣服，有的小国对大国谦卑而得到大国的欢心。大国最终无非是想要统治小国，而小国也是为了得到大国的庇佑，为大国效力。如果双方都能拿出谦卑的态度，就能实现双方的目的，因此大国的态度更应当谦卑。

读解心得

在战国末年，各国之间纷争不断。面对这种令人担忧的局面，老子提出了"谦德"的观点。首先，从国际关系的角度讲，大国与小国之间应该和谐相处。可惜的是，在那个年代里，这是一个不可能的事情。大国一心想要吞并小国，小国一心想要成为大国。于是，纷争不断，生灵涂炭。其次，由此及彼。在老子看来，国家之间的争战，不仅影响国家关系，而且最后遭殃的还是普通百姓。因此，从这个角度讲，"谦德"的理念还适用于人类社会。如果把"礼让"作为为人处世的原则，人与人之间、家与家之间就会彼此和谐相处。正可谓退一步海阔天空，忍一时风平浪静。虽然看似退与忍，其实都是实现进取的前提。

经典故事

唐雎勇斗秦王

在《战国策》里记载了一位著名的使节——唐雎，从他的出使过程中就可以发现大国与小国之间的和谐相处是多么重要。

当时有两个国家，一个是实力强大的秦国，另一个是实力不值得一提的小国——安陵国。一天，秦王派出一个使节去安陵国，并傲慢地告诉安陵国的国王说："秦王要用五百里的地方和您交换安陵，请您一定要答应我。"然而，事实却非如此。一个实力强大的秦国怎么会用五百里的地方和安陵国交换呢？这分明是恐吓安陵国的国王，逼其就范。但是，安陵国的国王也很聪明，一听就明白了秦王的意思。于是，他委婉地说："秦王用一个大面积的地方来和我交换安陵，这很好。即使这样，我也不敢交换。因为，我的土地是我从先王手里接过来的，它面积虽然小，但是我愿意终生守护它，所以不能交换。"使节回禀后，秦王很不高兴。因此，安陵国的国王只好又派唐雎出使秦国去缓和两国的关系。

在秦国的朝廷上，秦王接见了安陵国的大使唐雎。他傲慢地对唐雎说："我要用方圆五百里的地方和安陵国王交换安陵，可是安陵国王不听从我的安排，这是为什么呢？"说完后，秦王看了看唐雎又接着说："秦国把强大的韩国和魏国都打败了，可是安陵国却凭借那方圆只有五十里的地方存活下来，那是因为我把安陵国王看作是一个长者，没有打他的主意罢了。现在我用比安陵国大十倍的地方去和他交换，让他扩充自己的领土，可是安陵国王却不知好歹，这不是瞧不起我吗？"唐雎不卑不亢地说："不是这样的。安陵国王从先王那里接受这块土地之后，愿意终生守护它。即使是用方圆一千里的地方和他交换，他也不会换。何况您只用了区区五百里。"秦王一听就生气地对唐雎说："你听说过天子生气会怎样吗？"唐雎不急不忙说："我没有听说过。"秦王怒气冲冲地讲："天子要是生气了，就会有一百万人失去生命，血流成河。"说完看了看唐雎。但是唐雎却丝毫没有畏惧，接着说："秦王您听说过百姓发怒吗？"秦王也不着急地说："百姓发怒，只不过跪着磕头罢了，没有什么可怕的。"唐雎说："大王您错了。您讲的只是普通人的发怒，而非士之怒。当专诸刺杀王僚的时候，天上彗星袭月；当聂政刺杀韩傀的时候，白虹贯日；当要离刺杀庆忌的时候，苍鹰飞到了宫殿上。这三个人都是普通的百姓，当他们还没有生气的时候，吉凶的征兆就出现在了天上。现在，他们算上我就要成四个人了。如果士要生气了，倒下的人只有两个，流的血也只有五步远。但是，天下的所有人都要穿孝服了。"说完，唐雎拔剑而起，直奔秦王。秦王吓得变了脸色，连忙向唐雎道歉说："何至于此，先生请坐。我现在终于明白了韩国为什么会被灭亡，魏国为什么会消失，而安陵国却生存了下来，只是因为有您这样的人辅佐啊！"

这是一则典型的大国欺压小国的例子。秦王依仗自己的强大国力，想在恐吓中完成对安陵国的吞并。但是，安陵国却依仗着唐雎这样的勇士存活下来。但是，如果秦王一开始不是这样恐吓安陵国，或许事情会有另外的一种结果。

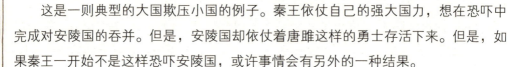

第六十二章

题 解

河上公曰"为道"。在这一章节的叙述里，老子讲述的内容是自己对价值问题的思考。或者更确切地说是老子自身的价值观。面对高官厚禄，不如潜心修道。道对所有的人都会产生影响。因此，在阅读的过程中，对这一章节的内容应该从不同的角度进行分析。

原 文

道者，万物之奥①，善人之宝，不善人之所保②。美言可以市尊③，美行可以加人④。人之不善，何弃之有？故立天子，置三公⑤，虽有拱璧以先驷马⑥，不如坐进此道⑦。古之所以贵此道者何？不曰：以求得⑧，有罪以免邪⑨？故为天下贵。

● 拱璧

注 释

①奥：比喻为贵重。

②**不善人之所保**：不善之人护身的法宝。

③**美言可以市尊**：美好的言辞，可以换来别人对你的敬仰。市，换取。

④**美行可以加人**：良好的行为，可以见重于人。意为被别人推崇、尊重。加，加重、增加。

⑤**三公**：太师、太傅、太保。泛指职位比较高的官员。

⑥**拱璧以先驷马**：进献拱璧在先，驷马在后的隆重仪式。拱璧，指双手捧着贵重的玉。驷马，四匹马驾的车。

⑦**坐进此道**：献上清静无为的道。指地位低的人向地位高的人献礼。

⑧**以求得**：有索求就得到。有求必应。道为"善人之宝"，故有求必应。

⑨**有罪以免邪**：即使犯了罪过，得道之人也可避免灾祸发生。

译 文

　　道是世界万物之本，是善良之人的宝物，同时也是不善之人护身的法宝。美好的话语会让别人更加尊重你，良好的品行可以获得高官厚禄。一个人即使不善，又怎么能抛弃大道呢？所以百姓拥护天子继位、设置三公。即使有进献拱璧在先、驷马在后的仪式，都敌不过把道进献给他们。古之人所以把道看得这样宝贵是为什么呢？不正是说有道之人能够得偿所愿，即使犯了罪过，也可免于灾祸吗？因此，天下人才如此珍视道。

读解心得

　　本章节的核心内容是"守道"。但是不同的人对于相同的道却会有不同的守法。因此，在阅读中应该注意以下几点：首先，道的作用广泛。道对所有的人都会产生影响。无论是一个善良的人，还是一个不善良的人，他们都可以从守道的过程中获得益处。其次，平等的观念。这一章节虽然是谈论守道的问题，但在如何守道的谈论中，老子又提到另外一个问题，即在道的面前，人人平等。无论你是一个什么样的人，只要守道，那么就可以从中获益。道是大公无私的。因此，对于任何人而言，他们都面临着一个相同的问题：如何悟道，有且只有悟到了道，才能再去谈及如何守道的问题。所以，老子说"善人之宝，不善人之所保"。

经典故事

浪子回头金不换

　　在这一章节的叙述中，老子讲到了道对所有人的影响。关于这种影响，有许多谚语、俗语、成语值得大家关注。比如：浪子回头金不换、迷途知返、弃恶从善、悬崖勒马、改邪归正、洗心革面、痛改前非等。下边就讲一则这样的故事：

在晋朝的时候有一位非常出名的人，他叫作皇甫谧。他曾经撰写了多部对后世影响较大的著作，例如医学杰作《针灸甲乙经》，文学名作《列女传》等。可是谁知道，这位杰出的人才，原来也是一个放荡不羁的少年呢？原来皇甫谧小的时候非常不幸，被过继给叔父，很早就离开了父母，迁居新安。虽然离开了亲生父母，但叔父却对他非常关爱。可是，他自己却贪玩，无心学习，一些小孩子常玩的游戏几乎他都尝试过。比如，用荆条纺织一个盾，和小朋友们一起玩执矛刺盾的游戏就是他的最爱。一晃十二年过去了，可是他还没有想学习的意思。叔母、叔父也拿他没有办法，有些人认为他是冥顽不化。大家甚是着急，但他自己满不在乎。又有一天，他从别人家的瓜地偷来香瓜要给叔母吃，他的叔母禁不住泪流满面，叹息地说："你都十二岁了，还做这些无聊的事情，也不想学习。你觉得拿这些东西给长辈就是孝顺，那么为什么不换一种，以修身笃学来报答我们呢？"说完，叔母又给他讲起了"孟母三迁"和"曾子杀猪"的故事，越说越激动，叔母竟然自责起来："难道是我们没有好邻居？没有选择好教育的方法吗？"看着叔母的痛哭，皇甫谧突然醒悟，决定改过自新，惜时苦学。从此之后，他不仅手不释卷，而且还秉烛夜读，一天也不间断。功夫不负有心人，天道酬勤。终于在十四年之后，他写出了《礼乐》等以教化为内容的作品。

皇甫谧不仅从自身的经历出发，写了这些有教育作用的作品，而且翻阅历史，写了《帝王世纪》等一些有历史价值的著作，并对三皇五帝到曹魏数千年间的重要历史事件进行重新梳理和考证，从而把历史的研究向前推进了一大步。面对晋朝战乱不断、道德水平下滑的事实，他又写了一些诸如《列女传》《高士传》等教育世人的作品。从他的经历中，不难看出道的影响。对于一个浪子而言，道可以让其改邪归正。

郑板桥巧断家务事

众所周知的郑板桥是一个非常清明的官员。据说在执政一方的时候，忽然有一个老太太来大堂击鼓状告自己的儿子。在那个年代里，母亲告儿子还是一件非常稀奇的事情。俗话说，虎毒不食子，没有太深的怨恨，一个母亲是不会来官府状告自己的儿子的。然而，在那个法律不完善的年代里，这类家务事没有法律可依。因此，这是一件非常难办的事情。

在大堂之上，当郑板桥从老妇人的哭诉中得知儿子朱其林与儿媳要毒死老妇人的时候，他非常生气，决定惩罚这对不肖子孙。特别是当郑板桥知道老妇人的丈夫死得早，是老妇人一个人把儿子拉扯大的时候，更是下定了决心。

据老太太讲，她亲耳听见儿子和儿媳是如何商量买毒药的。于是，郑板桥一声令下，她的儿子和儿媳很快就被衙役们带到了公堂上。在郑板桥的讯问下，两个年轻人也如实招了。于是，案件进入到了惩罚阶段。但是，如何惩罚呢？这是郑板桥颇为伤脑筋的一件事。因为，任何惩罚都会伤及他们一家人彼此之间的情感，而身体上的伤害又会使老太太老无所养，而这又违背了自己的初衷。于是，思来想去，他想到了一个好主意。

郑板桥问老太太如何处理她的儿子。老太太正在气头上，于是说："老爷，我生了这么个畜生，就是杀了他也不解恨啊！"郑板桥马上接着说："那好，我就让你解解气。"于是，吩咐衙役弄来一个石磨，并用一根相对结实一些的绳子把石磨吊在房梁上，继而又让人把老太太的儿子和儿媳押到了已经吊起的石磨下，并由老太太拉住绳子的另一头。但此时，老太太面露悔色，可是鉴于郑板桥的威严，她又不敢不接。于是，小心地拉住了绳子的一头。因为她知道，一旦她拉不住了，儿子

● 郑板桥

和儿媳的命也就没有了。但是，郑板桥此时却要人拿来酒，说是庆祝一对恶人被严惩。酒刚上来，菜还没有上好，老太太就在一边大喊："大老爷，我快拉不住了！"可是听见这个声音的郑板桥却一脸的不在乎，仍然叫衙役们快一些准备酒菜。接着，老太太就哭了，说："老爷快让人来帮帮我，要是拉不住石磨砸下来，我的儿子儿媳就没命了！"郑板桥不紧不慢地说："你就放一根绳子吧。这样会轻松许多。"老妇人说："一根也不能放啊，砸死了儿子，没人给我送终；砸死了

儿媳，哪里再去找像她一样对我儿子那么好的儿媳啊！"但郑板桥又说："惩罚恶人是我的职责，我帮不了你。"老太太见求他不管用，于是就直接喊自己的儿子："傻儿子，快拉着你媳妇躲开呀！"但他的儿子朱其林也不去拉，因为郑大人没有说话。老太太这次是真着急了，因为她拉绳子的手，已经没有力气了。于是，她心一横就把绳子缠到自己的脖子上。一个感人场面出现了。"娘啊，你不能死啊！"儿子和儿媳见状，慌忙跑过去拉住绳子，救下老娘。此时，三人抱成一团，哭得死去活来。只见郑板桥开怀大笑，说："本案已经了结，朱其林欲杀母又救母，浪子回头金不换。"

在这则故事里，郑板桥不仅凭借自己的聪明，解决了老太太与儿子、儿媳之间的矛盾，而且还使彼此之间更加和睦。因此，这则故事值得我们深思。

第六十三章

题　解

河上公曰"恩始"。在这一章节的论述中，老子在向世人讲解一种处世哲学，而这种处世哲学的核心就在于如何理解"为无为，事无事，味无味。"这也就是说，以无为的态度去有所作为，以不扰乱事情的方式去处理事情，以品味的方式去品味无味的东西。由于世人对这九个字的理解不同，不同的人会有不同的处世方法，不同的处世方法又会带来不同的处事效果。

原　文

为无为，事无事，味无味①。大小多少②，报怨以德③。图难于其易，为大于其细④。天下难事必作于易⑤；天下大事必作于细⑥。是以圣人终不为大⑦，故能成其大⑧。夫轻诺必寡信⑨，多易必多难⑩。是以圣人犹难之，故终无难矣。

注　释

①"为无为"三句：把无为当作最上乘的为，把无事当作最高明的事，把无味当作最好的美味。王弼注："以无为为居，以不言为教，以恬淡为味，治之极也。"又范应元说："故圣人不妄为，而常为于无为；不生事，而常事于无事；不耽味，而常味于无味。"

②大小多少：大的看作小，小的看作大，多的看作少，少的看作多。一说大生于小，多起于少。又一说，能大者必能小，能多者必能少。

③报怨以德：就是以德报怨。用恩德去回报怨恨的人或事。这是中华民族历来提倡的美德。

④“图难”二句：解决困难必须从容易处着手，要成就大事必须从小事做起。荀子有言：“不积跬步，无以至千里；不积小流，无以成江海。”图，解决。

⑤作于易：困难一定从容易开始。作，兴起、产生。

⑥作于细：巨大往往从细小开始。正所谓：“泰山不拒细壤，故能成其高；江海不择细流，故能就其深。”

⑦不为大：不自以为大。

⑧故能成其大：自处弱小，反而能够成就它的强大。

⑨轻诺必寡信：轻易许下诺言，一定很少能守信用。

⑩多易必多难：总把事情看得过于容易的，一定会遇到很多困难。

下篇 第六十三章

译文

把无为视作有所作为，把无事视作有事发生，把淡雅无味视为有味。把小事当作大事来做，把稀少看作繁多，用恩德化解别人的怨恨。从容易的地方入手易于解决困难；从细小的事情入手才能成就大事。天下困难的事情，要从简易的地方做起；天下的大事，须从微细的部分开端。这就是为什么有道的圣人始终不贪图大的成就，却能够成就一番大事业的原因。轻易对别人许诺的人，大都无法兑现诺言，而把事情看得容易的人必定会遭受困难。因此，有道的圣人总是把事情看得过于困难，但是最终却没有什么能够难住他们。

读解心得

在阅读本章节的过程中，有以下几点需要重点品析：首先，“为无为”是第一个重点。所谓的“为无为”就是指把做无为之事当作有为。关于这一点，也正是“无为而无不为”的观点的进一步实化。这句话在告诫我们，做任何事情，都不要有故意而为之的想法。其次，“事无事”是第二个重点。所谓的“事无事”就是把没有什么事当作有什么事来做。既然把“无事”可以当作“有事”来做，那么对于“有事”而言，更应该当作“有事”而为。从另一个层面上讲，这就是需要在做事的过程中有一个认真的态度。无论是什么人，无论是什么事，都不能敷衍了事。再次，“味无味”是第三个重点。其本义是指从“无味”中品出味道来。这也就是说，无论是成功还是失败，任何人都要进行反思。如果失败了，要从失败中找到原因；如果成功了，要发现成功的缘由。只有如此，才能不断地进步。最后，在文中老子提到了"为无为""事无事""味无味"这三个重点，从另一个层面上讲，这三个具体的过程，其实就是一个人的学习过程。因为，不是所有的人都能够把"无为"当作有为来做，也不是所有的人都能够把"无事"当作有事来处理。因此说，学习似乎是这段论述中的另一个核心所在。

经典故事

感悟人生，把握哲理

这一章节论述的重点是"恩始"，从一切生活现象感悟出哲理，这是常人不能为的事情。更不必说"为无为""事无事""味无味"了。然而，一些古代的圣贤却为我们提供了这样的案例可以参考：

诸葛亮是一位众人熟知的军事家，他在率军伐魏的过程中，指挥了许多著名的战役，颇受后人的敬仰。然而，在总结自己一生的成就后，他却写下了一篇著名的《诫子书》，认为君子应该具有这样的品质：凭借安静来提升自己的修养，以节俭来培养自己的品德。如果一个人不能恬淡寡欲就没有办法显示自己的志向。同样，一个人如果不能静心学习就不能实现自己的目标。因此，学习要静心，才干才会增长。不学习就不会增加自己的能力；没有志向就不能成就自己的事业。放松自己，就没有振奋的精神；冒险急躁就不是好的品质。时间流逝，意志就会萎靡，于是，等到枝枯叶落的时候，一切都悔之晚矣。在对儿子的告诫中，诸葛亮详细地写出自己的感悟。文字虽然短小，但它却包含着修身养性的感悟，治学做人的哲理。在这里，诸葛亮没有向儿子吹嘘自己的功劳，也没有向儿子讲什么高深的哲理。而是结合自己的感悟表达了对生活的思考。因此，更容易让人接受。

无独有偶，在另一篇《诫子书》里，作者就强调了学习的重要性。这篇同名文章的作者是孔子的后世传人孔臧，内容大致如下：每一个人都希望自己进步，但是要实现进步却需要一定的方法、途径。而这其中最为关键的还是他的志向，在追求理想的过程中，必须坚定自己的志向，而且还要循序渐进，不能急于求成。因此，勤奋就非常重要了。这就正如俗语所讲的那样，勤能补拙，只要勤奋就会有所收获。山溜是山间的滴水，它本身非常柔弱，但它却可以凭借自己的坚韧不拔穿透坚硬的山石；蠹虫虽是柔弱之躯，但它却可以凭借自己的锲而不舍，咬破坚硬的树木，这是日积月累的结果。所以，即使自己不聪明，自己水平低下，只要学习就可以改变自己。对于品德修养也是如此，只要能够天天积累，那么自己的品德一定会有所提高。

从"为无为"到"事无事"再到"味无味"，这是一个过程，也是一个积累。因此，任何人都需要这样做。

下 篇 第六十三章

第六十四章

题　解

　　河上公曰"守微"。这是一个以谈事物变化为核心内容的章节。"守微"的含义是指从事物细微的变化中发现其未来的发展趋势。凡事都在变，只有防微杜渐，才能避免祸乱的发生，从而控制事物的发展方向。无论是对于个人发展，还是对于治理国家，也都是如此。

原　文

　　其安易持，其未兆易谋，其脆易泮^{pàn}①，其微易散。为之于未有，治之于未乱。合抱之木，生于毫末②；九层之台，起于累土③；千里之行，始于足下。为者败之，执者失之④。是以圣人无为，故无败；无执，故无失。民之从事，常于几成而败之⑤。慎终如始，则无败事。是以圣人欲不欲⑥，不贵难得之货；学不学，复众人之所过⑦。以辅万物之自然，而不敢为。

注　释

　①**其脆易泮**：物品脆弱就容易消解。泮，消散、分解。

　②**毫末**：细小的萌芽。毫，长而细的绒毛。末，顶端。

　③**九层之台，起于累土**：高大的土台，起始于堆积的泥土。九，虚数，形容极高。累土，堆积的泥土。

　④**"为者"两句**：想要有所作为的人总会面临失败，而一味执着于利益的人终会失去所有。执，拿着。

⑤ **"民之"两句**：人们做事情，常常在快要成功时遭到失败。也就是所说的"功亏一篑"。几成，接近成功，快要成功。几，接近。

⑥ **是以圣人欲不欲**：因此圣人的欲望就表现为没有欲望。

⑦ **复众人之所过**：补救民众犯的过错。复，反，此处有补救之意。过，错误。

译　文

局面安定时容易保持平稳；事件还没有显露迹象时最容易对付；事物脆弱时最容易消解；微小的苗头最容易消散；在事情还没有发生的时候就要妥善预防，在动乱还没出现时就要提早治理。双手合抱的大树，也是由细小的萌芽生长起来的；九层高的亭台，也是由每一堆泥土筑起的；千里的远途，也是从脚下开始起步的。想要有所作为的人总会面临失败，而一味执着于利益的人终会失去所有。因此圣人无所作为也不会失败，不执着于利益也不会失去。人们总是在即将成功的时候遭遇失败。如果能像开始那样谨慎地处理事情，就没有了失败的结局。因此，有道圣人的欲望就是无所求、无欲望，他们不喜欢难以得到的货物。他们的学问表现为没有学问，以此能够补救民众犯的过错，他们遵循万物的自然本性而不会强行加以干预。

读解心得

"守微"就是事业成功的关键。因此，在这一章节的阅读中，需要关注以下几点：首先，所谓的"守微"就要注意事情的开始。"微"是"细小"的意思。但是，任何细微的变化都会影响到最后的结果。因此，"守微"就是把握好开始。正如谚语所说，"好的开始就是成功的一半"。所以，人在做任何事的时候，都要注意如何开始，以及怎样运用好的开始去保证自己的成功。其次，注意细节。所谓的"细节决定成败"或许是对"守微"的另一种诠释。"不积跬步，无以至千里""千里之堤，溃于蚁穴"，这所有的一切都在强调一种细节的重要性。一步步可以远至千里，一点点可以弄坏河堤。所以说，任何一个细微的变化都非常重要。

走一步，再走一步

　　《走一步，再走一步》这则故事的原名是《悬崖上的一课》，作者是美国小说家莫顿·亨特。细读这个故事，我们更能体会老子"守微"观点的重要性。

　　在一个酷热的午后，五个小朋友为了乘凉相约爬上了一个不太高的悬崖。虽然我胆小，不敢上去，但是在同伴的怂恿下，我鼓足了勇气而不假思索地爬了上去。但上去后就马上后悔了，因为我下不来了。无论是大家如何鼓励，我也不敢从原路返回。尽管我哀求同伴们要等等我，可是那些可恶的家伙却谁也不理我，一股脑儿地跑了。时间在一分一秒地逝去，我仍然站在原地，既不敢前行，也不敢后退，我开始感到恐惧了。这时，天也渐渐地暗了下来。于是，我开始哭泣，但哭泣并没有解决我的问题，我仍然待在原地。忽然我发现了远处树林里闪过一道手电筒的光亮，原来是爸爸来找我了。爸爸看着悬崖上的我，一边安慰，一边说："快下来，不会有事的。""我做不到，太远了！"我愤怒地喊着。"不要想着有多远，只要一小步，你就可以了。"他一边安慰我，一边用手电给我指挥着前进的路。"看到那块突起的山石了吗？把脚放在它的上边。"我按照爸爸的指挥，试探着迈出了脚步。我成功了，我终于跨出了爬下悬崖的第一步，而且是很小的一步。爸爸继续指挥我："把脚再往右面的下边一点，只有几英寸，那还有一块山石。"我顺从地挪动自己的脚。终于在父亲的指挥下，我一步一步地下来了。

　　在这则故事中，"我"之所以能够凭借自己的努力爬下了山崖，那是因为"我"是从细微之处的努力开始。从一小步到另一小步，这不仅是距离上的缩小，而且也是胆量上的增长。正如文中老子所说：千里之行，始于足下。只要从细微处开始积累，只要不停止，就一定能够成功。

第六十五章

题 解

  河上公曰"淳德"。在这一章节的论述中，老子认为世人应该淳厚朴实，而不应该智巧伪诈。因此，他提出了一个看似与常理矛盾的观点：将以愚之。而这个观点的实质就是他所提倡的"淳德"。使百姓愚，目的是为了不让其偷奸取巧，而非什么也不懂。所以，对此不能理解得过于偏颇。

原 文

  古之善为道者，非以明民①，将以愚之②。民之难治，以其智多③。故以智治国，国之贼④；不以智治国，国之福。知此两者亦稽式⑤。常知稽式，是谓玄德。玄德深矣远矣，与物反矣⑥，然后乃至大顺⑦。

注 释

①**明民**：使其变得明智。明，形容词使动用法，使……变得聪明。

②**将以愚之**：此句意为使老百姓无巧诈之心，敦厚朴实、善良忠厚。愚，形容词使动用法，使……敦厚、朴实，没有巧诈之心。

③**智多**：过多的智慧，老子认为智多会使人巧诈、奸诈。

④**"故以"二句**：用智巧心机治理国家，就是国家的祸患。贼，祸患、灾难。

⑤**两者**：指上文"以智治国，国之贼；不以智治国，国之福"。**稽式**：法式、法则。很多版本为"楷式"。《广雅·释诂》："楷，法也。"

⑥**与物反矣**：与一般的事物相反。

⑦**大顺**：顺应自然。

译　文

古代施行大道的人，不是教导人民使其变得明智，而是使人民回归淳厚朴实。百姓之所以不易于管理，是因为他们拥有太多的智慧。因此，依靠才智来治理国家，是国家的祸患；不用才智治理国家，这才是国家的福气。知道这两种之间的差异，就是一个法则，经常重温这个法则，就叫作"玄德"。"玄德"深远难测而不可触及，与一般的事物相反，只有这样才能符合事物的本质规律。

读解心得

"淳德"是本章节的重要观点。"淳德"也是一个治政的理念。因此，在阅读中应该关注以下几方面的内容：首先，"将以愚之"并非是一种愚民之术，而是要使百姓明确一个这样的道理：做事不能依靠投机取巧，而是要淳厚朴实。然而，在以往的研究中，有研究者把其看作是一种愚民术，这是不对的。其次，"淳德"是一种策略，而这种策略的实施是为了实现淳厚朴实的目的。因此，榜样的力量值得注意。在老子看来，如果统治阶级在其统治中实施了"以智治国"这样的行为，那么百姓恐怕也会随之而学坏。因此，榜样的力量以及以身作则的品质都是阅读本章节应该思考的重点。因此，无论是治国者，还是治学，甚至是做人，都不能施以阴险狡诈之术。所以，在日常生活中，任何人都要记住这样的一句话：聪明反被聪明误。

经典故事

害人害己"入瓮来"

在唐朝的时候，有一则题为"请君入瓮"的故事颇为耐人寻味。所谓的"瓮"就是一个很大的缸。因此，"请君入瓮"字面就是请别人进入缸里的意思。本来请人进入一个很大的缸，这也不是一件什么坏事，但是如果在缸的外边烧上很旺的火，那里边的人可要受不了。故事大致如下：

据说在武则天当上了皇帝之后，当时有许多人反对她。于是，为了镇压这些不听话的人，武则天选择了两个酷吏，一个叫来俊臣，另一个叫周兴。他们不仅使

● 武则天

用前所未有的刑具折磨反对武则天的人，而且还利用自己的职权借机铲除异己。在这两个人的手下，既有无辜受冤的平民百姓，也有因为正直而被折磨致死的高官。有一次，一封检举周兴的信被直接送到了武则天那里。看完信后，武则天非常生气。因为，信中检举周兴计划与准备推翻武则天的一伙人联合，一起推翻武则天。武则天思来想去，决定把这件事交给来俊臣处理，一来是为了考验来俊臣，二来为了试探来俊臣是否也有反叛之心。来俊臣虽然很坏，但他却很聪明，深知皇帝的用意。于是，他心里一直犯嘀咕。凭借自己与周兴多年的交往，他知道周兴是一个非常狡猾的人。如果贸然审讯，一定不会得到他想要的结果。于是，他想到了一个好计谋。他准备了一桌非常丰盛的家宴，让自己的仆人把周兴请来，一起吃饭。当酒足饭饱之后，他假装为难的样子，向周兴请教，说："我在办案中遇到了一个难办的案子，犯人死活不认罪，不知老兄可有办法赐教？"周兴认为来俊臣认为难办的事情不值得一提，假装认真地思索了一番后，非常庄重地说："你找一个大瓮（缸），然后在外边用炭火烤，等瓮热了之后，再把犯人弄进去。他一定会招供的。"说完之后，似乎很得意。殊不知，来俊臣在连连点头之际，立刻命人按照周兴说的办法在堂前准备。然而，此时的周兴却一无所知。等一切都布置妥当之后，来俊臣才对周兴说了他要查办的就是周兴的案子。周兴一听，吓得瘫倒在地，手里的杯子也碎了。还未等来俊臣请君入瓮，他就招了。

这是一则历来被世人看作是以牙还牙的故事，从另一个层面上讲，周兴也好，来俊臣也罢，他们两个人的办法都非常的阴险、狡诈。特别是当来俊臣用周兴的方法去审周兴的时候，他或许应该想到了老子这个观点：用智巧心机治理国家，就必然会危害国家。如果再拓展一步，那就是如果用智巧心机为人处世，那么必然也会危害到自身。

第六十六章

题　解

　　河上公曰"后己"。所谓的"后己"讲述的是一种"不争"的哲学。无论是什么事，都不与他人争，这就是"后己"。在老子看来，正因为自己的"不争"，别人才会不与自己争。

原　文

　　江海之所以能为百谷王者①，以其善下之②，故能为百谷王。是以圣人欲上民，必以言下之③，欲先民，必以身后之④。是以圣人处上而民不重，处前而民不害。是以天下乐推而不厌⑤，以其不争，故天下莫能与之争⑥。

注　释

①**百谷王**：百川之王。谷，泛指江河的支流。

②**以其善下之**：因为江海甘处下流，有包涵容纳之心。

③**"是以"二句**：因此圣人想要居于民众之上，一定要出言谦虚。欲上民，想要处于民众之上，意为发号施令，统治百姓。言下之，出言谦虚，不对民众发号施令。

④**欲先民，必以身后之**：想要领导统率百姓，一定先把自身的利益放在百姓的后面。先民，处于百姓之前，意为领导统率百姓。身后之，把自身的利益放在百姓的后面，不同百姓争利益。

⑤**乐推而不厌**：愿意推崇爱戴他而不感到嫌弃。厌，嫌恶、厌弃。

⑥**莫能与之争**：没有谁能与他相争。莫，没有谁。

译　文

江海之所以能够汇集百川河流，是因为它善于放低姿态接受溪流的汇入，最终成为百川之王。因此，圣人想要位居百姓之上得到拥戴，必须用言辞对百姓表示谦卑；想要领导人民，必须把自己的利益放在他们的后面。所以，有道的圣人虽然位高于百姓之上，而百姓并不会感到负担沉重；位于百姓之前，而百姓并没有受到损害。因此天下的百姓都愿意推崇爱戴他而不感到嫌弃。因为他不与人民相争，所以天下也没有谁能与他相争。

读解心得

在这一章节的阐释中，老子只阐释了"后己"的重要性，还没有说明如何才能做到"后己"。因此说，在阅读这一章节内容的时候，重点应该放在如何才能达到"后己"的层面上。在老子看来，为了实现"后己"的目的，首先应该在言辞的层面上"后己"。语言是交际的工具，也是表达情感的媒介。因此，如果一个人能够在语言上表现出自己的谦让，那么无疑最能使对方感悟到"后己"。其次，在行动的层面上也应该"后己"。作为一个诚信的人，他不仅会在语言的层面上表现出"后己"，而且在行动中也一定会表现出"后己"。因此，当自己站在世人面前领导众人的时候，一定要把自己的位置置于众人之下。无论是对什么人、什么事，都要先倾听而后才发表意见。再次，"后己"是一种包容。每个人都有自己的想法，都有自己的处事原则。因此，只有包容别人才能实现"后己"。否则，把自己的意见强加于众人之上，那就不是"后己"了。

经典故事

纣王无道害忠良，比干"后己"失"忠心"

在中国古代神话小说《封神榜》里有一段关于比干的故事。

比干是商纣王时期的一位辅佐大臣。据传，比干小时候非常聪明，再加之勤奋好学，在二十岁的时候就以太师的身份辅佐纣王了。他是一位尽职尽责的人，甘愿以死来进谏。而商纣王却是一个非常荒淫无道的国君。因此，两人之间经常发生争执。刚开始，比干进谏的时候，纣王还能容忍他，认为他是一番好意。可是，随着时间的推移，纣王的暴政越来越严苛，他又制造了专门用来惩罚人的炮烙，人们苦不堪言。因此，随着比干进谏的次数越来越多，纣王也越来越烦。终于在某一日，纣王决定要杀死比干了。纣王下令杀了皇后之后，比干又一次进谏，直言纣王的暴政。纣王勃然大怒，派自己的手下挖出比干那颗正直、善良的心。于是，亘古第一忠臣比干被纣王杀害了。后人为了记住比干的忠贞、正直，又在小说故事的流传中添加了一个这样的情节：相传，比干在那颗忠心被挖之后，并没有马上死亡。他面色憔悴，骑马南行时遇到了一位卖无心菜的老人。比干就问这位老人："菜没心可活，那么人呢？"老人答："人没有心得死。"

纣王无道造炮烙

● 纣王无道造炮烙

听到这样的话后，比干倒地而死。此时，天空中刮来一阵大风，把比干的尸体掩埋了。

在这则故事里，有两点值得我们注意：第一点，比干之所以会被纣王杀死，那是因为他作为一位辅佐大臣，为了黎民百姓，冒死进谏，把自己的生命置于国家大义之后，这是比干"后己"的表现。第二点，纣王之所以会杀死比干，那是因为他不能"后己"，不能在国家的利益面前"后己"。

道德经

第六十七章

题　解

　　河上公曰"三宝"。所谓的"三宝"，一曰慈，二曰俭，三曰不敢为天下先。在这一章节中，"三宝"就是"道"内涵的具体阐释。在老子看来，"道"的作用与"三宝"的影响是相当的。因此，也有研究者把这一章节内容看作是"道"的自叙。

原　文

　　天下皆谓我道大①，似不肖②。夫唯大，故似不肖。若肖，久矣其细也夫③。我有三宝④，持而保之。一曰慈，二曰俭⑤，三曰不敢为天下先。慈故能勇⑥；俭故能广⑦；不敢为天下先，故能成器长⑧。今舍慈且勇⑨，舍俭且广，舍后且先，死矣。夫慈以战则胜⑩，以守则固。天将救之，以慈卫之⑪。

注　释

①**我道**：即"道"。

②**似不肖**：不像具体的事物。肖，相似。

③**"若肖"二句**：如果它与一般相同，那它也是极其渺小的了。

④**三宝**：三件法宝，或三条原则。即下文所说的"慈、俭、不敢为天下先"。

⑤**俭**：节俭、节约。

⑥**慈故能勇**：慈善仁爱，所以能勇敢。

⑦**俭故能广**：节俭，所以国家不贫穷。

⑧**器长**：万物的首长。器，万物。

⑨**舍慈且勇**：舍去宽容，追求勇敢。舍，舍弃。且，取、追求。

⑩ **以战则胜**：把（慈爱宽容的原则）用于作战就会取得胜利。

⑪ **"天将"二句**：上天将要援救他，就会用慈爱来保护他。

译 文

天下人都说我的"道"伟大，可又与一般人的"道"有所不同。正由于它伟大，所以才与一般的"道"有所不同。如果它与一般相同，那它也是极其渺小的了。我有三件宝物一直守护珍藏着：第一件叫作慈爱；第二件叫作节俭；第三件是不敢居于天下人的前面。慈爱能使人勇武；节俭能使人积财；不敢居于天下人之先，所以能成为君长。现在舍弃了慈爱而一味追求勇武；丢弃了节俭而一味追求钱财；舍弃居于人后而争先，会让自己陷入失败的境地。慈爱宽容，把它应用到作战就会取得胜利，把它应用到防守就会更加巩固。上天将要援救他，就会用慈爱来保护他。

读解心得

在阅读这一章节的时候，一定要知道"道"与"三宝"之间的关系。从某种程度上，"道"在日常生活中的作用就表现为慈、俭、不敢为天下先。其次，虽然慈、俭、不敢为天下先是所谓的"三宝"，但是它们彼此之间的地位却是不同的。在慈、俭、不敢为天下先之中，慈最为重要，俭稍次之，不敢为天下先处于最末端。最后，慈是一种上对下的关爱，是同行之间彼此的一种同情；而俭则是节俭、收敛和克制；不敢为天下先就是后己，不与人争。

经典故事

楚惠王吞水蛭

楚惠王是古代一位颇具仁德的国王之一。他心怀仁慈，宽待下属，大家都极力称颂他。

有一天楚惠王非常想吃红烧鱼。于是，他就命令厨师做了这道菜。厨师觉得吃饭应该凉热搭配，才有利于健康，于是自作主张为楚惠王又多做一道凉菜，一起端了上来。面对自己非常想吃的红烧鱼，楚惠王迫不及待地拿起了筷子，动手就吃了起来。一边吃，一边连连称道，夸赞厨师做得好。吃了一会儿后，楚惠王觉得口中油腻了。一抬头就看到了桌边上的凉菜。这一道凉菜堪称一绝，不仅颜色搭配让人顿生馋意，何况它还散发着迷人的香气呢。于是，楚惠王就夹起来，准备吃。忽然他觉得一个东西在筷子间不停地扭动，定睛一看，原来是一条令人恶心的水蛭，它居然还活着。楚惠王心中一惊，不知如何是好。转头一看，原来站在自己身边的侍卫也发现楚惠王的犹豫，好像菜中有什么东西。因为离得稍远，侍卫一时还看不太清。楚惠王怕侍卫看清后，厨师要受到处罚，就一下子把夹起来的菜放到了口中，把那条活着的水蛭吞了下去。

楚惠王吞下了水蛭后，他以为不会有什么事。可事与愿违，第二天他突然感到口中有些不适。又过了一天，在水蛭的作用下，楚惠王拉肚子了。听说国王病了，令尹前来慰问，两人在闲谈间，令尹终于弄清了事情的原委。于是，感慨地说道：我曾经听老师讲，天道也是无情的。只有贤德的人才能受到它的帮助。现在大王您有天道相助，一定会很快好起来的。令尹走后，楚惠王的肚子疼痛难忍，他只好去厕所，随后这条被他故意吞下的水蛭被排出了体外，楚惠王的身体也马上就好了。

第六十八章

题　解

　　河上公曰"配天"。在这一章节里，讲述的内容是有关如何配合"道"的作用取得事业上的成功的。在"配天"里，所谓的"天"就是"道"，因此，"配天"的意思是如何运用自己的行为来配合"道"，实现它对社会生活的影响。或者更确切地说，世人应该选择什么样的行为，来按照自然的规律去办自己的事情。因为，只有符合规律，人所做的事情才能最终获得成功。

原　文

　　善为士者不武①；善战者不怒②；善胜敌者不争③；善用人者为之下④。是谓不争之德⑤，是谓用人之力⑥，是谓配天⑦，古之极也⑧。

注　释

　　①**善为士者不武**：善作将帅的人不崇尚武力。士，武士，这里作将帅讲。

　　②**善战者不怒**：擅长作战打仗的人，不轻易发怒。怒，愤怒。《孙子兵法·火功篇》："主不可以怒而兴师，将不可以愠而致战。"

　　③**善胜敌者不争**：善于战胜敌人的人，不在战场上与敌人正面交锋。

　　④**善用人者为之下**：善于用人的人，对人态度谦卑，甘愿居于人下。

　　⑤**是谓不争之德**：这是甘于居后，不与人争的品德。

　　⑥**是谓用人之力**：这是善于发掘人才的能力。

　　⑦**是谓配天**：这是符合自然的规律。配，符合，顺从。

　　⑧**古之极**：自古以来就有的最高原则。

古代擅长用兵的将领，不崇尚武力；擅长作战打仗的人，不轻易发怒；经常战胜敌人的人，不与敌人正面对阵；善于用人的人，对人态度谦卑，甘愿居于人下。这是不与人争的品德，这是善于发掘人才的能力，这是顺应自然的法则，这是自古以来就有的最高原则。

在对"配天"的理解中，应该关注以下几方面的内容：首先，不同的人应该有不同的"配天"方法。虽然都知道有天道的存在，但是，不同职业的人会选择不同的方法去配合。例如，在文中老子这样说：作为一个成功的军事统帅，他不应该逞一时之勇武；作为一个擅长作战的人，在打仗的时候，他不能轻易暴怒。善于用人的人，他首先表现出与人谦让。其次，无论做什么事情都有规律可循。因此，如果自己的言行能够配合这些规律，那么自己就一定能够成功；否则，事情就会向相反的方向发展。

天道酬勤

宋濂是元末明初的一位文学家，他曾经被明太祖朱元璋称为"开国文臣之首"，足见其名气之大，才学之高。然而就是这样一位名人却有着与众不同的经历。宋濂曾在给自己的同乡——一位姓马的青年写的文章里谈到自己的过去。

宋濂说自己幼年时家里虽然很贫穷，但他却非常喜欢学习。因为家里没有钱用来买书，于是，他就向有书的人家借书来读。而且在读书的过程中，他还要把书中的内容写下来，并计算归还的日期，从不失信于人。即使在天气寒冷的冬天也是如此。尽管因为天气寒冷，砚台里的墨水都结冰了，手指也因为冻僵了不能伸直，他也不懈怠。每天都坚持抄录书上的重要内容，抄完后就去送还给人家，从来没有耽误过还书的期限。因为他诚实守信，所以有许多人都肯借书给他阅读。也因此，他得以博览群书。等到后来年纪稍大，他就更加羡慕圣贤之道了。但是又担心没有著名的老师教他，没有名人与他同游，经常跑到百里之外的地方向那些宿儒请教。这些宿儒因为名气在外，他们的门人、弟子非常多，都挤满了他们的屋子。虽然，这些宿儒的态度非常生硬，但他仍然站在他们的身边，虚心地向他们请教，提出自己的疑问，询问解决的方法。有时也会遭到这些老先生的训斥，但他会更加恭敬地聆听，礼节更加地周到。等老师们高兴了，他再重新请教一些自己不会的问题，最终自己有了不小的收获。

学习的过程是如此不容易，求学的路上也非常艰难。年少的宋濂背着书箱，拖着鞋子，行走在深山之中。冒着凛冽的寒风，踏着深达数尺的积雪，一步一步艰难地走着。那时，他的脚和手都被冻裂了也不知道，完全沉浸在学习的乐趣之中。到了住宿的地方，四肢都动不了，仆人给他喝下热水，再用一个厚被子盖在身上，过了许久他才暖和过来。他每天只吃两顿饭，没有山珍海味，只是一些普通的饭菜。同舍里，有人穿着讲究，佩戴珠宝，腰间还挂着白玉环，光彩照人如神仙一般。可是，宋濂却穿着一件破衣行走在他们中间，与他们一起学习。但他一心学习，丝毫没有羡慕他们荣华的意思。因为学习是一件快乐的事情，他当时，甚至现在也不觉得自己的生活不如他们。他在学习上的辛苦和勤奋就是这样。

在这段文字里，宋濂自叙着自己过去的学习生活，从而让我们明白了"天道酬勤"这样一个道理。但是，实现的前提却是自己如何勤奋。宋濂通过自己的言行告诉了我们：无论是小时候的借书、抄书，还是后来的虚心请教、俭朴求学，都足以让人们明白一个这样的道理。因此，要想让道的作用得到充分的发挥，每一个人都应该以自己的言行来配合它。

道需要人的言行配合才能发挥它对人的影响。如果人不配合，道即使存在，也不会影响到人。

后天教育的失败

北宋的大文学家王安石写过一篇题为"伤仲永"的散文，意在告诫人的主观努力对其健康成长的重要性。

在古代的金溪这个地方，有一个普通的百姓，他的名字叫方仲永。方仲永一家世世代代以耕田的收入作为生活的唯一来源。方仲永出生时是一个天才，他的聪明程度令人惊讶。据说，在方仲永长到五岁的时候，他还从未见过书写用的笔墨纸砚，突然有一天他却叫父亲给自己找来这些书写用具。他父亲在惊愕之际，忙去邻居家借来这些东西给他。更奇怪的事情又发生了，方仲永不仅会使用这些东西，而且还提笔写了四句非常工整的诗句。写完后还有模有样地题上了自己的名字：方仲永。这是一首以赡养父母、歌颂宗族团结为主题的诗歌，颇受全乡秀才的赏识。至此，方仲永的文学才能得到了充分的表现。如果有人指定事物让他作诗，他能马上写出令人称颂的诗句。而且仔细分析这些快速完成的诗作，不论是诗歌的文采，还是它所讲述的道理，都值得大家品味、称赞。于是，他的名气在县里传开了。大家对此都感到惊奇，渐渐地都像对待客人一样，对待他的父亲。甚至还有一些有钱人出巨资来买方仲永的诗作，而他的父亲却把此事当作炫耀自己的资本。他的父亲从中尝到了甜头，认为这样有利可图。于是，他的父亲就天天领着方仲永到处拜访一些所谓的名人，根本不给他学习的时间。

王安石说："我很久以前就听说了这件事，心里也很奇怪。在明道年间，我跟随先父回家，在舅舅家里终于见到了这个传奇人物——方仲永。那时，方仲永也十二三岁了。为了试一试他的才华，我让他写了一首诗。但诗作已经没有传说的那样好了。无论是文采，还是道理，都没有什么值得夸耀的了。又过了七年之后，我再一次回到舅舅家，问起他的情况。舅舅告诉我说，方仲永已经和平常人一样了，没有什么区别。"

正如王安石所说：方仲永的聪明是天生的，他的天赋比一般的普通人要优秀。可惜的是，最后却成了一个普通的人。这不能不说是一件令人遗憾的事情啊。究其原因，那是他缺乏后天所应该接受到的教育。一个天资如此优秀的人不接受教育都尚且如此，更何况我们这些普通人啊。

在分析方仲永失败原因的时候，王安石把方仲永的平庸归结为他没有接受良好的教育，这一点是对的。但是，除此之外，如果他能有机会接受正常的后天教育就一定能保持他那份与众不同的天赋吗？答案也不是肯定。因为，接受后天教育只是给了他学习的机会，如果他不能像上文提到的宋濂那样勤奋，恐怕方仲永也还会像宋濂的其他同学一样，没有什么大的收获吧！

第六十九章

题 解

河上公曰"玄用"。这一章节是有关军事斗争的论述。这是老子以自己的经验去分析战争双方应该如何去对峙，以及如何才能取胜的一段论述。但其核心观点，仍然是在阐释"道"与"德"的影响。因此，虽然表面是写战争，但是所提及的观点却不局限于战争。这恐怕就是哲理的魅力所在吧。

原 文

用兵有言：吾不敢为主而为客①；不敢进寸而退尺。是谓行无行②，攘^{rǎng}无臂③，扔无敌④，执无兵⑤。祸莫大于轻敌，轻敌几丧吾宝。故抗兵相加⑥，哀者胜矣⑦。

注 释

①**为主**：主动进攻，攻打敌人。**为客**：被动退守，慌忙应敌。

②**行无行**：虽然要摆开阵势，却像没有阵势可摆。行，行列，阵势。

③**攘无臂**：虽然要奋臂，但却像没有臂膀可以举起。

④**扔无敌**：虽然面对着敌人，但却像没有敌人可以对峙。扔，对峙，相抗衡。

⑤**执无兵**：虽然有兵器，却像没有兵器可执。兵，兵器。

⑥**抗兵相加**：意为两军实力相当。抗兵，两边对抗之兵，即敌我双方。相加，即相若，即实力相当。

⑦**哀者胜矣**：悲愤的一方将取得胜利。哀者，不喜欢战争，被迫悲愤应战的一方。

译 文

善于用兵人言："我不敢主动进攻，宁愿被动退守；不敢前进一寸，而宁可后退一尺。"这就叫虽然要摆开阵势，却像没有阵势可摆。虽然要奋臂，但却像没有臂膀可以举起。虽然面对着敌人，但却像没有敌人可以对峙。虽然有兵器，却像没有兵器可执。祸患没有比轻敌更大了，轻敌几乎会让我失掉我的三件宝物：慈爱、节俭、不敢为天下先。所以，两军作战实力不相上下，情绪悲愤的一方会获得胜利。

下篇 第六十九章

读解心得

在这段有关军事的讨论中，可以发现老子以下的两个观点值得我们深思：首先，老子是一个反对战争的人。在论述中，他虽然提及了如何才能取胜，在对峙的时候，敌对的双方应该如何去做，但他却不赞同主动出击。因此，在这一点上，也有研究者持有和我们一样的观点：面对战争，虽然应该要思考如何取胜，但不能主动发动战争。其次，哀兵必胜，骄兵必败。这仍然是老子以柔克刚思想的体现。面对强大的敌人，可以在防守的过程中战胜他们。因为，只要他们主动出击，就会露出破绽。

经典故事

官渡之战

官渡之战是东汉末年最为有名的三大战役之一。之所以著名，原因有二：第一个原因，是在这次战争里，曹操凭借自己两万左右的兵力，战胜了十万左右的敌人；第二个原因是它决定了局势的发展。通过此次战役，曹操奠定了自己在北方的统治地位。

袁绍在建安四年的时候，精心挑选了十万人马，前去攻打许都，从此拉开了战争的序幕。面对袁绍大军压境，曹操的大部分部下都认为不可战胜。但是，作为统帅的曹操却不这样认为。以他对袁绍的了解，他认为袁绍刚愎自用，听不进别人的劝告。现在又以十万大军前来攻

● 曹操官渡战袁绍

打自己，正是"矜民人之众"的表现。于是，曹操制订了自己的迎战计划，即以优势兵力对抗袁绍的进攻。因此，派臧霸率精兵入青州牵制袁绍，以防袁绍偷袭自己，曹操亲自率军占领黎阳，坚守渡口延津并以此协守白马，以此阻止袁绍军队的长驱直入。同时又派人前去安抚关中等地。从曹操的军事布置上看，他采取的就是一种后发制人的策略，或者说是以守为攻的策略。当时曹操的形势非常危险。因为，此时的刘备正在联合袁绍，攻打曹操。于是，曹操先领兵击败了刘备，然后一心去与袁绍决战。虽然袁绍也深知刘备战败对自己的影响，派自己的儿子去抗击曹操，但他的儿子却以生病为由，没有采纳他的建议，致使曹操回兵官渡并最终打败了袁绍。

　　仔细分析官渡之战就可以发现，这场战争形象化地演绎了老子在这一章节中所述的军事思想："吾不敢主动进犯，而采取守势；不敢前进一寸，而宁可后退一尺。"但就是这种主动的退让，主动的守势，却使曹操的军队转败为胜，战胜了强大的袁绍大军。

第七十章

题　解

　　河上公曰"知难"。在这段的论述中，老子以人格化的语气，表达了对"道"的思考。"道"虽然对所有的人都有影响，但是，并非所有的人都理解"道"。不理解"道"的内涵，也就不理解讲"道"的人。所以，有研究者认为这一章节是老子对自己的慨叹。其实不然，无论是"道"，还是讲"道"的人，大家不理解是一种正常的现象。但是，毕竟还有一部分人能够了解"道"。所以说，这一章节应该是老子对"道"不能正常发挥影响的一种担忧。

原　文

　　吾言甚易知，甚易行。天下莫能知，莫能行。言有宗①，事有君②，夫唯无知③，是以不我知。知我者希，则我者贵④。是以圣人被褐怀玉⑤。

注　释

①**言有宗**：言论有一定的主旨。宗，主旨。

②**事有君**：办事有一定的根据。

③**无知**：别人不理解。

④**则**：法则。此处意为效法。

⑤**被褐**：披着粗布破衣。被，穿着。褐，粗布。**怀玉**：怀揣着知识和才能。玉，美玉，此处引申为知识和才能。

译　文

　　我的话非常容易理解，非常容易施行。但是天下竟没有谁能了解我，没有谁能实行。我的言论有一定的宗旨，做事有一定的准则。正因为人们不知道这个道理，所以才不理解我。了解我的人十分稀少，效法追随我的人就更加难得了。因此有道的圣人总是穿着破旧的粗布衣服，然而怀里却揣着美玉。

　　细想老子在这里所讲的，有诸多地方值得我们深思：首先，老子的担忧是普通民众沉陷于对名利的追逐。因此，他们虽然有时能了解到"道"的存在，但是他们却不能遵照"道"的内涵去生活。其次，老子在讲解"道"的时候，虽然摆事实、讲道理，浅显易懂，但是要真正地去做，还需要人们的主观配合。有许多人是知道应该怎样去做，却不能在日常生活中去践行的。因此，这是一个非常值得担忧的事情。最后，不管别人如何，自己应该坚持自己的观点。于是，担忧也好，慨叹也罢，老子仍然是"被褐怀玉"。

经典故事

"被褐怀玉"的陶渊明

　　陶渊明就是一位"被褐怀玉"的人。在他的一生中，有许多地方值得我们深思。

　　陶渊明自号五柳先生。他曾经在《五柳先生传》中这样描述自己：一个被称作五柳先生的人，不知道他是哪里的人，也不清楚他姓什么，叫什么。只知道他家的旁边有五棵大柳树，因此管他叫五柳先生。这个人非常喜欢安静，很少说话。他也不羡慕名利，只是喜欢读书。但是读书的时候也与众不同，他从不在一字一句上过分地思考。当他从中悟出道理的时候，他会高兴得忘记了吃饭，忘记了睡觉。这个五柳先生非常喜欢喝酒，他的亲朋好友都知道他有这个嗜好。于是，当他们有了好酒、好菜的时候就会叫五柳先生去喝酒。而五柳先生也非常讲究，去喝酒一定会尽兴地喝，喝好就会回家，从不在朋友家里耍酒疯。五柳先生的住处非常简陋，整个屋子都空空的，墙也破了，既不挡风也不遮雨。就连盛饭的器皿里也是什么也没有。可是五柳先生却过得安然自得，还经常写文章来自我陶醉，也从未见到五柳先生在意什么得失。就这样，五柳先生度过了他平平安安的一生。对此，黔娄的妻子这样评价五柳先生：不为贫贱而忧愁，不热衷于发财做官。这位边喝酒边作诗，为自己的志向锲而不舍的五柳先生，应该是无怀氏时代的人，还是葛天氏时代的人呢？

陶渊明

耻事二姓克全三明
高志逸识播史词章

● 陶渊明

　　陶渊明就是一位这样的人，凭借他的才学，在那个时代做一个小官是绰绰有余的。可是，他却偏偏不这样做。关于这一点，还可以从他的《归园田居》里得到验证：少无适俗韵，性本爱丘山。误落尘网中，一去三十年。羁鸟恋旧林，池鱼思故渊。他在诗歌的开篇之处就这样描述自己：自己小的时候就不想迎合世俗，自己的本性是喜爱自然的山山水水。错误地在世间混了三十几年。在这段生活里，自己就像那只囚在笼子里的鸟儿一样，思念自己原来生活的树林，就像那条被池子囚禁的鱼儿，想念原来生活的深渊一样。一种回归的想法让我无法忍受世俗的烦恼。特别在诗歌的最后，陶渊明又写了这样的诗句：久在樊笼里，复得返自然。可见他对自己的理想追求是多么坚定。而这不正是老子"被褐怀玉"精神的再现吗？

第七十一章

题 解

河上公曰"知病"。"病"有多种意思。它不仅仅是指身体上某种不健康的状态，另外它也指某种不正确的爱好、嗜好、习惯、行为等。在这里，老子所谓的"知病"就是要知道自己错误的习惯、爱好、言行。因此，本章节主要叙述如何发现自己的错误，如何改正自己的错误。

原 文

知不知，上①；不知知，病②。夫唯病病③，是以不病④。圣人不病，以其病病，是以不病。

注 释

①**知不知，上**：注解家们一般对此句有两种解释。一种认为：明知道却不自以为知道。另一种认为：知道自己有所不知。上，高明。

②**不知知，病**：明明不知道却自以为知道，这就是毛病。

③**夫唯病病**：把不知为知的毛病当作病。第一个病，以……为病，名词意动用法。第二个病，名词，毛病、缺点。

④**是以不病**：因此不会有毛病。

译 文

知道自己还有不知道的，是真正的高明。不知道却装作知道的样子，这是一种毛病。圣人把不知为知的毛病当作病，因此圣人不会有毛病。正因为圣人把它当作弊病，认真对待，及时处理，所以圣人从来没有这种问题。

道德经

知错能改，善莫大焉。但是，前提是必须知道自己的错误，所以，在此老子提出了"知病"的观点。因此，阅读这一章节的时候，需要关注以下几方面的内容：首先，人非圣贤，错误在所难免。正如老子在文中所说："知不知，上。"知道自己还有所不足，这是最正确的做法。因此，人贵有自知之明。其次，求学是一个过程，是一个由已知到未知的过程。因此，人不但要有自知之明，而且还要明白自己应该做什么，不应该做什么。对于那些自己未知的领域正是自己应该学习的地方。而这一点正如孔子所言，面对学习，所有的人都应该有一个正确的态度，即知道就是知道，不知道就是不知道。不能不懂装懂，这才是最正确的学习态度啊。最后，知与不知的辩证关系。知是一种状态，不知也是一种状态，但两者之间可以相互转化。所以，无论是对于知而言，还是对于不知来说，它们都很重要。有一位研究者对此进行这样的解说：如果在黑板上画一个圆圈，圆圈里边代表一个人知道的知识，圆圈外边代表自己还未掌握的知识。那么随着自己掌握知识的增多，黑板上那个代表自己已会知识的圆圈与外界接触的面积也会渐次扩大。从而就会使自己发现还有许多知识没有掌握，需要自己去专心学习。所以说，无论是明确自己学会了什么，还是知道了自己还不会什么，对于学习而言都同样重要。因此，任何一个人都不能自以为是、恃才放旷。比如前边提及的杨修。他之所以会被曹操斩首，那是因为他只知其一，不知其二。他只知道"鸡肋"食之无味，弃之可惜。但是他不知道他让军士准备撤退犯了军事上的忌讳。

纸上谈兵

"纸上谈兵"这则成语故事出自《史记·廉颇蔺相如列传》，具体的故事讲的是长平之战。长平之战是赵国和秦国之间发生的一场战争，但是赵国失败了。

赵国的老将军、名将马服君赵奢有一个儿子叫赵括，赵括很小的时候就开始向父亲学习兵法，等他年纪稍长的时候，谈兵布阵颇有一套。虽然他没有直接参与过行军打仗，但是他的计谋策略颇受一些将军的赏识，甚至就连他的父亲赵奢在很多时候也不能说服他。虽然这样，他的父亲赵奢也不认为他有什么军事才能。他的父

亲对外人说：打仗是一件以命相搏的事情，它怎么能像赵括谈论的那样简单，如果不打仗也就算了，如果打仗的时候让赵括作将军，那么赵国必败无疑。但是，人们没有听赵奢的话，甚至都认为他是舍不得自己的儿子上战场。有一天，秦国派军队来攻打赵国，赵王命令赵括

● 赵括之母

道德经

作为将军领兵迎战。但是赵括的母亲给皇帝上书，请求不要让他带兵打仗，赵王没有听从。因此，赵括的母亲讲述了如下的理由："当我侍奉他父亲看他领兵打仗的时候，他父亲都把自己的财物分给了部下，这样的事情发生了几十次，正因为这样，他的父亲有许多朋友帮助他。即使是赵王您赏赐的东西，他的父亲也都没有独享而是同样地分给自己的部下，尤其是他的父亲认为率军打仗是一件非常不容易的事情，军中之事，无论大小，凡事都亲力亲为，自从领命就不再考虑家里的任何事情了。可是，赵括与他父亲不同，他不但把您赏赐的珠宝都藏在了家里，而且还每天想着如何去买一些奢侈的东西。无论是田地，还是住宅都是他考虑的对象，然而却从不见赵括想着怎么样去打败秦军。因此，他不是一个领兵作战的人。"但是，赵王不听老太太的劝告，他对赵老太太说："我主意已定，您就不要再说了。"于是，赵老太太只好无奈地说："那就算了吧，但是，如果赵括打了败仗，请不要责怪我。"赵王应允了她。秦国的将领白起听说后，非常高兴，他觉得他们的胜利指日可待了。因为赵括的行军布阵漏洞百出，毫无实战意义。于是白起就派自己的小股部队假装战败，引诱赵括上当。果然赵括立即派兵紧追，可是追击的部队被秦军一分为二，分段包围，从此赵军士气低落，四十几天后全军饥饿难忍，全线溃退。赵括在督战的时候也被秦军杀死。赵军的完败直接导致了赵国亡国的命运，秦国终于统一了六国。

在这则故事中，有许多人都认为赵括是一个不"知病"的典型，甚至还认为他的"纸上谈兵"毁了赵国。其实不然，赵王也是一个不"知病"的典型，因为他不知道自己用了一个无能的人。因此对于"知病"而言，并不是每个人都能做到的。或许正是因为这个原因，才有了那句"人无完人"的说法。

第七十二章

题 解

　　河上公曰"爱己"。在老子看来，不同的人对于如何"爱己"是有所不同的。对于普通人而言，他们也会"爱己"。但是，在"爱己"的过程中，这些普通人则往往会通过提升自己的物质生活来实现"爱己"的目标；而对于圣人而言，他们也"爱己"，但是他们则往往采用提升自己精神修养的方式来实现。

原 文

　　民不畏威①，则大威至②。无狎其所居③，无厌其所生④。夫唯不厌，是以不厌⑤。是以圣人自知不自见⑥，自爱不自贵⑦。故去彼取此⑧。

注 释

　　①民不畏威：百姓们不畏惧统治者的高压政策。威，指统治者的权威和威慑。

　　②大威至：指大的权威即将来临。在这里也可指人民的反抗斗争，或者可以指代其他的天灾人祸。

　　③无狎其所居：不要逼迫老百姓致使他们无法安居。无狎，不要逼迫的意思。狎，引申为逼迫。

　　④无厌：不要断绝广大民众的生路。厌，阻塞。

　　⑤不厌：这个厌指厌烦，在这里指人民对统治者的厌恶、反抗斗争。

　　⑥不自见：不表现自己，不显示自我的才能。

　　⑦自爱不自贵：意思是自己爱护自己，但是却不自视高贵，在这里指圣人但求自爱而不求自显高贵。

⑧**去彼取此**：指舍去"自见"和"自贵"，而取"自知"和"自爱"。

译　文

当百姓不再害怕统治者高压政策的权威时，那么国家的大祸患就要来临了。不要逼迫百姓致使他们居无定所，不要断绝广大民众的生路。百姓不受到压迫，生路不被断绝，只有这样百姓才不会厌烦统治者的统治。因此，有道的圣人自己心里明白，但是却不急于自我表现；自己知道爱惜自己但是却从不凸显自己比别人高贵。所以就要尽量抛弃那些错误的做法，选择自知和自爱这样正确的做法。

读解心得

"爱己"似乎是一个永恒的话题，无论是普通的百姓，还是品德修养较高的圣人君子，他们都会用不同的方式来"爱己"。因此，在阅读本章的时候应该关注以下几点：首先，"爱己"不应该伤害别人。这就正如在文中老子所说的那样：当百姓因为"爱己"而不畏惧统治阶级的管束时，统治阶级就会采用更加残酷的方式加强自己的统治，从而使"爱己"走向"不爱己"。对于统治阶级而言也是一样，因为"爱己"，他们要加强统治。但是这更加残酷的统治又会激起百姓的反对。从而使他们"爱己"的愿望化为泡影。其次，"爱己"可以通过特殊的方式实现，那就是"自知""后己"，从而在别人的满足中提升自己在他人心中的地位。正所谓我敬人一尺，别人敬我一丈。一尺与一丈的比较虽然是距离长短上的区分，但是，在品德的层面上，它却表现为如何"爱己"的具体方法。最后，"爱己"并非以荣辱为标准，而要以自身的品德提升与否作为区别。荣耀也好，屈辱也罢，品德的提升与否才是能不能"爱己"的关键所在。

经典故事

爱己爱人

每一个人都"爱己"，但是不同的人有不同的方法。有人从物质享受上"爱己"，有人从精神修养层面上"爱己"。当然了，不同方式的"爱己"，也会取得不同的效果。下边这几则故事就说明了这样的道理：

据说在晋朝的时候有两个富翁，一个叫石崇，另一个叫王恺。石崇是一位富商，而王恺是晋武帝的舅舅，皇亲国戚。有一段时间这两个人开始互相较劲，彼此之间不择手段地去炫富。为了压倒石崇，有一天，王恺命令仆人要用糖水去洗做饭的铁锅。大家都知道，用糖水刷锅，既不会干净，也会影响到饭的滋味，除了炫富，别无是处。当这件事传到石崇那里后，他又不想跟风，于是就想到另一个法子，即把蜡烛当柴烧。在那个时候，即使在富人家里，蜡烛一般只作照明用，没有人敢用它当柴烧。可是，石崇却这样做了。王恺听说后，认为在这两件事情上彼此之间难以区分高下，于是就又想到另一个损人不利己的办法：王恺做了四十里的紫丝布步障。石崇又听说了这件事，认为这是小事一件，不值得一提，于是他自己又多做十里的锦步障。他把王恺的四十里，一下子就延长到了五十里。明显是他胜了。但是对于王恺而言，他也不会轻易认输的，因为他是皇帝的舅舅呀。于是，晋武帝出面，赏赐给他一株堪称宝贝的珊瑚树，有两尺多高，世上绝无仅有。于是，这就等于在暗地里说，皇帝帮了自己的舅舅。王恺兴冲冲地拿着这个宝贝去向石崇炫耀，谁知道更可怕的事情发生了，这株被认为是宝贝的珊瑚树被石崇给打碎了。这还不算，石崇还主动提出了赔偿，并且提高了赔偿标准，笑着说："我赔你一个更高的。"于是命人取来六七个三四尺高的珊瑚树让他自己挑选。于是，王恺只好认输，转身没趣地走了。

在这个故事里，石崇与王恺两个人为了爱护自己所谓的那份尊严，相互追着炫富。这种炫富在某种程度上就是追求物质享受，一种物质层面上的"爱己"。而与此不同的还有一类人，他们也"爱己"，但是他们却选择了提升自己的品德修养来"爱己"。虽然这些人没有令人夸耀的物质生活，但他们的精神却被后人称颂不已。

孔子有一个弟子，非常聪明。他家境贫寒，却不以这为耻，这个人就是颜回。孔子曾经这样称赞他："贤哉，回也！一箪食，一瓢饮，在陋巷，人不堪其忧，回也不改其乐。"

不仅学者颜回是这样爱己，而且还有许多政治家也是这样。例如，范仲淹就是一位这样的人。范仲淹家境贫寒，幼年苦读，终于中乙科第九十七名，由一名"寒儒"成了令人羡慕的进士，从此步进仕途。但是，范仲淹却刚直不阿得罪了朝廷。在他任期内，他得知宋仁宗皇帝要为太后祝寿，他觉得皇帝有铺张浪费之嫌，于是上了一封言辞较为激烈的奏疏，因此被贬。虽然他被贬了，但他的行为举止却体现

先聖小派

●孔子及弟子颜回像

出他对自己理想追求的爱护。

再后来，当他的朋友滕子京谪守巴陵郡的时候，他写了一篇著名的散文《岳阳楼记》来表明自己的追求。巴陵郡是一个美丽的地方，其美丽的景色都集中在那洞庭湖上。面对这些美丽的景色，不同的人物有不同的感受。有人在阴雨绵绵的时候，登上岳阳楼，面对那湖面上的滔天波浪，听着那阴风怒号的声响，有不少人此时心中充满了惆怅。离开国都怀念家乡，担忧别人在背后说自己的坏话，因而他们感伤到了极点。可是，当天放晴的时候，还是面对相同的洞庭湖，又有一些人看着一湖春光，碧波荡漾，听着渔歌互答，会心旷神怡、宠辱偕忘。

然而，对上述两类人而言，在范仲淹看来他们都没有达到古代仁人的标准。因为，在古代那些仁人看来，不以物喜，不以己悲才是自己最终的追求。不以外物的好坏、不以自己的得失来影响自己的心情。因此，范仲淹要"先天下之忧而忧，后天下之乐而乐"，并且以这样的方式来提升自己的品德修养，从而达到"爱己"的目的。

第七十三章

题 解

　　河上公曰"任为"。在这段的论述里，主要包含了两个层面上的意思：在第一个层面，如果一个人任意地胡作非为，他就会招致杀身之祸；第二个层面，如果一个人谨言慎行，天道自然，那么他就可以存活。这也就是说，在对比之中，老子讲述了两种完全不同的处事原则。而且两种不同的处事原则也会带来两种完全不同的结果。

原 文

　　勇于敢则杀，勇于不敢则活①。此两者或利或害②。天之所恶，孰知其故③？是以圣人犹难之④。天之道，不争而善胜⑤，不言而善应⑥，不召而自来，坦然而善谋⑦。天网恢恢⑧，疏而不失⑨。

注 释

　　①"勇于"二句：勇于逞强就会招来杀身的祸端，不逞强就会保留性命。敢，逞强。《广雅》："敢，犯也。"这里暗指老子思想中的"有为"。杀，被杀、死亡。不敢，不逞强。暗指老子的"无为"。

　　②或利或害：有的获利，有的受害。

　　③孰知其故：谁能知道其中的缘故呢？

　　④是以圣人犹难之：因此就连得道的圣人处理这类事情仍然会感到十分为难。

　　⑤"天之道"二句：自然规律，不与万物相争但却善于获得胜利。天之道，指自然规律。

　　⑥善应：最好的回应。

⑦**坦然**：坦荡、安然。

⑧**天网恢恢**：天网指自然的范围。恢恢，庞大、宽广无边。《说文》："恢，大也。"

⑨**疏而不失**：虽然宽疏但并不漏失。疏，稀疏。

译 文

　　行事鲁莽、逞强就会招来杀身的祸端，不逞强就会保留性命，这两种方式的最终结果，或者让自己获利，或者使自己受到危害。上天所厌恶的那些行为，谁又知道其中的缘故呢？就连得道的圣人处理这类事情仍然会感到十分为难，往往会谨慎行事。自然规律是不与万物相争但却善于获得胜利；不回应就是最好的回应；不召唤却自己就来临了；内心坦然却善于筹划计谋。上天布下天罗地网，宽广无边，虽然网眼宽疏但是却使人无法逃脱。

读解心得

　　这是一则在对比中阐释处事哲理的故事。因此，在理解的时候应该注意以下几点：首先，"任为"不能由自己的性子来做任何事。这也就是说，做任何事情都要考虑后果。因此，要三思而后行，不可以鲁莽行事。其次，"任为"是一个关系到所有人的处事原则。无论是自己处于什么样的位置，只要是做事，就应该考虑后果。否则，自己的地位越高，权力越大，它的危害也就越大。不仅会危害到自己，也会影响他人。

经典故事

绝缨宴

　　"绝缨宴"的故事出自刘向所著的《说苑·复恩》一书，据说故事发生在楚庄王主政的时候。有一次他打败了敌人，在皇宫里大宴有功之臣。为了助兴，楚庄王让宠姬嫔妃献歌舞助兴。于是，人们放开了酒量，尽兴地喝酒。宴会持续了一整天，美人佳酿，直到天黑，楚庄王仍然没有结束的意思。于是，内侍大臣点烛重新开宴。忽然一阵疾风吹过，全部的蜡烛都熄灭了，这时一位官员因为喝多了酒，拉住了楚庄王宠妃许姬的手，拉扯中许姬撕断衣袖得以脱身，但她却也把那个人的帽子上的绸带攥在了手里。于是，许姬向楚庄王报告有人非礼自己，并且说只要点上烛火，

● 楚庄王

就可以凭借这条绸带找到那个非礼自己的人。可是，楚庄王却没有这样做，恰恰相反，楚庄王命令大家在黑暗之中全部扯掉自己帽子上的绸带，以免在点燃蜡烛后，那位大臣尴尬。于是酒宴继续。

酒宴结束后，回到皇宫，许姬嗔怪楚庄王不给自己做主。可是楚庄王却说："此次夜宴旨在大家尽兴，融洽君臣关系，他虽然失态，那是因为贪杯所致，不应该追加责罚。再说了，酒宴之上责罚重臣岂不有违初衷？"于是，许姬明白了楚庄王的良苦用心。正因此，楚庄王的这次夜宴就成了历史上绝无仅有的"绝缨宴"。

这件事在无声无息中过去了多年。有一次楚庄王带兵去讨伐郑国，其中有一员战将主动请缨，并率自己部下拼死力战，大败郑军。后来，楚庄王要嘉奖他，可他什么也不要，这才知道这名叫唐狡的人是报自己当年不杀之恩。

在这个故事里，楚庄王本可以凭借自己的权力，轻而易举地找出酒后闹事的唐狡，并杀死他。可是，楚庄王没有任意地运用自己手中的权力，为了避免唐狡的尴尬，还设计并导演了一场"绝缨宴"，因此楚庄王受到包括唐狡在内的所有人的拥戴。

第七十四章

题 解

河上公曰"制惑"。这是老子对时事的一种客观思考。如果民不畏死，奈何以死惧之呢？这是许多人的困惑。因此，要解决这种困惑，就需要我们重新理解"道"，重新恢复遵道崇德的风尚。

原 文

民不畏死，奈何以死惧之①？若使民常畏死，而为奇者②，吾得执而杀之③，孰敢？常有司杀者杀④。夫代司杀者杀⑤，是谓代大匠<ruby>斫<rt>zhuó</rt></ruby>⑥。夫代大匠斫，希有不伤其手矣⑦。

注 释

①奈何以死惧之：为什么用死亡来让他们恐惧呢？惧，使动用法，使……恐惧、害怕。

②为奇：指做邪恶之事。奇，奇诡、从事奇巧。

③执：捉拿、关押。

④司杀者杀：意为违背天意、作恶多端，自然会受到惩罚，多行不义必自毙。司杀，专管行刑的人。司，掌管。

⑤代司杀者：代替专管杀人的人。

⑥代大匠斫：代替技艺精湛的木匠，用斧子劈砍木头。斫，砍、削。

⑦希：稀少。

译 文

如果百姓根本就不畏惧死亡，那么为什么还要用死亡来使他们恐惧呢？假如百姓真的十分害怕死亡来临的话，那么对于那些经常作恶多端的人，我们就把他们抓过来然后全部杀掉，那么谁还敢继续为非作歹呢？通常应该由专管行刑的人去执行行刑的任务。代替专管行刑的人去执行杀人的任务，这就好比代替技艺精湛的木匠砍木头。那些代替技艺精湛的木匠去砍木头的人，很少有不把自己手指头砍伤的。

读解心得

这是一章以时事论观点的文章。在文章里，老子首先提出了统治者的困惑："民不畏死，奈何以死惧之呢？"在后边的叙述中，老子也列举了许多事实，提出了各种严刑酷法所不能解决的问题。正如前边提到了陈胜、吴广起义一样，当百姓不畏死亡的时候，他们就会铤而走险。其次，老子虽然是以"百姓"为例在谈及社会问题，但是当我们把"百姓"用其他人物进行替换之后，就会发现各行各业都存在着这样的问题。当学生不畏教师的时候，当孩子不畏父母的时候，当员工不畏管理者的时候，这里的"惑"就具有了普遍性，这里老子所提及的"制惑"理念就产生了普遍性的意义。最后，怎么样才能实现"制惑"的理想呢？老子曾经在前边的几章多次提及要遵道崇德，多次强调要以退为进，要以柔克刚。

经典故事

逼上梁山

作为四大名著之一的《水浒传》为后世读者塑造了许多典型化的人物形象，林冲就是其中之一。《水浒传》的主题是"官逼民反"，而最能体现这个主题的人物形象就是刚才提及的林冲。在小说里，林冲绰号"豹子头"，善于使用丈八蛇矛，位居梁山好汉排名的第六位。他生性耿直，喜爱交友。为了再现他是如何被逼上梁山的，小说设计了以下故事情节：

第一个情节：误入白虎堂。林冲的妻子非常美丽，曾被高俅之子见到。为了霸占林冲的妻子，陆虞候、富安巧设诡计引诱林冲误入白虎堂。他们先把自己的刀卖给林冲，过了几天之后，再以看刀为名把林冲带入白虎堂。白虎堂是高俅商议军事大事的地方，没有特别的许可一般人不许入内，更何况林冲手里还拿着刀。当高俅见到持刀的林冲之后，诬告其要谋杀自己，于是想要置之于死地，后经开封府尹的帮助，林冲被发配沧州。

第二个情节：野猪林被救。董超、薛霸两人是押送林冲前往沧州的解差，可是他们早已被高俅收买，想要在野猪林这个地方杀死林冲。于是，两位解差在路上故意用开水弄伤了林冲的脚。并给他换上一双草鞋，以便在折磨中消磨林冲的意志和体力。正当两人把林冲绑在树上准备动手之际，突然林冲的结拜大哥鲁智深出现了，于是，林冲得以保住性命。这就是大闹野猪林的故事。

　　第三个情节：火烧草料场。在鲁智深的护送下，林冲被安全地送到了沧州牢城。凭借柴进的关系，林冲被分配去看草料场。但是，高俅对林冲的谋害并未停止，于是，陆谦再次被派到沧州准备谋害林冲。一路上陆谦多次未能杀死林冲，于是一怒之下准备在草料场烧死林冲，但人算不如天算，林冲由于外出买酒防御天寒躲过了这一劫难。当他知道真相之后，终于狠下心来，杀死了几名仇敌，上了梁山。

　　在这个故事里，林冲一步步地被以高俅为代表的官府逼上了梁山。这就应了老子的那句话："如果民不畏死，奈何以死惧之。"如果当初不是高俅一伙人的赶尽杀绝，耿直的林冲也不会被逼上梁山。如果他不被逼上梁山，也就不会有后来高唐州救柴进的故事，也就不会有攻打大名府时的主力战将林冲了。

第七十五章

题 解

河上公曰"贪损"。所谓的"贪损"就是因为贪婪而受到的损害。无论是对于什么样的人，无论是对于什么样的事，只要贪婪就会身受其害。所以，无论是统治阶级，还是平民百姓，都不能贪婪。正所谓"心底无私天地宽"是也。

道德经

原 文

民之饥，以其上食税之多①，是以饥。民之难治，以其上之有为②，是以难治。人之轻死③，以其求生之厚④，是以轻死。夫惟无以生为者⑤，是贤于贵生⑥。

注 释

①**以其上食税之多**：因为统治者收纳的粮食和赋税太多。

②**有为**：与"无为"相对。指繁苛的政治，统治者强作妄为，使百姓不得安生。

③**轻死**：轻视死亡。轻，形容词，意动用法，以……为轻，把……看轻。

④**以其求生之厚**：由于统治者奉养过于丰厚奢侈。求生，贪求生存。厚，过分，过度。

⑤**无以生为**：不要使生活上的奉养过分奢侈丰厚。

⑥**贤**：胜过、超过。**贵生**：厚养生命。

译 文

百姓之所以挨饿遭受饥荒，就是因为统治者收纳的粮食和赋税过于沉重，所以百姓才会遭受饥饿。百姓之所以不好统治和管理，是统治者施行繁苛的政治、强作妄为所导致的，因此百姓就会更加难于治理。百姓之所以轻视死亡，丝毫不把死亡放在心上，这是由于统治者过于贪图享受，把百姓的财产、粮食搜刮殆尽。因此百姓感到生活困苦、没有希望，也就不畏惧死亡了。而那些不过度追求生活享受、不以保养生命为重的人，要比那些一味保命惜命的人更加高明、睿智。

读解心得

"贪损"是一个非常严肃的话题，它适用于所有的人。因此，无论是谁都必须面对这样的问题。因此，在阅读本章的时候应该注意以下几点：首先，对"贪损"的理解应该在对比中进行。这也就是说，如果想理解"贪损"的危害，我们必须要有比较的观点。而在比较中应该注意两个层面上的比较：在第一个层面上，应该在历史的层面进行比较。即把古人与现代人进行对比。在这个层面的对比中，既要知晓那些因为贪婪而受到惩罚的人，也要知晓古代那些没有因贪而受损的人。从而在对比的结果中明确自己的理想。在第二个层面上，还要有共时层面上的对比。即把当代的人进行对比。从他们不同的结果中获取戒贪的理念。例如，那些因为腐败而受惩处的官员，就是我们应该吸取教训的典型。其次，"贪损"应该与日常生活相联系。无论是统治者还是被统治者，都应该把是否"贪损"作为衡量人才的标准。从小贪到大贪，只是一个过程的问题，其本质上没有任何的区别。

经典故事

捕蛇者说

柳宗元的《捕蛇者说》讲述了这样一个故事。

据说，永州是一个蛇乡，出产很多奇异的蛇。其中有一种蛇的毒性最强，因为它身上有黑色的底、白色的花纹，所以有人又叫它白花蛇。不论什么样的草木，只要被它碰到，全部都会枯死。如果被它咬了，就必死无疑。也正是因为它具有如此的毒性，才被作为药饵深受中医的喜爱。用它做药引，不仅可以治疗传说的麻风病、手足蜷曲，而且就连那可怕的恶疮、坏死的肌肉都可以医好。因此，太医院的太医们每年要征收这样的蛇，并且大量招聘这样的捕蛇勇士，以抵他们的赋税。当地的人都争着去做这件事。

在永州参与捕蛇的人家中，有一个姓蒋的人家非常特殊，因为享受捕蛇不纳税

● 柳宗元

的好处已经有三代了。我很好奇，就去问他。他对我说："我的祖父因为捕蛇，被蛇咬死了，我的父亲也因为捕蛇被蛇咬死了。我虽然没有死，但在我二十几年的捕蛇过程中，也遇到过几次非常危险的事情，多次险些丧命。"讲着讲着，面前的这位小伙子还流下了泪水。我很同情他家的遭遇，于是就不解地继续问他："你很不愿意做这件事吗？我可以告诉管理它的人，让他来更换差事。从此你只要交上赋税就行了，可以再也不用捕蛇了。"谁知道这位小伙听后，哭得更伤心了。"您要想让我活下去，还是让我捕蛇吧。让我交税那件事，比捕蛇还可怕。"顿了顿，他又说："捕蛇虽然危险，但是交税更可怕。如果不是捕蛇，我早就贫困不堪了。自从我家来到此处已经有六十多年了，可是我周围的乡邻们的生活一天一天地窘迫。他们把田里出产的全都拿去交税了，但还是没有交够，只好痛苦地去逃亡。一路上天寒地冻，饥饿难忍，很多人都死在了路上。"他看了看我，又指了指周围那些残存的院落，对我说："和我祖父住在一起的人家，现在十户里也不剩一户了。和我父亲住在一起的人家，十户中已不到三两户了。和我住在一起的人家，十户之中还不到四五户了。这些人家不是被赶走的，而是因为没有办法交税而逃走的。由于我会捕蛇，我才在这里存活下来。"他越说越激动："那些收税的凶暴官吏来到这里，吵嚷叫嚣，挨家骚扰，使这里鸡犬不得安宁。但我只需起来看一看瓦罐里的蛇还在，就可以安心地睡觉了。我小心地喂这些毒蛇，只要等到收蛇的时候把它们交上去，就可以回来安心地享受田里的出产。虽然捕蛇危险，但一年之中也只有那么一两次，一年大多数时间我还是非常快乐的。特别是与我那些乡邻相比，我怎么还能怨恨捕蛇这件事呢？"

我听了他的诉说，心里非常悲伤。记得孔子曾经说过："严苛的政治比老虎还要凶猛啊！"可惜当时我还半信半疑。现在通过蒋氏的遭遇我是完全相信了。唉！那些统治者之中，有谁知道搜刮老百姓的毒害比这种毒蛇更厉害呢？我真心地希望有一天，这些统治者能够看到我这篇文章。

　　搜刮老百姓为了自己的私欲，那就是统治者的贪婪。因此，这样的贪婪势必引起人民的反对。从而使自己受到的损害不只是物质上，而且也包括精神上的。因此，老子这段"贪损"说得还是很有道理的。

第七十六章

题　解

河上公曰"戒强"。所谓的"戒强"就是禁用"强"。在老子看来柔弱胜刚强，正所谓强中自有强中手，山外有山，人外有人。没有最强，只有更强。因此，做什么事情都不能凭借强去取胜。更不能以强凌弱。

原　文

人之生也柔弱①，其死也坚强②。万物草木之生也柔脆③，其死也枯槁④。故坚强者死之徒⑤，柔弱者生之徒⑥。是以兵强则不胜⑦，木强则兵⑧。强大处下，柔弱处上⑨。

注　释

①**人之生也柔弱**：指人活着的时候身体是柔弱的。也指初生的孩子身体柔软。柔弱，即柔软。

②**其死也坚强**：指人死了以后身体就变得坚挺僵硬。

③**草木**：万物。**柔脆**：指草木形质的柔软脆弱。

④**枯槁**：用以形容草木的干枯。

⑤**死之徒**：死亡的一类。徒，类。

⑥**生之徒**：生存的一类。

⑦**兵强则不胜**：强大的军队往往不能够取得战争的胜利。

⑧**木强则兵**：木头坚硬就不能够长久保存。

⑨**处**：居，处于。

译 文

人在刚刚出生的时候身体是十分柔软和脆弱的，然而死了以后人的身体就会变得僵硬。自然界中一草一木生长时是十分柔软和脆弱的，但是死了以后就会变得枯萎干黄了。所以坚硬刚强的东西总是属于死亡的一类，然而柔弱的东西总是属于生存的一类。这就是为什么兵力强大的军队往往不能够取得胜利，树木挺拔高大就会被砍伐。因此，自然界中凡是强大的东西总是处于下位的地位，凡是柔弱的东西，反而高居于上位。

读解心得

柔弱胜刚强是老子的核心理念之一。在此，他又以"戒强"来重申自己的理念。因此，在阅读中，既要有对前边论述的回顾，也要对本章有深入的思考。在阅读中应该注意以下几点：首先，"戒强"的内涵可以从两个层面上理解：在第一个层面上，"戒强"的关键是如何运用"强"。这也就是说，由于运用"强"的方式不同，其结果也是不同。如果"以强凌弱"，那么就应该"戒强"。如果不是这样的情况，以强帮弱就不存在什么"戒强"的问题。在第二个层面上，"戒强"之中并不排除"强"。首先，每一个国家，都应该思考如何"强大"。因为"戒强"之"戒"是对如何运用"强"的思考，而不是不能强。其次，"戒强"之"强"是一个相对的概念。对于不同时期的人而言，他们的"强"有不同的表现；对于同一个人而言，他们的"强"也有不同的表现。正所谓尺有所短，寸有所长。每个人都有每个人的强项。

经典故事

鲁提辖拳打镇关西

"戒强"就是不能以强凌弱。因此，为了讲明这样的道理，老子列举了很多生活中的现象。所以他说人初生之时，身体是柔弱的，死了以后就变得坚硬，柔弱能够克刚强。在现实生活中也有许多类似的语句，告诫我们不要以强凌弱。比如，以大欺小、盛气凌人等诸多语词都是贬义的。

在《水浒传》里有一则鲁提辖拳打镇关西的故事。鲁提辖就是鲁智深，他是一个疾恶如仇的人，一生好打抱不平。而"镇关西"则是一个屠夫的绰号，是一个无

● 鲁提辖拳打镇关西

恶不作的人，两个人正好完全相反。话说有一天，九纹龙史进来到渭州并认识了在经略府做提辖的鲁智深，由于两人脾气相投，所以相约去酒店喝酒。而路上又巧遇好汉李忠，于是三人一起来到了酒店。朋友相聚，酒喝到酣处，突然闻听有人啼哭，鲁提辖非常生气，就叫来酒保问个究竟。酒保连忙说一些好听的，但鲁提辖不肯，执意要叫那啼哭之人前来说个明白。于是，酒保把一个老翁和一个少女带了进来。在鲁提辖的坚持下，这两个人告诉了鲁提辖事情的原委。原来，他们两人是父女，姓金，那个年轻的姑娘叫金翠莲，祖籍郑州。他们本是来投亲，可是当他们到这里的时候，他们的投靠之人已经搬往南京，早已不在此处。于是，只好在酒楼卖唱为生。想不到有个"镇关西"郑大官人在席间看中了金翠莲，就托人要强娶其为妾，说是给三千贯钱作为彩礼，但其实什么也没有给。金翠莲嫁过去之后，很短的时间就被"镇关西"的大夫人给赶了出来。但是，事情却没有完，"镇关西"却来追讨那三千贯没有给的彩礼。而且现在喝酒的人又少，每天挣到的钱还不足支撑他们的生活。因此，两人走投无路，在此哭泣。鲁提辖本不知"镇关西"是何许人，当他知晓原来就是一个卖肉的屠夫时，更是气不打一处来，决定要帮助姓金的父女。于是，放下酒杯就要去替他们讨一个公道，被史进和李忠拦下。他们凑了一些银钱给了两位可怜的人让他们做准备，明日好离开这个是非之地。

第二天一早，鲁提辖就来到了客栈送走了姓金的父女。但他越想越生气，于是就决定去找镇关西给这对父女出气。于是，他来到镇关西的肉铺前。此时，镇关西正坐在肉铺里喝茶水，见到鲁提辖前来，立即起来笑脸相迎。寒暄过后，鲁提辖说自己要买一些肉泥需要镇关西亲自去做，镇关西赶紧答应并动手去做。但是，在鲁提辖的百般刁难之后镇关西和鲁提辖打了起来。鲁提辖根本没有把镇关西放在眼里，一阵拳打脚踢之后，镇关西被鲁提辖按倒在地，鲁提辖边打边骂，不由得提及了金姓父女之事。直到这时，镇关西才知道自己为什么被打。小说中对此有一段精彩的描写：（鲁提辖）照准眼上又是一拳，这次好像开了个染坊，红的黑的紫的都冒了出来。这回郑屠户开始求饶了，鲁达说："你不求饶，硬到底洒家就不打你了，求饶还打。"又是一拳打在太阳穴上，这次就像开了个乐器铺，锣鼓铙钹一齐响。郑屠户挺在地上，一下子不动弹了，鲁达说："你这家伙装死，洒家还打。"正提拳要打，看见郑屠户脸色渐渐变了，果然被打死了。鲁达寻思："我本来只指望毒打他一顿，没想到这三拳真打死了他，我肯定要吃官司，又没人给我送饭，不如趁早离开。"心里想着，鲁达站起身来，大步离开，一边走，一边回头喊道："你这小子装死，回头再找你算账。"

　　鲁提辖是一个聪明的人，当他知道自己把郑屠户打死之后，为了赢得逃脱的时间，故意说其装死。然后偷偷地跑回家里，拿一些东西去五台山出了家，当了和尚。

　　在这段故事中，有许多地方值得深思：首先，郑屠户把自己称为"镇关西"就是示强。进而他以强凌弱，欺辱金姓父女。其次，鲁提辖和"镇关西"相比，又是一个强人，无论是社会地位还是武艺，他都比"镇关西"强了许多。但是他却把自己的"强"用于帮扶弱小，而没有像"镇关西"一样去欺辱弱小，这是他的高明之处。再次，当"镇关西"被鲁提辖打死之后，鲁提辖却没有张扬自己的强大，而是以强示弱，告诉别人说"镇关西"在装死，从而轻松地逃离了那个是非之地。虽然这一点看似不妥，但在那种环境里，那样的条件下，鲁提辖的做法还是值得称赞的。而且也非常符合老子的"戒强"的理念。

第七十七章

题 解

　　河上公曰"天道"。"天道"即"天之道"，而"天之道"又演化为"人之道"。因此，这一章节的论述，老子似乎是强调"平衡"或者说是"和谐"。有且只有彼此之间的和谐与平衡，才能保证天之道的影响能够正常发挥，才能实现人们的和谐相处与正常发展。

原 文

　　天之道其犹张弓与①？高者抑之②，下者举之③，有余者损之④，不足者补之。天之道，损有余而补不足；人之道，则不然⑤，损不足以奉有余⑥。孰能有余以奉天下⑦？唯有道者。是以圣人为而不恃，功成不处，其不欲见贤⑧。

注 释

　　①张弓：把弓弦拉紧，弓背弯曲。《说文》："张，施弓弦也。"其：难道。犹：像，如。

　　②抑：压低。弓的上端压低。

　　③举：抬高。弓的下端压低。

　　④损：削减。

　　⑤"人之道"两句：指人类社会的一般法则、律例却不是这样。不然，不是这样。

　　⑥损不足以奉有余：减去不够的来供奉有余的。意为剥削贫困的百姓，奉养有钱的贵族。使贫者愈贫，富者愈富，从而导致社会矛盾激化。

　　⑦孰能有余以奉天下：谁能把有余的拿出来奉献给天下不足的呢？

　　⑧其不欲见贤：是因为不想显现自己的聪明才智吧。

译文

顺应规律难道不像是把弓弦安装到弓箭上去准备发射一样吗？弦高了就把它向下压低一些，拉得过低了就把它向上抬高一些，拉得太满就把它放松一些，拉得不足就把它绷紧一些。顺应规律就是把有余的减少一些，用来增补不足的。人类社会的法则却不是这样：社会的法则要减少不足的，来奉养给有余的。那么，又有谁能够把自己的富余捧手送给天下不足的呢？就只有得道的圣人可以做到如此吧。因此，得道的圣人有所作为而不占为己有，取得成就而不居功自傲，并不想表现自己的聪明才智。

读解心得

"天道"是对和谐与平衡的一种追求。因此，这也就是说，因为不平衡、不和谐的存在，总能彰显"天道"的意义与作用。因此，在阅读本章的时候应该注意以下几点：首先，在人类的社会里，不平衡或者说不和谐也是一种客观的事实。面对这样的现实，我们需要通过对和谐与平衡的追求，完成对它的改变。因此，我们倡导"天道"并把其深化为"人之道"。其次，天之道的核心是损有余而补不足。因此，我们应该运用自己的长处弥补自己的不足。然而，在现实的生活中却是与此不同。大多数人都在通过自己的长处、自己的权势去从别人的生活中掠夺自己的需要。最后，天道不仅仅是处理人类社会的准则，还是处理人与自然关系的方法。因此，生态问题就被引入了当代社会。这也就是说，无论是对于他人，还是对于我们生活的环境，我们的索取都应该适当，不能过分，否则我们就会受到自然的惩罚。

经典故事

澳大利亚兔灾

澳大利亚水草鲜美，非常适合一些野生动物的生存。但是，那里却没有兔子。为了吃上味道鲜美的兔肉，在1859年，有一个农民从英格兰带回了一只野兔。但是，他也没有多带，仅拿了两只非常可爱的兔子，但他这次行动却为澳大利亚的农业带来了严重的危害。

澳大利亚的气候非常适合兔子的生长，再加之那里没有兔子的天敌，所以兔子繁殖极快。这些兔子吃着鲜嫩的牧草，啃着美味的庄稼，一边打洞破坏河堤，一边破坏着百姓的田地。澳大利亚的农业损失一年比一年多。于是，这样的局面迫使科学家不得不思考驱逐野兔的方案。但是，这些方案也一次一次地失败。直到1950年，人们才找到了一个好办法，那就是把病菌通过蚊子传播给兔子，然后用它再杀死野兔，结果为此花费了巨资，但也未能完全杀死全部的野兔。只是在部分地区，从某种程度上缓解了兔子带来的灾害。

因此，仅仅是为了一顿美味的兔子肉，就打破了原有的生态平衡，澳大利亚的代价不可谓不大啊！

勤能补拙

对于一个人来讲，他一定有自己的长处，利用自己的长处去弥补自己的不足，这也是自我追求平衡发展的一种策略。

曾国藩是中国近代史上一位非常著名的人物。他是曾子的后人，但他却并非天资聪颖，读书背文相当笨拙。但他却有自己的长处，非常勤勉。凡是他要做的事情，他都会尽力去做。据说，有一天要背一篇文章，可是不知重复了多少遍，他也不会背。但是，曾国藩却不气馁，一直背，一直背。然而，无巧不成书，一次在他背书的时候有一个小偷潜入他的家，准备要偷点东西，可是他发现有一个人在背书，因此一直没有动手，就躲在屋檐下想等他背完之后再偷点什么。可是，这名小偷财运不济，偏偏又遇上了一个笨人，一遍遍地背不下来。等啊等啊，终于这名小偷不耐烦了，因为这名小偷在无心之中都听会了，可

● 曾国藩行书八言联

煙雲浩渺山色自前　鳧鴨閑暇水意欲遠

圭卿姻世謀屬

滌生曾國藩

曾国藩还是不会。于是，这名小偷就跳出来，来到曾国藩的面前，大声背诵一遍，然后扬长而去。临走之时，又生气地对曾国藩说："这种水平的人还读什么书？"

然而，多年之后，这位执着的笨人却成了一位知名的政治家、战略家、理学家和文学家，并进而成了湘军的创立者和大统帅，可那个小偷呢？

从曾国藩的这则故事里，我们应该明白一个这样的事情：损有余而补不足，也要结合自己的情况进行思考，从而改变自己的生活。

下 篇 第七十七章

第七十八章

题　解

　　河上公曰"任信"。在这段论述里，有两点需要我们注意：首先，老子结合水的表现意在重申柔弱胜刚强的道理。其次，结合文末那一句"正言若反"应该让我们想到潜在的危机。

原　文

　　天下莫柔弱于水①，而攻坚强者莫之能胜②，其无以易之③。弱之胜强，柔之胜刚，天下莫不知，莫能行④。是以圣人云受国之垢⑤，是谓社稷主；受国不祥⑥，是为天下王。正言若反⑦。

● 观潮图

注　释

① **"天下"二句**：普天之下没有什么东西能比水更柔弱了。

② **莫之能胜**：没有谁能胜过它。

③ **无以易之**：没有什么能够代替它。易，替代、取代。

④ **"天下"二句**：（柔弱胜刚强的道理）天下人没有谁不知道，可是天下人没有谁能做到。

⑤ **受国之垢**：承担全国的屈辱。垢，屈辱。

⑥ **受国不祥**：承担全国的祸难。不祥，灾难，祸害。

⑦ **正言若反**：正面的话好像反话一样。意为真理看上去好像有悖常理。河上公注："此乃正直之言，世人不知，以为反言。"

译　文

　　天下之内没有什么东西比水更柔弱了，然而在战胜坚强方面，没有什么东西能够比得过它，没有什么东西能够代替它。弱小的能够战胜强大的，柔弱的能够战胜刚强的，普天之下没有人不知道这个道理，但是却没有人能够做到这一点。所以得道的圣人说："承受国家的屈辱，才能成为国家的君主，承担全国的祸灾，才能成为天下的君王。"这句正面的理论听起来就好像在说反话一样。

读解心得

　　"正言若反"，在现实生活中有许多这样的事情需要我们关注，正如俗话所说的"忠言逆耳"。因此，在研读这段的时候，我们应该关注以下两点：首先，一定要牢记柔弱胜刚强的道理，不能以强对强。其次，在生活中，对于一些逆耳的忠言，一定认真分析，否则就会悔之晚矣。从另一个层面上，生活中的矛盾是互相转化的，相生相克的。"大成若缺""大盈若冲""大直若屈""大巧若拙""大辩若讷""明道若昧""进道若退""夷道若类""上德若谷""大白若辱""广德若不足""建德若偷""质真若渝""大方无隅""大器晚成""大音希声"都是我们熟知的一些社会矛盾。然而也正是这些矛盾在彼此的转化中促进了社会发展和历史进步。

赵太后进退维谷，触龙巧舌解国难

在刘向所著的《战国策》里有一则著名的故事，其题为"触龙说赵太后"。故事主要涉及两个人物：一个是位高权重的赵太后；一个是位低、善谏的大臣触龙。故事的内容大致如下：

这里的赵太后就是历史上赫赫有名的赵威后，她刚刚执政时，国内外局势十分复杂。秦国见赵太后执政根基不稳，于是起兵前来攻打赵国，妄图扩大自己的国土。面对秦国强大的攻势，赵太后不得已而向齐国求救。齐国虽然答应了赵太后的请求，但他们也提出了一个令人不可接受的条件，那就是只有赵太后答应将宝贝儿子长安君送去齐国做人质，才肯出兵帮助赵国对付秦国。这一个意外的事件使赵太后左右为难，如果不让长安君去齐国做人质，强大的秦国会一举消灭掉自己的国家；如果她让自己的儿子前去齐国做人质，那么儿子未来的状况又让她担忧。于是，赵太后陷入一个两难的境地。都说当局者迷，旁观者清，虽然此时赵太后很清醒，但她却没有好的对策。就在此时，一些大臣纷纷进谏，要求赵太后答应齐国的要求，送长安君去齐国做人质，以换得齐国出兵相助。可怜天下父母心，赵太后非常舍不得长安君前去，于是就说："有再劝长安君做人质的臣子，我一定会向他的脸上吐唾沫。"臣子们再也没有敢上前来劝说的了。

触龙听说后，想到了一条妙计。一天，触龙前来见太后，太后也知他的来意。于是怒目而视，看着慢步小跑来到自己面前的触龙，等待他说出自己的来意。可是，聪明的触龙却连连向太后道歉，并没有提及长安君为人质的事件，这让太后与触龙之间的气氛缓和了许多，两人甚至聊起了家常。触龙问太后的身体状况，赵太后告诉触龙自己走路靠车子并无大碍。触龙又问太后的饮食情况，赵太后也一一回答。接着，触龙就讲到自己的孩子，他请求赵太后让自己的小儿子舒祺来宫里当卫士。理由是自己非常疼爱他，但自己年迈体衰，怕才十五岁的儿子舒祺在自己去世后无依无靠。于是，赵太后深有感触地说道："你们男人也疼爱孩子啊！"触龙说："男人比女人更加疼爱自己的孩子，对小儿子更是爱护有加。"赵太后听后，笑了。见到时机成熟，触龙就对赵太后说："我私下认为，您疼爱燕后超过了长安君。"言外之意就是说，赵太后并不是十分疼爱自己的小儿子。赵太后辩解道："触龙，您错了。"于是，触龙就讲出了下边的理由："父母疼爱孩子都要为其长远着想。可是，在燕后出嫁的时候，您拉着她的脚跟痛哭，甚至在祭祀的时候都为燕后祈祷，希望她能早日生儿育女，盼望她的孩子成为一代明君。"太后认为触龙的理由成立，两人就有了共同的话题。触龙接着说："从赵国建立到现在，赵国君主的孩子被封为侯爵的人有很多，可是他们的子孙还有能够继续承袭王位的吗？"赵太后想了想说："没有。"于是，触龙帮助赵太后分析原因，触龙认为："这些人之所以不能承袭王位，那是因为地位虽高却没有功勋，俸禄丰厚而没有政绩。对于长安君而言，也是如此。如果长安君不能为赵国建功立业，那么当您百年之后，长安君也会步他们的后尘。"聪明的赵太后终于明白了触龙的真正目的，她不仅没有责备触龙，反而听从了触龙的意见，准备车子，带着礼物，送长安君去齐国做了人质。而齐国也没有食言，派出大军帮助赵太后解除了这次危机。

从这则故事中我们可以看出，能为国家和人民的利益做出牺牲的人，才会受到人民的爱戴。只有"受国之垢""受国不祥"，才能"为天下王"。

第七十九章

题 解

河上公曰"任契"。本章是以如何化解矛盾为中心议题的论述。在老子看来，一切都应该顺应"道"的要求。有且只有遵道，才能化解一切矛盾而不留任何的遗憾。

原 文

和大怨，必有余怨①；安可以为善②？是以圣人执左契而不责于人③。有德司契，无德司徹④。天道无亲，常与善人⑤。

注 释

①**"和大怨"两句**：调和大的仇怨，一定会留下小的余怨。和，调和。余，遗留。老子看来，调和只是退而求其次。最根本的办法是不结怨，不结怨则怨自解。中国人有"以德报怨"的说法，如果以怨报怨，势必成大怨。

②**安可以为善**：怎么可以算是好的做法。

③**左契**：契约，类似今天的票据存根。古时借贷，在木板或竹片上刻上姓名、日期、数目等，然后一分为二，左边的一半为左契，由债权人保存；右边的一半为右契，由债务人保存。以此作为偿还债务的凭证。**责**：索取所欠。

④**"有德"两句**：有德之人，虽然手执要债的凭据，但却不向人讨债。意为有德之人只给予不索取，所以不会生怨。无德之人，则像掌管税收的官员，苛求索取。意为无德之人只索取不给予，所以大怨必至。司徹，掌管税收的官职。徹，周代的赋税制度。

⑤**"天道"两句**：天道对任何人都不偏不倚、无所偏爱，它总是帮助善良有德之人。无亲，没有偏亲偏爱。与，在一起。

译 文

和解了大的仇恨，必然还会残留下小的怨恨，这又怎么可以算是最好的做法呢？因此，得道的圣人手里拿着欠债的凭据，但是却并不以此让别人偿还债务。有德之人，虽然手执要债的凭据，但却不向人讨债。无德之人，则像掌管税收的官员，苛求索取。上天从不对任何人有所偏爱，而永远帮助有道德的善人。

读解心得

社会生活中存在着诸多的矛盾。然而，面对这些矛盾却是不同的人有不同的方法。因此，在阅读本章的时候，应该着重思索如何运用最高的"道"去化解这些矛盾而不留下遗憾。首先，"有道有亲"，这也就是说，一个人如果能够遵循"道"的内涵去行事，那么"道"就会帮助他。与此相反，"无道无亲"，就是说如果一个人不能够遵循"道"的约束而胆大妄为，那么"道"也不会帮助他。正所谓"道"是公平的。其次，以德报怨虽然好，但它却不能从根本上消除彼此之间的怨恨，而是只缓解了两个人之间的矛盾。因此，最好的办法还是不让怨恨产生。

经典故事

舜修谷仓

舜因为其诚实的品质而被尧选作了女婿，因此，他的工作热情更高了。在他的带动下，大家的粮食也越来越多了。于是，他思念家乡的心情也与日俱增。终于在一天清闲的时候，舜准备带着自己的妻子去看望父亲和他的继母及弟弟、妹妹们。他左挑右选，终于挑好了礼物。回到家里后，他的继母非常喜欢他的礼物，而他的弟弟象却觊觎他的妻子。于是，这一家人开始商量如何除去舜，而目的也非常单纯，那就是霸占舜的一切。

在一个非常炎热的中午，弟弟象跑来找正在往地里送粪的舜，并且告诉他说："哥哥，咱父亲叫你明天回去帮忙修一个大谷仓，你可要早点回来啊。"舜想都没有想就答应了。晚上回到家，舜就把弟弟找自己的事情告诉了妻子娥皇。娥皇是一个聪慧的女人，她能掐会算，认为事情没有那样简单。于是就算了一下，然后劝阻舜不要去。可是，舜怎么也不听她的。娥皇见自己劝不住舜，于是就对他说了实话。原来弟弟象和继母要一起烧死舜。但是，舜却不相信会有这样的事情发生。

娥皇思来想去，连忙给舜做了一件非常漂亮的衣服，上边不仅有五彩的花纹，而且外形还像一只大鸟，仿佛只要张开翅膀就能飞上天一样。第二天早晨，舜穿好这件衣服，很早就回了家。舜的继母和弟弟象见他打扮得如此漂亮，不禁暗笑他的愚。因为一个要死的人，穿得再好也没有用。可是舜却不知道这一切。

象扛着一个很长的木梯，把舜叫到了谷仓旁边，然后叫舜上去修谷仓的顶部。等到舜爬到了谷仓顶上，他就拿开梯子跑了。并立即点燃了谷仓边上早准备好的柴草。只见浓烟滚滚，舜一时不知如何是好，眼见大火顺着谷仓烧上来了，舜突然想到了妻子娥皇给他做的衣服，于是，舜向着天空高呼，快救救我吧！随即变成一只大鸟飞走了。目睹了此事的弟弟和他的继母，吓得半天才喘上气来。虽然后来舜宽恕了弟弟和继母，但是从此以后，一家人再也没有像以前那样和睦了。

也正是因为一家人不再像以前那样和睦了，所以舜的弟弟象和他的继母熙氏又重新策划，还要弄死这个大难不死的舜。于是就有了下面这个题为"舜王井"的故事。

舜王井

舜的弟弟和继母因为没有烧死舜，所以就想到另一个方法，既然烧不死，那就试试淹死他吧。因为在象与熙氏看来，不怕烧的衣服应该怕水。他们想，这次一定要用水来弄死舜。主意已定，象和熙氏就让舜的父亲瞽叟去找舜假意表达歉意。瞽叟说："那天修谷仓时要烧死你，都是他们的贪心作怪。现在我已经批评他们了，他们已经知道错了，但是没有脸前来找你，所以让我来请你回家，再帮助他们一次，家里的水井坏了，你父亲又老了，他们两个又不会修，所以只好来请你。请你不计前嫌，一定要帮忙啊。"舜是一个老实人，见不得别人说几句好话。于是，他就又答应了他们。舜说："我一定去。"瞎老汉就

●舜

道德经

回去复命了。

　　舜回家后又把这件事告诉了妻子娥皇，娥皇一算又知道是他们的阴谋。于是，她又一夜没有睡觉，为自己的丈夫做了一件新衣裳。这件衣服与前边那件完全不同，它的外形像一条龙，既有眼睛，也有鳞片，而且连龙的红舌头、绿角都绣好了。但是，娥皇却没有让他直接穿在外边，而是外边又套上一件旧衣服，谁也看不出来他穿了一件这样的衣服。而且娥皇还嘱咐自己的丈夫，遇到危险的时候，一定要脱去外边的那件旧衣裳。

　　第二天，熙氏和象见舜又来了，心里甚是高兴。于是，他们两个人先是虚情假意地赔了几句不是，然后就让舜拿着工具去修井。当舜在井下干得兴起的时候，他却忽然觉得好像有什么东西掉了下来。于是，他赶忙脱掉外边的旧衣服，变成了一条小白龙潜入水里。也正是在这个关键的时候，熙氏和象两人一起全力往井里扔东西，把井填上。正当熙氏和象做着美梦如何分东西的时候，一件怪事发生了。舜又悄悄地从井里出来了。只听见象在那里贪婪地大叫："主意是我出的，我应该多分一半财产……"而此时的熙氏更是一副等不及的样子，一会儿摸摸这儿，一会儿看看那儿，全然不顾舜的死活。

　　然而，所有的这一切都被舜的妹妹看见。她看见大哥遇难，二哥使坏，亲娘参与。她一狠心跑去告诉嫂子娥皇事情的真相。娥皇也很后悔让自己丈夫去修井，怕他反应慢了遭受危险，于是，哭了起来。妹妹劝自己的嫂子道："嫂子不要着急，这些人会遭受报应的。"她才刚讲完这句话，一条白龙就从空中来到了院子里。这阵势把大家都吓坏了。只见娥皇推开妹妹的手，把舜的衣服往这条白龙的身上一披，一个活生生的舜就又站在大家的面前。于是，舜在众人疑惑中又把那口井修好，井水还像原来一样好，不仅舜自己家用，而且邻居也来这里担水。于是，这口有名的舜王井就诞生了。

　　然而，井虽然修好，但是，家人之间的隔阂却没有消失。熙氏和象又有了一个新的主意。于是，下个故事"赔情酒"就这样开始了。

赔情酒

　　前两次的精心算计都落空了，但这并没有打消熙氏和象要谋害舜的决心。而且，舜的宽容也没有感动两个人改邪归正。

于是，熙氏和象又想出了一个更狠毒的法子，就是利用假装赔情的机会把舜弄醉，然后亲自动手杀死他。当他们正在密谋这件事情的时候，小妹妹又听到了这件事，于是就跑去告诉嫂子娥皇，让她早日想好对付的方法。娥皇非常感动，对妹妹表示了自己的谢意。还着重地告诉小妹妹，哥哥一定会去喝这顿赔情酒，并说自己有了主意，可以防备他们对哥哥的暗害，小妹妹这才放心地回去了。

果然没有过多久，象来请哥哥去喝酒。面对象的故技重演，诚实的舜仍然没有多想就又答应了。舜也知道他们要害自己，于是他又向妻子讲清了事情的来龙去脉。娥皇把早已准备好的一包药给了舜，并要求他按照自己说的去做就可以没有事了。

酒席设在瞽叟家里，由于小妹妹知道即将要发生的事情，但她又不知道怎么办，心里很着急。眼看着哥哥喝着父亲倒的酒，母亲倒的酒，一杯一杯地喝着，她的心里很着急……

桌上的酒在一杯一杯地减少，几个人轮番倒下了，先是象，后是继母，再后来是舜的爸爸。最后，只剩下舜了，他平平安安地回家了。因为别人都喝醉了，瞽叟、熙氏和象都醉成一堆泥，连一句话也说不出来。舜，终于安全了。但是，从此他们一家再也不会像以前那样亲密了。

在这三个故事里，对于每一次的伤害，舜都能坦然地接受，然而，害他的人却不能罢手。原来和睦的一家人，再也不能像以前那样亲密了。因此，以德报怨虽好，但它还是不如事情没有发生过。所以，老子讲"和大怨，必有余怨"。这不能不让我们深思。何况在现代又有几个人能够具备舜那样的宽容呢？因此，还是避免彼此之间发生矛盾最为可行。

第八十章

题　解

河上公曰"独立"。这一章是以理想社会为主要论述核心的文段。因此，在这里老子提出自己的理想社会，并对这个社会应有的形态与生活进行详细的勾勒，颇有陶渊明《桃花源记》的味道。

原　文

小国寡民^①，使有什佰之器而不用^②，使民重死而不远徙^③。虽有舟舆^④，无所乘之^⑤；虽有甲兵，无所陈之^⑥。使民复结绳而用之^⑦。甘其食，美其服，安其居，乐其俗^⑧，邻国相望鸡犬之声相闻，民至老死，不相往来。

注　释

①**小国寡民**：使国家变小，使人民稀少。小，使……变小。寡，使……变少。小、寡都是形容词的使动用法。面对当时贵族统治阶层"广土众民"的做法，老子提出"小国寡民"的主张。

②**使**：即使。**什佰之器**：具有十个人或一百个人的工作效率的器具。

③**重死**：把死亡看得很重，即不轻易冒着生命危险去做事。重，以……为重，把……看得很重，形容词的意动用法。中华民族历来讲究"安土重迁""守家在地"，老子可谓是首创者。**徙**：迁移、人口流动。

④**舆**：车子。

⑤**无所乘之**：没有用来乘坐的必要。

⑥**陈**：通"阵"，名词动用，布阵。此句引申为布阵打仗。

⑦**结绳**：文字产生以前，人们以结绳的方式记事。

⑧ "甘其食"四句： 甘、美、安、乐，均为意动用法，以……为甘，以……为美，以……为安，以……为乐。

译文

使国家变得小一点，使人民变得稀少。即使有功效好的器具，也不让百姓使用；让百姓们重视死亡，因此从不轻易向远方迁徙；即使有船舶和车马，也不会每次都乘坐它；即使有武器装备，也没有地方去布阵打仗；让百姓重回远古结绳记事的混沌状态之中。让百姓认为自己的食物是天下的美味，认为自己的衣服是最漂亮的衣服，认为自己的住所就是最安逸的地方，认为自己的风俗是和乐的。国家与国家之间距离近得可以互相望得见，就连鸡犬的叫声都能够清晰地听到，但是百姓从出生到死亡，也不互相往来。

读解心得

河上公曰"独立"，从"独立"的角度去理解本章的内容，应该注意以下几个方面的问题：首先，"独立"是指老子心中的理想社会与其他众人心中的理想社会有所不同。在老子看来，理想的社会应该是"小国寡民"式的社会。虽然国家变小了，人民变少了，但对于生活在这个国家的人民而言，他们的生活却是幸福的。虽然这些人可以使用武器，但是没有用它要对付的敌人；虽然这个国家里的人民生活简朴，但他们却食之有味，穿着漂亮。所以说，这里的人过着一种无忧无虑的生活。其次，"独立"是一种没有威胁的独立。对于普通人民而言，他们都能独立地生活，彼此交往而没有敌意；对于国家而言，虽然是一个小国，但国与国之间却没有相互的威胁。既没有强权政治，也没有经济的贸易战。所以，这是一种真正的独立。因为，虽然鸡犬相闻，但彼此之间却不相往来。然而，这在现实生活中是不可能存在的。所以，这是一个理想中才会有的社会。

在中国历史上出现很多有关理想社会的描写。第一个是儒家的理想社会。儒家的理想社会是孔子在其著作《礼记》中描述的大同社会。在这个社会里，一切为公。人既没有自己的私心杂念，每个人也都有自己的工作可做。既幼有所管，也老有所养。因此，可以夜不闭户。尤其在用人制度上的"选贤举能"更让人羡慕不已。后来，这一思想被孙中山所继承，于是他说"天下为公是鼎鼎大公，实现了天下为公就可以达到世界大同"。也因此，孙中山为此奋斗了一生。

第二个理想社会是文人描绘的理想社会。陶渊明在其《桃花源记》中有这样的描写："土地平旷，屋舍俨然，有良田美池桑竹之属。阡陌交通，鸡犬相闻。其中往来种作，男女衣着，悉如外人。黄发垂髫，并怡然自乐。"

第三个理想社会是无处可寻的"乌托邦"。不仅中国人在描述自己理想中的社会，而且外国人也在尝试构建自己的理想社会。"乌托邦"即英国人托马斯·莫尔在《乌托邦》一书中所描绘的理想世界。它不存在于现实世界任何一个国家中。在描绘这个理想社会的时候，他强调了以下几点：在这个被称作"乌托邦"的地方，所有财产都是公有的。即没有私有财产的存在；其次，在这个被称作"乌托邦"的地方，所有的人民之间是平等的，彼此之间都在平等的关系中构建各种联系；再次，在这个被称作"乌托邦"的地方，实现按需分配的原则，需要什么就可以获得什么。此外，这个地方虽然有官吏，但这官吏的产生却是共同选举的。因此，从这些理想的描绘中可以发现一个这样的事实：他的理想社会是与私有制相对的一种理想社会。因为，在托马斯·莫尔看来，私有制是万恶之源。

这些理想社会由于所处历史年代不同，有很多差异，但是本质上又有很多的相同之处，这些需要我们细细品味，细细研究。

经典故事

桃花源记

东晋孝武帝太元年间，武陵郡有一个人以捕鱼为生。他家边上有一条小溪，水里有很多的鱼。有一天他在打鱼的时候，因为捕到了很多的鱼，就忘记自己走了多远的路。眼前突然间出现了一大片美丽的桃花林。一阵风吹来后，大片大片的桃花，夹杂着一股香气，纷纷落下，渔人感到非常高兴就想要到林子的尽头去看一看。

这个渔人非常好奇就划着他的小船，一路向前。快要到林子边上的时候，他突然发现前边出现了一座高大的山挡在了眼前，原来是到了河水的源头。于是他就放弃自己的小船，往山上走去。走着走着，他的眼前又一亮，他隐约地发现一丝光亮从一个很小的山洞口射出。他更加好奇了，决定进山洞看一看。洞口开始的时候很窄，只能容一个人通过。他心惊胆战地往前走。突然之间山洞就宽阔了许多，出现了一个美丽的村庄。村庄的周围是平坦开阔的土地，一眼望不到边，村庄里有美丽的池沼，有成片的桑树竹林。田间的小路交叉，还能听到鸡鸣狗叫的声音。村庄里的人来来往往，有的忙于耕作，有的忙于生活，都和外面的人一样，没有一点点的区别。老人和小孩子都非常快乐的样子，惬意得很。

村子里的人见到了渔人也很惊讶。都问他是从哪里来的，渔人向他们详细地回答了自己来到这里的经历。这里生活的人们见到渔人很诚实，就都请他到家里吃饭。同时也毫不隐瞒地告诉渔人自己来这里的经历。原来是秦朝的时候，为了躲避战乱，他们的祖先就和自己的邻居一起来到了这个与世隔绝的地方，此后再也没有出去过。

● 世外桃源

这里的人好奇地问渔人现在是什么朝代了？渔人一一告诉了他们。在秦之后，他们竟然不知道还经历了汉朝，更不用说魏、晋的更替了。过了几天之后，渔人要回家，桃花源里的人见挽留不住了，就一再地叮嘱渔人，不能对外边的人讲这里的事情。渔人也答应了他们，然后就在大家的欢送中，离开了桃花源。可是在走的时候，渔人还是在沿途作了标记。

回到自己的家后，渔人违背了承诺，立刻向太守报告了这件事。但在太守派他领人再次寻找桃花源的过程中却迷了路，最终也没有人知道如何去找桃花源了。

道德经

第八十一章

题 解

河上公曰"显质"。所谓的"显质"就是透过现象看本质。因此，在这一章节的论述中，老子列举了许多被外表现象掩盖的事实。例如，对于"信言"来说，它的本质是"不美"的，对于"美言"而讲，它的本质是"不信"的。所以说，人生在世，能够具有透过现象看本质的能力是最为重要的。

原 文

信言不美①，美言不信②。善者不辩，辩者不善③。知者不博④，博者不知。圣人不积⑤，既以为人己愈有⑥，既以与人己愈多⑦。天之道，利而不害⑧。圣人之道，为而不争。

注 释

①**信言不美**：真实可信的话一般都难以入耳。

②**美言不信**：好听的话语一般都不真实。

③**辩者不善**：卖弄口才的人都不够善良。

④**博**：知识广博、渊博。老子以为形式上的知识越多，离真知就会越远。

⑤**圣人不积**：有道的人不积累身外的财物。

⑥**既以为人己愈有**：帮助别人，自己反而收获更多。

⑦**多**：此处意为"丰富"。

⑧**利而不害**：使万物获得好处而不伤害它们。

译 文

真实可信的话一般都难以入耳，好听的话语一般都不真实。善良的人不会背后花言巧语，而花言巧语卖弄口才的人一般都不善良。真正学识渊博的人从不过分地显示自己，而卖弄自己知识渊博的人实际上没有真正的知识。得道的圣人不积累身外的财物，而是尽力帮助别人，自己反而收获更多；自然的规律是便利万物而不伤害它们。圣人的准则是，有所作为但是却从不与人争抢。

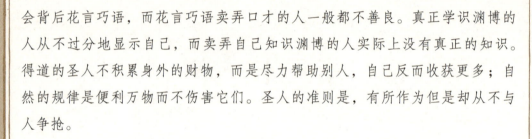

读解心得

从这一章节的叙述之中，我们有如下的阅读感悟：首先，看事物要看本质。因为任何表象的背后是本质，而这个本质才是影响我们生活的关键所在。现象与本质之间具有对应关系，但对于这种对应关系的分析却需要有辩证的分析能力。其次，不能被事物的表象所迷惑。为了说明这个问题，老子为我们列举了许多生活事实。例如，老子认为善良的人不巧说，巧说的人不善良。因此，为了看清说话者是一个什么样的人，我们必须明确积累这样的判断性常识。

经典故事

罗锅智告贪官

在现实的生活中有许多人都被事物的外在表象欺骗。因此，就有了许多像"言不由衷""虚情假意"等的词语。因此，任何一个人都面临着如何透过表象看本质的问题，就连皇帝也不例外。

《罗锅智告贪官》讲的是在清朝乾隆年间，刘罗锅与和珅是一对冤家。因为一个清廉，另一个贪腐。据说有一天乾隆皇帝到午门外去闲逛，突然发现脚下的路坑洼不平，年久失修。而这正是连接午门到正阳门之间常走的一段路。皇帝觉得有失面子，就决定让和珅主持此事，重修这一段关系到皇家脸面的路。

和珅接旨后，赶忙进行工程预算。为了贪得多一些，更好地抓住这个机会，他用皇帝限定的两个月期限作为筹码，和皇帝一本正经地谈起了条件：由于这些路面上的基石过于破败，需要全部进行更换，而这些石料又需要从远处运来，因此花费要多一些。特别是这些石料运来后还不能直接使用，还要找一些好的工人进行雕刻，进行美化装饰，这就又需要一笔额外的工钱。因此，这个工程完工，需要白银十万两。乾隆皇帝一听，觉得和珅说得非常在理，于是就毫不犹豫地答应了他。但是，

道德经

他又向和珅强调，必须在两个月内完工，不得拖延。

和珅是一个非常聪明的人，他见皇帝答应了自己的请求，于是就命令工人在这段路的两边搭建了许多临时的帐篷，又做好了一些防雨措施。然后，几百名工人就热火朝天地开工了。结果，还不到一个月，工程就完工了。

乾隆皇帝在和珅的陪同下前来验收工程的质量，结果非常满意。因为，这段路上的全部石块都被换成了新的，而且雕刻的花纹也非常美丽，皇帝连连说好。第二天早朝的时候，乾隆皇帝一高兴就又赏了和珅一万两白银，而且还官升三级。和珅心里美滋滋的，名利双收。再加上从工程中侵吞的，他的白银多得数不过来。

可是，天网恢恢，和珅的小聪明被刘罗锅发现了。于是，他决定参和珅一本，让他名声扫地，当众出丑。原来，聪明的和珅把原来铺路的石块翻了过来，然后让工匠在上面仔细地雕刻了各种各样的图案，并没有运什么新的石料，因此，钱也就没有用那么多。再加之工期缩短节省的银子，和珅贪的比前边算的还要多。

又过了一天，在早朝的时候，刘罗锅走进大殿之后，用最快的速度把朝服脱下，然后又反过来穿好。由于其身体的残疾，刘罗锅就够引人注目了，何况又反穿了衣服，于是更加引起了乾隆皇帝的注意。乾隆皇帝对他的举动很好奇，因为刘罗锅这个人虽然身体有残疾，但他却非常注重衣着，今天这反常的行为一定是有原因的。关注刘罗锅的并非只有皇帝，他的死对头和珅也见到了。但是，和珅与皇帝想的却不一样。因为，按照规定，上朝的时候，如果官员的朝服不正都要被处罚，何况今天刘罗锅这样反穿朝服了。于是，就想借机除掉他。和珅故意冷嘲热讽地说："刘大人，你这是怎么了？"在说这话的时候，他还故意把尾音拖长了好几倍。于是，大家的注意力一下都集中在刘罗锅的身上。再加之他一反常态的打扮，让满朝文武议论纷纷。正直的官员都为他捏了一把汗，稍微有些心术不正的人都等着看热闹。一时间很是寂静。

只听皇帝发话了。因为，乾隆知道刘罗锅是一个忠心耿耿的大臣，所以他知道今天这事情一定另有原因。皇帝并没有发怒，只是非常平静地问："刘爱卿，你怎么将朝服穿反了？快出去穿好了再来见朕。"刘罗锅听后也没有多说什么，只是非常配合地把衣服反过来，然后穿好。跪在那里，不慌不忙地说："启奏皇上，微臣今日将朝服穿反了，确实不该，请皇上恕罪。不过，朝服穿反显而易见，可如今有人将御道仅仅翻了个面，再略加修饰，就侵吞公款，大肆渔利，即使发生在大家的眼皮子底下，恐怕也不易察觉吧？"听到这话，和珅一下不知所措，愣在那里。刚才的嚣张也没有了，一脸麻木。乾隆又继续问道，"刘爱卿，你说的是什么事啊？慢慢奏来。"于是，刘罗锅便把和珅修路的具体事实都一五一十地陈述了一遍。和珅越听越怕，但是刘罗锅却越说越来劲。和珅感到事情有些不妙了。果然，乾隆皇帝的脸色越来越不好看了。乾隆拉长了脸问和珅事情的真相，和珅也不敢再隐瞒了，于是，一边擦汗，一边说自己是如何如何修的路。乾隆皇帝真生气了，又问道："修路一共用了多少银子？""一万两。"和珅战战兢兢地回答。"那剩下的九万两呢？"听见皇帝问自己，但他再也答不上来了，两腿打战，不知说什么是好。这时，刘罗锅又在一边吹风，说："早进那个人的腰包了。"

乾隆皇帝大怒："大胆和珅，竟敢欺君罔上。朕命你速将贪污和赏赐给你的银两退回国库。而这段御道须按你原来方案重新建造，所需银两责罚你出，下不为例，否则严惩不贷。"

和珅一听，只得自认倒霉，表示认罚，连连谢罪并自己拿钱重修了那段路。

在这个故事中，有以下几点需要注意：首先，对于修路而言，虽然表面上看那些石块都是新的，但却还是原来用过的。因此，只从石块一面上的新并不能断言修路用的石块就是新的。其次，从刘罗锅反穿朝服来讲，看似他违反了当朝法令，其实他的所作所为却都是维护法律的尊严。最后，无论是皇帝也好，大臣也罢，即使是一个普通人，也应该掌握从表象看本质的能力，否则就会被和珅这样的人骗了。